全国"十三五"规划精品教材

U0748293

财务会计学习指导与实训集

CAIWUKUAIJI
XUEXIZHIDAO YU
SHIXUNJI

主　编　游运芝　夏贵勤　邓雅馨
副主编　戴爱辉　徐　烨　邵祥东
　　　　闫银灿　钟炎君　罗　艳

企业管理出版社
ENTERPRISE MANAGEMENT PUBLISHING HOUSE

图书在版编目（CIP）数据

财务会计学习指导与实训集/游运芝主编 . —北京：企业管理出版社，2018.12
ISBN 978-7-5164-1827-7

Ⅰ.①财… Ⅱ.①游… Ⅲ.①财务会计—自学参考资料 Ⅳ.①F234.4

中国版本图书馆 CIP 数据核字（2018）第 254490 号

书　　名：	财务会计学习指导与实训集	
作　　者：	游运芝	
责任编辑：	郑　亮　田　天	
书　　号：	ISBN 978-7-5164-1827-7	
出版发行：	企业管理出版社	
地　　址：	北京市海淀区紫竹院南路 17 号	邮编：100048
网　　址：	http：//www.emph.cn	
电　　话：	编辑部（010）68701638　发行部（010）68701816	
电子信箱：	qyglcbs@emph.cn	
印　　刷：	北京俊林印刷有限公司	
经　　销：	新华书店	
规　　格：	185 毫米×260 毫米　16 开本　19.25 印张　488 千字	
版　　次：	2021 年 1 月第 2 版　2021 年 1 月第 1 次印刷	
定　　价：	42.00 元	

序

　　"财务会计"作为会计专业的一门专业核心课程，是继"会计基础"课程后的专业深化课程，其内容受国家新税法、新制度变革影响较大。德勤机器人的上线意味着未来基础的会计岗位将会被取代，多年后会计行业将会实行统一化管理。要实现好会计的转型，我们应该要做的是在打好会计基础理论的基础上，提高专业素养，提升管理技能及分析预测决策的能力，为以后的发展做好准备。

　　正值时代进步之时，也是学校深化课程改革之季，我们编写了这本教材及学习指导书来顺应时代变革。

　　本教材包括三大部分。

　　第一部分：前言。该部分对课程基本信息、课程定位、课程目标、课程教学规范、课程内容设计及课时安排、考试方式及成绩评定、课程参考书目等进行全面介绍。旨在让学生全面了解这门课程的方向、要求、教学、考试安排等信息，有目标、有计划规范学习。

　　第二部分：课程学习指导及实训练习。该部分按照配套教材12个项目（财务会计确认，筹集资金岗位核算，资金收支岗位核算，存货岗位核算，固定资产岗位核算，无形资产、投资性房地产及其他资产岗位核算，投资资产岗位核算，往来结算岗位核算，职工薪酬岗位核算，税收岗位核算，财务成果岗位核算，财务报告）的业务核算内容为主，指导学生每个项目的学习要点、难点，注重基本账务处理与经典案例结合；并以实训为主线，以丰富的实训资料为依据对每个项目全面的实训。旨在让学生抓住财务会计学习要点、突破难点、将理论知识学习的内容转化为对实务处理的能力。

　　第三部分：近几年初级会计职称考试《初级会计实务》真题及参考答案。该部分的介绍内容是2015—2018年全国会计初级职称考试内容真题及参考答案。旨在让学生了解"财务会计"知识内容是初级职称考试《初级会计实务》考试的主要内容，掌握初级会计职称考试《初级会计实务》的考试方向。学生通过本课程的扎实学习及全面实训结合，既为走上工作岗位打下坚实的基础，也为初级会计职称《初级会计实务》考试做好充分的准备。

　　本书内容充实、重点难点梳理清晰、案例充分、实训丰富，是会计专业、财务管理专业、投资理财专业、审计专业等学生学习"财务会计"重要的专业指导与实

训书。

由于编者水平有限，书中难免存在不妥之处，敬请广大读者批评斧正。

编者

前　言

一、课程基本信息

财务会计课程基本信息如表 1 所示。

表 1　财务会计课程基本信息

课程名称：财务会计		
课程代码：k0203007	课程学分：6＋4	课程学时：148 学时
授课时间安排:分 2 个学期 　　　一年二期：星期六 　　　二年一期：星期四 　　　（前十周）	授课对象：会计专业、财务管理专业、投资理财专业和审计等专业学生	
课程性质：必修课程		
课程基础：基础会计	后续课程：成本会计，电算会计，财务管理，审计实务，报表分析、电算会计等	

二、课程定位

"财务会计"作为会计专业的一门专业核心课程，是继"会计基础"课程后的专业深化课程，其内容受国家新税法、新制度变革影响较大。根据财经类高等技术应用型人才培养目标，在企业行业专家对会计专业所涵盖的岗位群进行任务与职业能力分析的基础上，遵循"财务会计"教学基本要求及工作过程系统化的课程开发思路，为适应新时期课程改革，本团队积极吸收先进的教学理念，以学生发展为本位，以教学质量为中心，促进知识与技能、过程与方法，构建全新课程体系，将知识传授、能力培养和素质教育融为一体。明确"财务会计"课程在会计专业人才培养目标中的核心地位，使学生通过本课程的学习，熟悉企业财务会计的基本理论知识、基本技能，掌握企业财务会计核算的内容和具体操作方法，提高学生的实际动手能力，并为后续专业课的学习和今后所从事的会计工作奠定坚实的基础。

三、课程目标

（一）总目标

本课程主要通过对财务会计 12 个岗位的业务核算进行介绍，旨在使学生了解国家有关企业财务会计的法律、制度，掌握企业财务会计工作的基本理论知识及

企业各种经济业务的会计处理方法，具有确认、计量、记录、报告各种经济业务的基本技能；能对进入会计主体的各项经济业务依据国家法律、制度实行有效的控制，以利于会计信息使用者及时了解企业财务信息，从而为其做出投资决策提供依据。

通过本课程学习，一是要求学生能熟练掌握财务会计各岗位的核算方法，为将来从事财务工作，也为最大限度地获取初级会计资格证打下坚实的理论基础和实务技能；二是教育学生，从严要求自己，做到记账、算账、报账手续完备，内容真实，账目清楚，依据充分，这是做好财务会计工作的基础，也是做好财务会计工作的关键。

（二）分项目标

（1）明确财务会计规范的具体要求，不违规、高质量提供财务会计信息。

（2）能熟练掌握企业筹集资金的方式，并对各方式筹集的资金进行准确核算和监管。

（3）能熟练掌握各项货币资金收支的准确核算，加强货币资金内部管理。

（4）能熟练掌握各项存货的收、发、存的核算，对存货减值准确估算，加强存货的内部管理。

（5）能熟练掌握各项固定资产的取得、折旧、后续支出、处置的核算，对固定资产减值准确估算，加强固定资产内部管理。

（6）能熟练掌握各项投资资产的取得、持有期间投资收益、其他综合收益，以及处置等核算，并对投资资产减值准确估算。

（7）能熟练掌握各项无形资产、投资性房地产、其他资产的准确核算。

（8）能熟练掌握各项往来结算发生、收回、支付等核算，并能对债权减值准确估算和有效监控。

（9）能熟练掌握最新准则下各项职工薪酬的分配、支付等的核算，尤其是短期薪酬的各组成内容的准确核算。

（10）能熟练掌握各项税收最新政策，并在新政策下对各项税收的计提、缴纳准确核算，熟悉合理避税的基本方法。

（11）能熟练掌握各项收入、费用、利润的准确核算，熟练掌握财务成果形成、分配，加强财务成果的管理。

（12）能熟练掌握各项财务会计信息的报送内容、方法，准确报送各项财务信息指标，为信息使用者做出决策提供充分依据。

四、课程教学规范

（一）学生学习要求

通过理论教学与实践教学相结合的方式详细讲授本课程的知识要点，要求学生在掌握会计核算的基本原则、基本方法、基本规范的前提下，能够正确运用会计核算的方法，准确地开展财务会计12个岗位具体业务的核算，并对进入会计主体的各项业务进行事前、事中、事后的监控。

（二）教学方法和手段

1. 教学方法

以学生为中心，启发式教学，在学生明确了每个项目的"知识目标"和应掌握的"技能目标"的前提下，以完成任务的方式，首先提出"目标任务"，以问题方式"导入任务"，其次根据问题任务内容以解决任务方式详细"解析任务"。

理论教学与实践教学紧密结合，讲授与仿真练习同步，案例教学贯穿始终。

2. 教学手段

以岗位为主体，采用多媒体课件课堂案例教学，微课辅助，特色视频教学配合适量板书等多方式结合。

五、课程内容设计及课时安排

财务会计课程内容设计及课时安排如表 2 所示。

表 2　财务会计课程内容设计及课时安排

序号		项目名称	任务内容		学时		
					理论课时	实践课时	总课时
模块一	项目一	财务会计基本理论	任务一	财务会计确认	2		4
			任务二	财务会计信息质量要求	2		
			任务三	财务会计规范			
模块二	项目二	筹集资金岗位核算	任务一	投入资金	2	1	8
			任务二	借入资金	2	1	
			任务三	债券发行	1	1	
	项目三	资金收支岗位核算	任务一	库存现金	2	1	10
			任务二	银行存款	4	1	
			任务三	其他货币资金	1	1	
	项目四	存货岗位核算	任务一	存货的认知	2		22
			任务二	原材料	6	2	
			任务三	周转材料	2	1	
			任务四	库存商品	1		
			任务五	委托加工物质	2	1	
			任务六	存货清查	2	1	
			任务七	存货期末计量	1	1	
	项目五	固定资产岗位核算	任务一	固定资产认知	2		20
			任务二	固定资产初始取得	4	2	
			任务三	固定资产折旧	2	1	
			任务四	固定资产后续支出	1	1	
			任务五	固定资产减值	1	1	
			任务六	固定资产处置	2	1	
			任务七	固定资产清查	1	1	

续表

模块二	项目六	无形资产 投资性房地产及其他资产岗位核算	任务一 无形资产	3	1	8
			任务二 投资性房地产	2	1	
			任务三 其他资产	1		
	项目七	投资资产岗位核算	任务一 交易性金融资产	2	1	10
			任务二 长期股权投资	3	1	
			任务三 债权投资 ※	1	1	
			任务四 其他债权投资 ※	1		
	项目八	往来结算岗位核算	任务一 应收票据	1	1	16
			任务二 应收账款	1	1	
			任务三 预付账款及其他应收款	1	1	
			任务四 应收款项减值	2	2	
			任务五 应付票据	1	1	
			任务六 应付账款	1	1	
			任务七 预收账款、其他应付款	1	1	
			任务八 及应付股利			
	项目九	职工薪酬岗位核算	任务一 职工薪酬认知	2		8
			任务二 职工薪酬的核算	4	2	
	项目十	税收岗位核算	任务一 应交增值税	4	2	14
			任务二 应交所得税	2	2	
			任务三 其他应交税费	2	2	
	项目十一	财务成果岗位核算	任务一 收入	6	3	16
			任务二 费用	2	1	
			任务三 利润	3	1	
模块三	项目十二	财务报告	任务一 财务报告认知	1		12
			任务二 资产负债表	3	2	
			任务三 利润表	2	1	
			任务四 现金流量表	1	1	
			任务五 所有者权益变动表	1		
			合 计	99	49	148

六、课程考核方式及成绩评定

平时考核，期末考核两部分构成。

平时考核包括学生平时提问、平时练习、每项目教学结束进行项目单元测试（每项目或项目组合）、期中考核等组成；

期末考核主要是期末闭卷考试。成绩平时考核成绩 30％－40％左右比重，期末考核成绩 60％－70％左右比重。

七、参考书目

1. 中华人民共和国财政部制定《企业会计准则》，经济科学出版社，2006 版，2019 修订版

2. 中华人民共和国财政部制定，《企业会计准则应用指南》，中国财经出版传媒集团经济科学出版社，2006 版，2019 修订版

3.《初级会计实务》，财政部会计资格评价中心编写，中国财经出版传媒集团经济科学出版社．2019、9

4.《中级会计实务》，财政部会计资格评价中心编写，中国财经出版传媒集团经济科学出版社．2019、3

5. 2016 年《关于全面推开营业税改征增值税试点的通知》，以及 2017、2018、2019 相关修订政策

6. 2019 年 4 月 1 日起执行的，财政部、国家税务总局、海关总署等三部门发布《关于深化增值税改革有关政策的公告》。

7. 2019 年 1 月 1 日修订执行的《个人所得税法》

目　　录

项目一　财务会计基本理论

● 本项目知识结构图

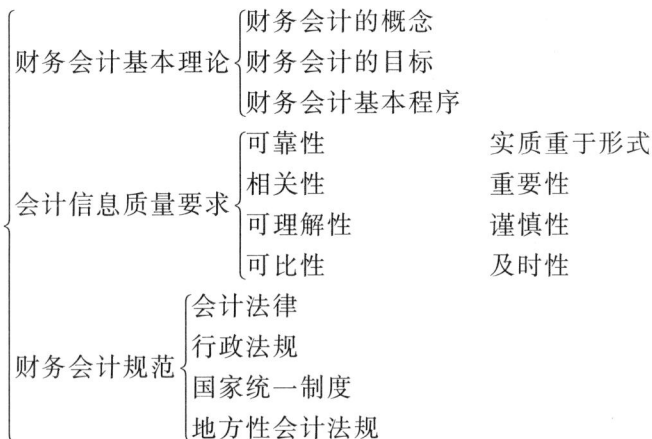

财务会计基本理论 ┬ 财务会计的概念
　　　　　　　　├ 财务会计的目标
　　　　　　　　└ 财务会计基本程序

会计信息质量要求 ┬ 可靠性　　　　实质重于形式
　　　　　　　　├ 相关性　　　　重要性
　　　　　　　　├ 可理解性　　　谨慎性
　　　　　　　　└ 可比性　　　　及时性

财务会计规范 ┬ 会计法律
　　　　　　　├ 行政法规
　　　　　　　├ 国家统一制度
　　　　　　　└ 地方性会计法规

● 本项目重点、难点分析

任务一　财务会计基本理论

一、财务会计的概念

财务会计是指在《企业会计准则》的规范下，企业通过确认、计量、记录和报告等专门方式，为会计信息使用者提供有关企业财务状况、经营成果、现金流量等会计信息的对外报告会计。

财务会计是通过收集、处理和利用经济信息，对经济活动进行规划、组织、控制和指导，促使人们权衡利弊、比较得失、讲求经济效果的一种管理活动。

二、财务会计的目标

（1）向财务报告使用者提供决策有用的信息。会计信息的使用者主要有：①企业管理者；②投资者；③债权人；④政府；⑤社会公众。

（2）反映企业管理层受托责任的履行情况。财务报告应当反映企业管理层受托责任的履行情况，以帮助评价企业的经营管理责任及资源使用的有效性，并为投资者决定是否继续维持现有的委托代理关系提供决策依据。

三、财务会计基本程序

（1）会计确认。会计确认是指依据一定的标准，对单位发生的经济业务辨认并确定哪些数据是否能够和何时进入会计处理过程的工作。

（2）会计计量。《中华人民共和国会计法》第十二条规定："会计核算以人民币为记账本位币，业务收支以人民币以外的货币为主的单位，可以选定其中一种货币作为记账本位币，但是编报的财务会计报告应当折算为人民币。"计量属性主要包括历史成本、重置成本、可变现净值、现值和公允价值等。一般情况下，对于会计要素的计量，应当采用历史成本计量属性。

（3）会计记录。会计记录是指在会计确认和计量的基础上，根据一定的账务处理程序，对经过会计确认、计量的经济业务在账簿中进行登记，以对会计数据进一步加工处理的过程。

（4）会计报告。会计报告是指根据会计信息使用者的要求，按照一定的格式，把账簿记录加工成财务指标体系，提供给信息使用者，据以进行分析、预测和决策。

任务二　会计信息质量

会计信息质量要求是对企业财务报告提供高质量会计信息所做的基本规范，是使财务报告中所提供会计信息对使用者决策有用所应用具备的基本要求。

一、可靠性

可靠性要求企业应当以实际发生的交易或者事项为依据进行会计确认、计量和报告，如实反映符合确认和计量要求的各项会计要素及其相关信息，保证会计信息真实可靠、内容完整。

二、相关性

相关性要求企业提供的会计信息应当与财务报告使用者的经济决策需要相关，有助于财务报告使用者对企业过去、现在或者未来的情况做出评价或者预测。

三、可理解性

可理解性要求企业提供的会计信息应当清晰明了，便于财务报告使用者理解和使用。

四、可比性

可比性要求企业提供的会计信息应当相互可比，具体包括下列两层含义。

（1）同一企业不同时期的可比。会计信息质量的可比性要求同一企业对不同时期发生的相同、相似的交易或者事项，应当采用一致的会计政策，不得随意变更。

（2）不同企业相同会计期间可比。会计信息质量的可比性要求不同企业同一会计期间发生的相同、相似的交易或者事项，应当采用规定的会计政策，确保会计信息口径一致、相互可比。

五、实质重于形式

实质重于形式要求企业应当按照交易或者事项的经济实质进行会计确认、计量、报告，而不仅仅以交易或者事项的法律形式为依据。

六、重要性

重要性要求企业提供的会计信息应当反映与企业财务状况、经营成果和现金流量有关的所有重要交易或者事项。

七、谨慎性

谨慎性要求企业对交易或者事项进行会计确认、计量和报告时应当保持应有的谨慎，不应高估资产或者收益、低估负债或者费用。

八、及时性

及时性要求企业对已经发生的交易或者事项，应当及时进行会计确认、计量和报告，不得提前或者延后。

任务三　会计规范

会计规范，是一套用于规定并约束会计信息系统的数据加工、处理与信息生成等行为的法律、制度、标准和惯例的总称，也是评价会计工作质量、会计信息质量的标准和依据。

目前，我国的会计规范体系由四个层次构成：

一、会计法律

《中华人民共和国会计法》（以下简称《会计法》）是我国会计工作的根本法律规定，也是我国进行会计工作的基本依据。《会计法》于 1985 年 1 月 21 日第六届全国人民代表大会常务委员会第九次会议通过，分别于 1993 年、1999 年、2017 年修订完善。

二、行政法规

行政法规以《会计法》为依据，以条例、规定、办法等形式出现。如《企业财务会计报告条例》《总会计师条例》等均属于行政法规。

三、国家统一制度

国家统一制度 包括会计规章和规范性文件等。

1. 会计规章如《企业会计准则－基本准则》、《会计从业资格管理办法》等，属于会计规章。

2. 规范性文件如《企业会计准则第 1 号－存货》等具体会计准则、《企业会计准则－应用指南》和解释公告等属于规范性文件。

如上所述，中国企业会计准则体系由基本准则、具体准则、会计准则应用指南和解释公告等组成。

四、地方性会计法规

地方性会计法规是指由各省、自治区、直辖市人民代表大会及常务委员会制定并发布的与宪法、会计法律、行政法规等不抵触的会计规范性文件。

实训练习

练习题 1-1　单项选择题

（一）要求：将正确答案填入下列各题括号内。

（二）题目。

1. 财务报告的基本目标是（　　）。
   A. 反映企业管理层受托责任的履行情况
   B. 向财务报告使用者提供决策有用的信息
   C. 及时、准确地开展会计核算
   D. 向投资者提供决策有用的信息

2. 财务会计的本质是（　　）。
   A. 一种管理活动　　　　　　　　B. 管理方法
   C. 管理工具　　　　　　　　　　D. 进行会计核算

3. 按企业会计准则规定，企业应当以（　　）为基础进行会计确认、计量、报告。
   A. 收付实现制　　　　　　　　　B. 权责发生制
   C. 谨慎性　　　　　　　　　　　D. 货币计量

4. 我国《企业会计准则》规定，企业进行会计计量时，一般应当采用（　　）计量属性。
   A. 历史成本　　　B. 重置成本　　　C. 公允价值　　　D. 现值

5. 我国的会计法律有（　　）。
   A.《会计法》　　　　　　　　　　B.《企业财务会计报告条例》
   C.《企业会计准则——基本准则》　D.《企业会计准则第 1 号——存货》

6.《企业会计准则——应用指南》和解释公告等属于（　　）。
   A. 会计法律　　　　　　　　　　B. 行政法规
   C. 部门规章　　　　　　　　　　D. 规范性文件

7. 中国企业会计准则体系中，不包括（　　）。
    A. 基本准则
    B. 具体准则
    C. 会计准则应用指南和解释公告
    D. 会计基本假设

8. 固定资产盘盈一般按照（　　）计量。
    A. 重置成本
    B. 历史成本
    C. 现值
    D. 公允价值

9. 存货期末计量一般按照（　　）计量。
    A. 公允价值
    B. 历史成本
    C. 现值
    D. 可变现净值

10. （　　）要求企业应当按照交易或者事项的经济实质进行会计确认、计量、报告，而不仅仅以交易或者事项的法律形式为依据。
    A. 实质重于形式
    B. 客观性
    C. 谨慎性
    D. 重要性

练习题 1-2　多项选择题

（一）要求：将正确答案填入下列各题括号处。

（二）题目。

1. 财务会计的目标是（　　）。
    A. 向财务报告使用者提供决策有用的信息
    B. 反映企业管理层受托责任的履行情况
    C. 准确的进行会计确认、会计计量、会计记录和会计报告
    D. 对会计核算的范围、内容、基本程序和方法做出合理设定

2. 目前，我国的会计规范体系由下列哪几个层次构成（　　）。
    A. 会计法律
    B. 会计行政法规
    C. 国家统一的会计制度
    D. 地方性会计法规

3. 会计信息质量要求原则包括（　　）。
    A. 相关性
    B. 谨慎性
    C. 可比性
    D. 权责发生制

4. 会计的计量属性包括（　　）。
    A. 历史成本
    B. 可变现净值
    C. 公允价值
    D. 现值

5. 财务会计作为一个信息系统，基本程序有（　　）4个阶段。
    A. 会计确认
    B. 会计计量
    C. 会计记录
    D. 会计核算

6. 财务会计是指在企业会计准则的规范下，企业通过确认、计量、记录和报告等专门方式，为会计信息使用者提供有关企业（　　）等会计信息的对外报告会计。
    A. 特定日期财务状况
    B. 一定时期内经营成果
    C. 一定时期内现金流量
    D. 一定时期内所有者权益变动

7. 基本准则具体规范包括（　　　）以及会计要素的定义及其确认、计量原则等在内的基本问题。

  A. 财务报告目标   B. 会计信息质量要求

  C. 会计基本假设   D. 财务报告

8. 向财务报告使用者提供决策有用的信息是财务报告的基本目标，会计信息的使用者主要有（　　　）等。

  A. 企业管理者   B. 投资者与债权人

  C. 政府   D. 社会公众

9. 可比性要求企业提供的会计信息应当相互可比，具体是指（　　　）。

  A. 同一企业对于不同时期发生的相同、相似的交易或者事项，应当采用一致的会计政策，不得随意变更。

  B. 不同企业对于不同时期发生的相同、相似的交易或者事项，应当采用一致的会计政策，不得随意变更。

  C. 不同企业同一会计期间发生的相同、相似的交易或者事项，应当采用规定的会计政策，确保会计信息口径一致、相互可比。

  D. 同一企业同一会计期间发生的相同、相似的交易或者事项，应当采用规定的会计政策，确保会计信息口径一致、相互可比。

10. 重要性要求企业提供的会计信息应当反映与企业（　　　）和有关的所有重要交易或者事项。

  A. 财务状况   B. 经营成果

  C. 现金流量   D. 收入

练习题 1-3 判断题

（一）要求：在括号内将正确答案打√，错误的答案打×。

（二）题目。

（　　　）1. 按照我国《会计法》规定，会计核算以人民币为记账本位币，业务收支以人民币以外的货币为主的单位，可以选定其中一种货币作为记账本位币，但是编报的财务会计报告应当折算为人民币。

（　　　）2. 会计信息实质重于形式原则要求企业应当按交易或事项的经济实质进行会计确认、计量、报告，而不仅仅以交易或事项的法律形式为依据。

（　　　）3. 会计确认是指依据一定的标准，对单位发生的经济业务辨认并确定哪些数据是否能够和何时进入会计处理过程的工作。它贯穿于会计核算的全过程。

（　　　）4. 相关性要求企业提供的会计信息应当与财务报告使用者的经济决策需要相关，有助于财务报告使用者对企业过去、现在或者未来的情况做出评价或者预测。

（　　　）5. 业务收支以人民币以外的货币为主的单位，可以选定其中一种货币作为记账本位币，编报的财务会计报告仍可以以外币编制。

（　　　）6. 具体会计准则分为一般业务准则、特殊业务准则和报告类准则、会计信息质量要求等，主要规范了各项具体业务事项的确认、计量和报告，具体准则属于会计准则体系中的第二层次。

（　　　）7. 谨慎性要求企业对交易或者事项进行会计确认、计量和报告时应当保持应有的谨慎，不应高估负债或者费用、低估资产或者收益。

（　　）8. 行政法规是经国家最高行政管理机关国务院常务委员会通过，由国务院总理签发，用以调整经济生活中各方面会计关系的法律规范，行政法规以《会计法》为依据，以条例、规定、办法等形式出现。

（　　）9. 为了便于使用者了解财务状况、经营成果和现金流量的变化趋势，比较企业在不同时期的财务报告信息，会计信息质量的可比性要求不同企业同一会计期间发生的相同、相似的交易或者事项，应当采用规定的会计政策，确保会计信息口径一致、相互可比。

（　　）10. 在现值的计量下，资产按照其正常对外销售能收到的现金或者现金等价物的金额扣减该资产至完工时将要发生的成本、估计的销售费用及相关税金的金额计量。

项目二　筹集资金岗位核算

本项目知识结构图

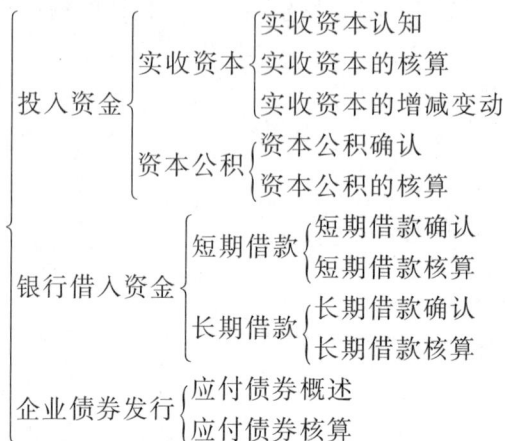

投入资金
- 实收资本
  - 实收资本认知
  - 实收资本的核算
  - 实收资本的增减变动
- 资本公积
  - 资本公积确认
  - 资本公积的核算

银行借入资金
- 短期借款
  - 短期借款确认
  - 短期借款核算
- 长期借款
  - 长期借款确认
  - 长期借款核算

企业债券发行
- 应付债券概述
- 应付债券核算

本项目重点、难点分析

任务一　投入资金核算

一、实收资本

（一）实收资本认知

（1）定义：实收资本是指投资者按照企业的约定，以货币、实物财产、无形资产等方式实际投入企业的资本。

（2）规定：除国家另有规定外，企业的实收资本应当与注册资本相一致。企业实收资本比原注册资本数额增减超过 20％时，应持资金使用证明或验资证明，向原登记主管机关申请变更登记。

（二）实收资本核算

1. 账户设置

（1）"实收资本"账户。

（2）"股本"账户。

账户的知识点：①性质；②作用；③结构。

2. 实收资本的账务处理

（1）现金资产投资的核算。

借：银行存款   500 000

  贷：实收资本——王明   500 000

中国建设银行进账单如图 2-1-1 所示。

中国建设银行进账单（收账通知）

2016 年 1 月 10 日   凭证编号：00896214

付款人	全称	王明	收款人	全称	甲公司									
	账号	16142066137754		账号	15032045026745									
	开户银行	中国工商银行华夏支行		开户银行	中国建设银行远大支行									
金额	人民币（大写）伍拾万元整					百	十	万	千	百	十	元	角	分
						￥5	0	0	0	0	0	0	0	0
用途	投资款													
备注	业务种类													
	凭证种类													
	凭证号码							开户银行签章						
	凭证金额													

（中国建设银行远大支行 2014.11.01 转讫）

图 2-1-1 中国建设银行进账单

（2）非现金资产投资的核算。

借：固定资产/原材料/无形资产（投资各方确认的价值）

  应交税费——应交增值税（进项税额）

  贷：实收资本——李毅

    资本公积——资本溢价

（三）实收资本的增减变动

1. 实收资本的增加

（1）追加投资，与初始投资的处理原则一致。

（2）资本公积和盈余公积转增资本。

借：资本公积/盈余公积

  贷：实收资本

2. 实收资本的减少

（1）方式：一般企业实收资本的减少，应按法定程序报经批准减资，而股份有限公司减资应采用回购本公司股票方式。

（2）股份有限公司采用回购本公司股票方式减资的处理。

①如果回购股票支付的价款高于面值总额。

回购时处理如下。

— 9 —

借：库存股

　　贷：银行存款

减资时处理如下。

借：股本

　　资本公积（差额依次冲）

　　盈余公积（差额依次冲）

　　利润分配——未分配利润（差额依次冲）

　　贷：库存股

②如果购回股票支付的价款低于面值总额。

回购时处理如下。

借：库存股

　　贷：银行存款

减资时处理如下。

借：股本

　　贷：库存股

　　　　资本公积（差额）

【案例 2-1-1】甲公司 2019 年 12 月 31 日的股本为 6 000 000 股，面值为 1 元，资本公积（股本溢价）1 000 000 元，盈余公积 3 000 000 元。经股东大会批准，甲公司现金回购本公司股票 1 000 000 股并注销。甲公司按每股 4 元回购股票（原始凭证：证券成交交割单、银行结算凭证）。

甲公司的会计处理如下。

①回购本公司股票时。

借：库存股	4 000 000	
贷：银行存款		4 000 000

②注销本公司股票时。

借：股本	1 000 000	
资本公积——股本溢价	1 000 000	
盈余公积	2 000 000	
贷：库存股		4 000 000

二、资本公积

（一）资本公积确认

（1）定义：资本公积是企业收到投资者出资额超出其在注册资本或股本中所占份额的部分及直接计入所有者权益的利得或损失。从形成来源上看，资本公积不是由企业形成的利润转化而来的，从本质上讲，应属于投入资本的范畴。

（2）内容：资本公积主要包括资本（或股本）溢价、直接计入所有者权益的利得或损失。

（二）资本公积核算

1. 账户设置

资本公积——资本溢价

　　——其他资本公积

账户的知识点：①性质；②作用；③结构。

2. 资本公积的账务处理

（1）资本、股本溢价的核算。投资者投资额高于注册资金的数额或股票溢价发行。

借：银行存款

　　贷：实收资本——投资者

　　　　资本公积——资本溢价

　　　　　　　　——股本溢价

（2）其他资本公积的核算。其他资本公积是指除资本（或股本）溢价以外所形成的资本公积，主要是指直接计入所有者权益的得利和损失。

企业对被投资单位的长期股权投资采用权益法核算，在持股比例不变的情况下，对被投资单位除净损益和其他综合收益以外的所有者权益的其他变动，应按持股比例计算应享有的份额。

借：长期股权投资——其他权益变动

　　贷：资本公积——其他资本公积

如果是损失，则做相反的会计处理。

注意，企业持有其他债权投资的公允价值高于原账面价值的差额，借记"其他债权投资——公允价值变动"账户，贷记"资料公积——其他资本公积"账户；公允价值低于原账面价值的差额做相反的会计分录。

（3）用资本公积转增资本的核算。

借：资本公积——资本溢价

　　贷：实收资本

任务二　借入资金核算

一、短期借款

（一）短期借款确认

短期借款是指企业向银行或其他金融机构借入的、偿还期限在 1 年以内（含 1 年）的各种借款。短期借款的目的一般是企业为维持正常的生产经营所需的资金或抵偿某项债务而借入的款项。

（二）短期借款核算

1. 账户设置

（1）"短期借款"账户。

（2）"应付利息"账户。

账户的知识点：①性质；②作用；③结构。

2. 短期借款的账务处理

（1）短期借款时。

借：银行存款

　　贷：短期借款

（2）计提应计利息时。

借：财务费用

　　贷：应付利息

（3）支付借款利息时。

借：财务费用（当期的）

　　应付利息（计提的）

　　贷：银行存款

（4）偿还银行借款本金时。

借：短期借款

　　贷：银行存款

二、长期借款

（一）长期借款确认

长期借款指企业向银行或其他金融机构借入的期限在 1 年以上（不含 1 年）的各项借款。一般用于固定资产的购建、改扩建工程、大修理工程及流动资产的正常需要等方面。

（二）长期借款核算

1. 账户设置

企业应设置"长期借款"账户。该账户可按贷款单位和贷款种类，分别设置"本金""应计利息""利息调整"等项目进行明细核算。

账户的知识点：①性质；②作用；③结构。

2. 长期借款的具体核算

（1）取得长期借款的核算。

企业取得时。

借：银行存款

　　长期借款——利息调整（差额）

　　贷：长期借款——本金

（2）利息费用的核算。

计提利息时。

借：在建工程/制造费用/财务费用/管理费用/研发支出

　　贷：应付利息（分期付息）

　　　　长期借款——应计利息（一次性还本付息）

（3）归还本息时。

借：长期借款——本金/应付利息/长期借款——应计利息

　　贷：银行存款

【案例 2-2-1】甲公司为建造一幢厂房，2016 年 1 月 1 日向建设银行借入期限为两

年的长期专门借款 1 000 000 元，款项已存入银行，合同规定借款利率为 9%，每年付息一次，期满后一次还清本金。2016 年年初，以银行存款支付工程价款共计 600 000 元，2017 年年初又以银行存款支付工程费用 400 000 元。该厂房于 2017 年 8 月底完工，达到预定可使用状态。假设合同规定的利率与实际利率一致，不考虑闲置专门借款资金存款的利息收入或者投资收益（原始凭证：银行借款凭证、银行进账单收账通知、银行利息计算表）。

根据上述业务甲公司账务处理如下。

①2016 年 1 月 1 日，取得借款时。

借：银行存款	1 000 000
贷：长期借款——本金	1 000 000

②2016 年年初，支付工程款时。

借：在建工程	600 000
贷：银行存款	600 000

③2016 年 12 月 31 日，计算 2016 年应计入工程成本的利息时。

借款利息＝1 000 000×9%＝90 000（元）

借：在建工程	54 000
财务费用	36 000
贷：应付利息	90 000

④2016 年 12 月 31 日支付借款利息时。

借：应付利息	90 000
贷：银行存款	90 000

⑤2017 年年初支付工程款时。

借：在建工程	400 000
贷：银行存款	400 000

⑥2017 年 8 月底，达到预定可使用状态，该期应计入工程成本的利息＝（1 000 000×9%÷12）×8＝60 000（元）

借：在建工程	60 000
贷：应付利息	60 000

同时，结转固定资产。

借：固定资产	1 114 000
贷：在建工程	1 114 000

⑦2017 年 12 月 31 日，计算 2017 年 9～12 月应计入的利息。

（1 000 000×9%÷12）×4＝30 000（元）

借：财务费用	30 000
贷：应付利息	30 000

⑧2017 年 12 月 31 日支付利息时。

借：应付利息	90 000
贷：银行存款	90 000

⑨2018 年 1 月 1 日到期还本时。

借：长期借款——本金	1 000 000
贷：银行存款	1 000 000

任务三　债券发行

一、应付债券概述

（一）应付债券的确认

应付债券是指企业为筹集长期资金而实际发行的债券及应付的利息，它是企业筹集长期资金的一种重要方式。

（二）债券发行的价格

债券有以下 3 种发行价格。

（1）面值发行。

（2）溢价发行。

（3）折价发行。

二、应付债券核算

（一）账户设置

"应付债券"账户的知识点：①性质；②作用；③结构。

在"应付债券"账户下应设三个明细科目，即"面值""利息调整""应计利息"，分别核算企业债券发行的债券面值、溢折价和应计利息，并按债券种类进行明细核算。

（二）应付债券的具体核算

（1）债券发行的核算。

借：银行存款

　　贷：应付债券——面值

　　　　　　——利息调整（或借）

（2）债券利息的核算。

企业计提利息费用时。

借：在建工程/财务费用

　　贷：应付债券——应计利息/应付利息

（3）债券还本付息的核算。

债券到期，支付债券本息时。

借：应付债券——面值

　　　　　　——应计利息/应付利息

　　贷：银行存款

【案例 2-3-1】甲公司 2018 年 1 月 1 日发行为期 4 年的债券 1 000 000 元，票面利率

为 3%，按面值发行。债券的发行总收入为 1 000 000 元，到期一次还本付息，筹集资金用于生产经营（原始凭证：银行进账单收账通知、银行利息计算表）。

甲公司会计账务处理如下。

①取得发行收入时。

借：银行存款　　　　　　　　　　　　　　　　　　　　　1 000 000

　　贷：应付债券——面值　　　　　　　　　　　　　　　　　　　1 000 000

②每期期末计提利息时。

借：财务费用　　　　　　　　　　　　　　　　　　　　　　　30 000

　　贷：应付债券——应计利息　　　　　　　　　　　　　　　　　　30 000

③债券到期，支付本息时。

借：应付债券——面值　　　　　　　　　　　　　　　　　　1 000 000

　　　　　　——应计利息　　　　　　　　　　　　　　　　　　120 000

　　贷：银行存款　　　　　　　　　　　　　　　　　　　　　1 120 000

实训练习

练习题 2-1　单项选择题

（一）要求：在每小题的 4 个备选答案中，选出 1 个正确答案，并将正确答案的序号填在题干后的括号内。

（二）题目。

1. 投资人出资额高于注册资金的份额，应计入（　　　）。

   A. 实收资本　　　　　　　　　　　　B. 资本公积

   C. 盈余公积　　　　　　　　　　　　D. 营业外收入

2. 下列各项中能够引起所有者权益总额变化的是（　　　）。

   A. 以资本公积转增资本　　　　　　　B. 增发新股

   C. 向股东支付已宣告分派的现金股利　D. 以盈余公积弥补亏损

3. 甲企业年初所有者权益总额 160 万元，当年以其中的资本公积转增资本 50 万元。当年实现净利润 300 万元，提取盈余公积 30 万元，向投资者分配利润 20 万元。该企业年末所有者权益总额为（　　　）万元。

   A. 360　　　　　　B. 410　　　　　　C. 440　　　　　　D. 460

4. 企业不需向原登记主管机关申请变更登记的条件是：企业实有资本比原注册资本增减比例不超过（　　　）。

   A. 10%　　　　　B. 25%　　　　　C. 20%　　　　　D. 50%

5. 甲企业收到乙单位作价投入的原材料一批，该批原材料双方确认的价值为 80 000 元，经税务部门认定应交的增值税为 13 600 元，甲企业应计入"实收资本"科目的金额为（　　　）元。

   A. 80 000　　　　　　B. 93 600　　　　　　C. 90 000　　　　　　D. 103 600

6. 甲公司发行普通股 10 000 股，每股面值 1 元，发行价格 6 元。按规定从发行收入中支付发行费用 2 000 元。甲公司应计入"资本公积——股本溢价"账户的金额为（　　　）元。

A. 50 000　　　　　B. 52 000　　　　　C. 48 000　　　　　D. 58 000

7. 甲公司委托证券公司发行股票 1 000 万股，每股面值 1 元，发行价格 8 元，向证券公司支付佣金 150 万元，发行股票冻结期间的利息收入为 100 万元。该公司应贷记"资本公积——股本溢价"账户的金额为（　　　）万元。

   A. 6 750　　　　　B. 6 850　　　　　C. 6 950　　　　　D. 7 000

8. 甲公司委托证券公司代理发行普通股 100 000 股，每股面值 1 元，每股按 1.2 元的价格出售。按协议，证券公司从发行收入中收取 3% 的手续费。则该公司最终计入资本公积的数额为（　　　）元。

   A. 16 400　　　　　B. 100 000　　　　　C. 116 400　　　　　D. 0

9. 甲企业 1～2 月预提本月短期借款利息 1 000 元，3 月银行存款支付借款期内在短期借款利息 1 500 元，应编制的分录有（　　　）。

   A. 借：财务费用　　　　　　　　　　　　　　　　　　　　1 500
   　　　贷：银行存款　　　　　　　　　　　　　　　　　　　　　　　1 500
   B. 借：应付利息　　　　　　　　　　　　　　　　　　　　　500
   　　　　财务费用　　　　　　　　　　　　　　　　　　　　1 000
   　　　贷：银行存款　　　　　　　　　　　　　　　　　　　　　　　1 500
   C. 借：应付利息　　　　　　　　　　　　　　　　　　　　1 500
   　　　贷：银行存款　　　　　　　　　　　　　　　　　　　　　　　1 500
   D. 借：应付利息　　　　　　　　　　　　　　　　　　　　1 000
   　　　　财务费用　　　　　　　　　　　　　　　　　　　　　500
   　　　贷：银行存款　　　　　　　　　　　　　　　　　　　　　　　1 500

10. 长期借款用于购建固定资产的，在固定资产尚未达到预定可使用状态前，所发生的应当资本化的利息支出数计入（　　　）。

    A. 在建工程　　　　　　　　　　　B. 财务费用
    C. 研发支出　　　　　　　　　　　D. 管理费用

练习题 2-2　多项选择题

（一）要求：在每小题 4 个备选答案中选出 2～4 个正确答案，并将正确答案的序号填入题中的括号内。

（二）题目。

1. 下列各项中，属于所有者权益的有（　　　）。

   A. 股本溢价　　　　　　　　　　　B. 资本溢价
   C. 直接计入所有者权益的利得或损失　　D. 直接计入利润的利得或损失

2. 股份有限公司采用收购本公司股票方式减资的，下列说法正确的是（　　　）。

   A. 按股票面值和注销股数计算的股票面值总额冲减股本
   B. 按注销库存股的账面余额与所冲减股本的差额依次冲减股本溢价，股本溢价不足冲减的，再冲减未分配利润直至盈余公积
   C. 如果购回股票支付的价款低于面值总额的，所注销库存股的账面余额与所冲减股本的差额作为增加股本溢价处理
   D. 购回股票支付的价款超过面值总额的金额，依次冲减资本公积、盈余公积和未分配利润；相反增加资本公积（股本溢价）

3. 下列各项中，应通过"资本公积"账户核算的有（　　）。

　　A. 发行股票取得的股本溢价

　　B. 转销确实无法偿还的应付账款

　　C. 接受现金捐赠

　　D. 长期股权投资权益法核算下，被投资单位因资本公积增加而增加所有者权益

4. 下列事项中可能引起资本公积变动的有（　　）。

　　A. 接受投资者投资

　　B. 宣告分配现金股利

　　C. 权益法核算下被投资单位溢价发行新股

　　D. 提取盈余公积

5. 下列事项中可引起"实收资本"账户发生增减变动的有（　　）。

　　A. 接受投资者投入固定资产　　　　　B. 接受固定资产捐赠

　　C. 用盈余公积弥补亏损　　　　　　　D. 经批准将资本公积转增资本

6. 可以作为实收资本投入企业的资产有（　　）。

　　A. 货币资产　　　　　　　　　　　　B. 固定资产

　　C. 经营租赁资产　　　　　　　　　　D. 无形资产

7. 甲股份有限公司以收购本企业股票方式减资，在进行会计处理时，可能涉及的会计科目有（　　）。

　　A. 股本　　　　　　　　　　　　　　B. 资本公积

　　C. 财务费用　　　　　　　　　　　　D. 盈余公积

8. 企业长期借款的利息费用，可能涉及的科目有（　　）。

　　A. 在建工程　　　　　　　　　　　　B. 管理费用

　　C. 财务费用　　　　　　　　　　　　D. 固定资产

9. 企业为了核算对外发行的债券，应当在"应付债券"科目下设的明细科目有（　　）。

　　A. 债券面值　　　　　　　　　　　　B. 债券本金

　　C. 应计利息　　　　　　　　　　　　D. 利息调整

10. 甲公司 2018 年 12 月 31 日的股本为 6 000 000 股，面值为 1 元，资本公积（股本溢价）1 000 000 元，盈余公积 3 000 000 元。经股东大会批准，甲公司现金按每股 2 元回购本公司股票 1 000 000 股并注销，应做的账务处理为（　　）。

　　A. 借：库存股　　　　　　　　　　　　　　　　2 000 000

　　　　　贷：银行存款　　　　　　　　　　　　　　　　2 000 000

　　B. 借：股本　　　　　　　　　　　　　　　　　1 000 000

　　　　　资本公积——股本溢价　　　　　　　　　1 000 000

　　　　　贷：库存股　　　　　　　　　　　　　　　　2 000 000

　　C. 借：库存股　　　　　　　　　　　　　　　　1 000 000

　　　　　贷：银行存款　　　　　　　　　　　　　　　　1 000 000

　　D. 借：库存股　　　　　　　　　　　　　　　　2 000 000

　　　　　贷：股本　　　　　　　　　　　　　　　　　1 000 000

　　　　　　资本公积——股本溢价　　　　　　　　1 000 000

练习题 2-3 判断题

（一）要求：下列每小题说法中正确的在题干后的括号内写"√"，错误的在题干后的括号内写"×"。

（二）题目。

（　　）1. 面值发行股票，发行股票支付的手续费、佣金等发行费用，直接计入当期财务费用。

（　　）2. 企业的实收资本应当与注册资本相一致。企业实收资本比原注册资本数额增减超过 20% 时，应持资金使用证明或验资证明，向原登记主管机关申请变更登记。

（　　）3. 资本公积与实收资本从形成来源上看，从本质上讲，都是由投资者对企业的直接投入而形成的，都属于投入资本的范畴。

（　　）4. 用盈余公积转增资本不影响所有者权益总额，但会使企业的净资产减少。

（　　）5. 投资者向企业投入的资本，在企业持续经营期间内，不得以任何形式抽回。

（　　）6. 按照《公司法》的规定，股票发行价格可以按票面金额，也可以高于票面金额，但不得低于票面金额。

（　　）7. 企业接受非现金资产投资时，应将非现金资产按投资实际成本价值入账。

（　　）8. 如果购回股票支付的价款低于面值总额的，所注销库存股的账面余额与所冲减股本的差额作为减少股溢价处理。

（　　）9. 根据我国公司法等相关法律规定，资本公积的用途主要用于转增资本（股本），分配股利等。

（　　）10. 长期借款发生的利息费用应当在资产负债表日按照合同利率计算确定。

实训题 2-1 投入资市的核算

（一）目的：掌握投入资本的核算。

（二）资料：甲公司 2019 年有筹资资料如下。

1. A、B、C 共同投资设立甲有限责任公司，注册资本为 2 000 000 元，A、B、C 持股比例分别为 60%、25% 和 15%。按照章程规定，A、B、C 投入资本分别为 1 200 000 元、500 000 元和 300 000 元。甲公司已如期收到各投资者一次缴足的款项。

2. 甲有限责任公司为扩大经营，再次吸收 D 公司和 F 公司投资，D 公司作为资本投入原材料一批，该批原材料投资合同或协议约定价值为 100 000 元，增值税为 13 000 元，D 公司已开具了增值税专用发票。假设合同约定的价值与公允价值相符，该进项税额允许抵扣，不考虑其他因素。F 公司作为资本投入非专利技术一项，该非专利技术投资合同的约定价值为 60 000 元，增值税为 3600 元。同时收到 F 公司作为资本投入的土地使用权一项，投资合同的约定价值为 80 000 元，增值税为 4800 元。公司接受该非专利技术和土地使用权符合国家注册资本管理的有关规定，可按合同约定做实收资本入账，合同约定的价值与公允价值相符，不考虑其他因素。

3. 甲公司发行股票 5 000 万股，每股面值 1 元，每股发行价为 1.4 元，假设按发行

收入的 2% 向证券公司支付发行费用，证券公司从发行收入中抵扣，股款已划入 A 公司的银行账户。

（三）要求。

根据以上资料，做出 A 有限责任公司收到投入资本的会计处理。

解答：

1.

2.

3.

实训题 2-2　企业减资的核算

（一）目的。

掌握库存股的核算。

（二）资料。

甲公司 2019 年 12 月 31 日的股本为 100 000 000 股，面值为 1 元，资本公积（股本溢价）30 000 000 元，盈余公积 40 000 000 元。

为了缩小公司的规模，经股东大会批准，甲公司现金回购本公司股票 20 000 000 股，并注销。

（三）要求。

在以下情况下分别做出甲公司回购股票的会计处理：

1. 甲公司按每股 2 元回购股票。

2. 甲公司按每股 3 元回购股票。

解答：

1.（1）2 元回购本公司股票时：

　（2）注销本公司股票时：

2.（1）3 元回购本公司股票时：

　（2）注销本公司股票时：

实训题 2-3　银行借款的核算

（一）目的。

掌握银行借款的核算。

（二）资料。

1. 甲企业于 2019 年 7 月 1 日向银行借入 6 个月的短期借款 60 000 元，年利率 6%，到期一次还本付息，利息费用采用按月预提、到期支付的方法。

2. 甲企业于 2019 年 11 月 30 日从银行借入资金 4 000 000 元，借款期限为 3 年，年利率为 8.4%（每月提取利息，到期一次还本付息，不计复利）。所借款项已存入银行。甲企业用该借款于当日购买不需安装的设备一台，价款 3 900 000 元，增值税 507 000 元，另支付运费等 100 000 元，增值税 9 000 元，设备已于当日投入使用。

（三）要求。

1. 做出该企业 2019 年 7 月银行借入款项、按月预提利息、到期一次还本付息的会计处理。

2. 做出该企业 2019 年 11 月有关长期借款借入、使用、计息等核算的会计处理。

解答：

1.（1）取得借款时：

（2）7.8.9.10.11 末计息：

（3）2020 年 1 月初还本付息核算：

2.（1）2019 年 11 月 30 日取得借款时：

（2）2019 年 11 月 30 日支付设备款和运杂费、保险费时：

（3）2019 年 12 月 31 日计提长期借款利息：

（4）2022 年 11 月 30 日偿还该笔银行借款本息：

实训题 2-4　应付债券的核算

（一）目的。

掌握应付债券（平价）发行的核算。

（二）资料。

甲企业为筹集资金，于 2017 年 7 月 1 日发行三年期、到期一次还本付息、年利率为 8%（不计复利）、发行面值总额为 40 000 000 元的债券。该债券按面值发行，每年年末提取利息。发行债券所筹资金用于建造固定资产，至 2018 年 6 月 30 日工程完工，达到预定可使用状态，2020 年 7 月 1 日，该企业偿还债券本金和利息。

（三）要求。

根据以上资料，做出该企业有关应付债券的会计处理。

解答：

（1）2017 年 7 月 1 日发行：

（2）2017 年 12 月 31 日计息：

（3）2018 年 12 月 31 日计息：

（4）2019 年 12 月 31 日：

（5）2020 年 7 月 1 日归还本息：

项目三 资金收支岗位核算

本项目知识结构图

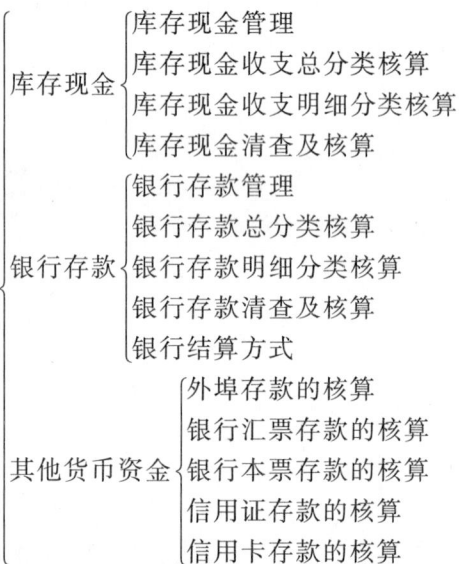

库存现金
- 库存现金管理
- 库存现金收支总分类核算
- 库存现金收支明细分类核算
- 库存现金清查及核算

银行存款
- 银行存款管理
- 银行存款总分类核算
- 银行存款明细分类核算
- 银行存款清查及核算
- 银行结算方式

其他货币资金
- 外埠存款的核算
- 银行汇票存款的核算
- 银行本票存款的核算
- 信用证存款的核算
- 信用卡存款的核算

本项目重点、难点分析

任务一 库存现金

一、库存现金管理

（一）库存现金的使用范围

企业使用现金结算的范围是：

（1）职工工资、津贴。

（2）个人劳务报酬。

（3）根据国家规定颁发给个人的科学技术、文化艺术、体育等各种奖金。

（4）各种劳保、福利费用及国家规定的对个人的其他支出。

（5）向个人收购农副产品和其他物资的价款。

（6）出差人员必须随身携带的差旅费。

（7）结算起点以下的零星支出。

（8）中国人民银行确定需要支付现金的其他支出。

（二）库存现金的限额

一般按照单位 3～5 天日常零星支出的需要量确定，边远地区和交通不便地区开户单位的库存现金限额可多于 5 天，但不得超过 15 天的日常零星支出量（不包括企业每月发放工资和不定期差旅费等大额现金支出）。

（三）库存现金收支的规定

（1）企业现金收入应于当日送存开户银行，当日送存有困难的，由开户银行确定送存时间。

（2）企业一般不得坐支现金。因特殊情况下需要坐支现金的，应当事先报经有关部门批准，并在核定的范围内和限额内进行。

（3）企业从开户银行提取现金，应当写明用途，由本单位财会部门负责人签字盖章，经由开户银行审核后，予以支付现金。

（4）企业因采购地点不固定、交通不便及其他特殊情况必须使用现金的，应向开户银行提出申请，经开户银行审核后，予以支付现金。

（5）不准"白条顶库"；不准谎报用途套取现金；不准用银行账户代其他单位和个人存入或支取现金；不准用单位收入的现金以个人名义存储；不准保留账外公款，不得设置"小金库"等。

二、库存现金收支总分类核算

（一）库存现金收入的核算

1. 库存现金收入的原始凭证

（1）销售部门开出的发票副本。

（2）收款收据副本。

（3）现金支票存根等。

2. 库存现金收入的核算

借：库存现金

    贷：有关科目

（二）库存现金支出的核算

1. 库存现金支出的原始凭证

（1）借款单。

（2）取得发票或收款收据。

（3）签字的工资表。

（4）银行解款单回单等。

2. 库存现金支出的核算

借：有关科目

　　贷：库存现金

三、库存现金明细分类核算

库存现金明细分类核算是通过设置"库存现金"日记账进行的。

四、库存现金清查及核算

（一）库存现金清查的概述

（1）清查方法一般是实地盘点法。

（2）要求：

①库存现金的盘点必须由清查人员与出纳人员共同负责。

②在现金盘点工作开始前，现金出纳员应将现金收、付款凭证全部登记入账，并结出余额。

③现金盘点时，出纳人员必须在场，现金应逐张清点。

④如发现盘盈或盘亏，应同出纳员核实清楚。盘点时还应查明有无违反现金管理制度规定，如现金是否超过银行核定的限额，有无坐支现金等。

⑤盘点工作结束后，应根据盘点的结果与现金日记账，填制"库存现金盘点报告表"，并由财产清查人员与出纳员共同签名盖章，用来反映库存现金实存数，是用以调整账簿记录的重要原始凭证，也是分析账实发生差异的原因，明确经济责任的依据。

（二）库存现金清查的核算

1. 盘亏的核算

（1）发生现金盘亏。

借：待处理财产损益——待处理流动资产损益

　　贷：库存现金

（2）查明原因，即审批后。

借：其他应收款（赔偿）

　　管理费用　（企业承担净损失）

　　　　贷：待处理财产损益——待处理流动资产损益

2. 盘盈的核算

（1）发生盘盈，即审批前。

借：库存现金

　　贷：待处理财产损益——待处理流动资产损益

（2）查明原因，即审批后。

借：待处理财产损益——待处理流动资产损益

　　贷：营业外收入

【案例 3-1-1】 甲公司在 2019 年 3 月 5 日的库存现金清查中，发现盘亏 2 000 元，经查明出纳余平有不可推卸的责任，鉴于认识态度较好和平时工作认真，公司决定，出纳赔偿 70%，其余 30% 企业承担。做审批前后的处理（原始凭证：库存现金盘点报告单）。

①审批前。

借：待处理财产损益——待处理流动资产损益　　　　　　　　　2 000

　　贷：库存现金　　　　　　　　　　　　　　　　　　　　　　　　　2 000

②审批后。

借：其他应收款——余平　　　　　　　　　　　　　　　　　　　1 400

　　管理费用　　　　　　　　　　　　　　　　　　　　　　　　　600

　　贷：待处理财产损益——待处理流动资产损益　　　　　　　　　2 000

任务二　银行存款

一、银行存款管理

（一）银行结算账户的管理

根据中国人民银行发布的《银行账户管理办法》的规定，企业的存款账户分为四类：

（1）基本存款账户，是指企业办理日常转账结算和现金收付的账户。企业一般只能选择一家银行的一个营业机构开立一个基本存款账户。

（2）一般存款账户，是指企业在基本存款账户以外的银行借款转账、与基本存款账户的企业不在同一地点的附属非独立核算单位开立的账户，该账户可以办理转账结算和现金缴存，但不能支取现金。

（3）临时存款账户，指企业因临时生产经营活动的需要而开立的账户。

（4）专用存款账户，是指企业因特定用途需要所开立的账户。企业的销货款不得转入专用存款账户。

（二）银行结算纪律

按照中国人民银行发布的《银行账户管理办法》的要求，银行结算应遵守以下纪律。

（1）不准签发空头支票和远期支票。

（2）不准签发、取得、转让没有真实交易的票据，套取银行和他人现金；不准无理拒绝付款，任意占用他人资金。

（3）不准违反规定开立和使用账户。

二、银行存款总分类核算

（一）银行存款收入的核算

借：银行存款

　　贷：有关科目

（二）银行存款支出的核算

借：有关科目

　　贷：银行存款

三、银行存款明细分类核算

银行存款明细分类核算是通过设置"银行存款"日记账进行的。

四、银行存款清查及核算

1. 方法：一般采用与银行核对账目的方法来进行。即将从银行取得的对账单和单位的银行存款日记账逐笔进行核对，以查明核实是否相符。

2. 未达账项：

1）概念：未达账项由于银行和企业之间入账时间不一致，造成一方已经入账，而另一方尚未入账的款项。

2）四种情况：

（1）企收银未收；　　　（2）企付银未付；

（3）银收企未收；　　　（4）银付企未付。

（3）调整方法：编制"银行存款余额调节表"，如表 3-2-1 所示。

表 3-2-1　银行存款余额调节表

年　月　日

项　　目	金　额	项　目	金　额
银行存款日记账余额		银行对账单余额	
加：银收企未收		加：企收银未收	
减：银付企未付		减：企付银未付	
调整后余额		调整后余额	

（4）调整后结果。

①经过上述调节后重新得出的余额，是本单位将来可以动用的银行存款实有数。

②未达账项不做账务处理，应在收到有关原始凭证之后，才能据以编制记账凭证，登记入账。

【案例 3-2-1】甲公司 2019 年 9 月的"银行存款日记账"、银行转来的"银行对账单"如表 3-2-2 和表 3-2-3 所示。

表 3-2-2　银行存款日记账　　　　　　　　账号：4554-0810-00000188

2019 年		凭证字号	摘要	结算凭证		对方科目	收入	支出	结余
月	日			种类	号数				
9	1	略	期初余额						780 000
	3		销售产品	支票	00436	主营业务收入	340 000		1 120 000
	5		收到货款	支票	00527	应收账款	80 000		1 200 000
	10		支付货款	支票	00121	材料采购		520 000	680 000
	16		销售产品	支票	00639	主营业务收入	120 000		800 000
	20		提取现金	支票	00122	库存现金		3000	797 000
	29		支付材料款	支票	00123	应付账款		32 000	765 000
	30		销售产品	支票	00834	主营业务收入	8 000		773 000
	30		本月发生额				548 000	555 000	773 000

表 3-2-3　银行对账单　　　　　　　　　　账号：4554-0810-00000188

2019 年		摘要	结算凭证		收入	支出	余额
月	日		种　类	号　数			
9	1	期初余额					780 000
	3	存入	支票	00436	340 000		1 120 000
	11	支取	支票	00121		520 000	600 000
	17	存入	支票	00639	120 000		720 000
	26	支取	支票	00123		32 000	688 000
	27	存入	支票	00821	40 000		728 000
	30	支取	支票	00124		25 000	703 000
	30	本期发生额			500 000	577 000	703 000

　　经过逐笔核对，发现有以下未达账项：企收银未收的款项为 88 000 元，企付银未付的款项为 3 000 元，银收企未收的款项为 40 000 元，银付企未付的款项为 25 000 元。

　　企业根据上述未达账项编制银行存款余额调节表，如表 3-2-4 所示。

表 3-2-4　银行存款余额调节表

2019 年 9 月 30 日

项　　目	金　额/元	项　　目	金　额/元
银行存款日记账余额	773 000	银行对账单余额	703 000
加：银行已收企业未收	40 000	加：企业已收银未收	88 000
减：银行已付企业未付	25 000	减：企业已付银未付	3 000
调整后余额	788 000	调整后余额	788 000

五、银行结算方式

（一）支票结算

1. 支票结算方式的概述

（1）支票的概念。支票结算方式是指由付款单位签发支票用以通知银行从其存款账户中支付款项给收款人的一种结算方式。

（2）种类。

①现金支票：现金支票只能提取现金。

②转账支票：转账支票只能用于转账。

③普通支票：既可提取现金，也可用于转账。

（3）支票的特点。

①支票一律记名，即写明收款人。

②支票的提示付款期为自出票日起 10 天。

③在同一票据交换区内还可以背书转让。

④支票的适用范围。支票是同城结算中应用范围较广的一种结算方式，企业单位的商品交易、提供劳务、清偿债务等结算业务均可使用支票。

2. 支票的账务处理

（1）付款单位。

借：有关账户

　　贷：银行存款

（2）收款单位。

借：银行存款

　　贷：有关账户

（二）银行本票结算

1. 银行本票的概述

（1）银行本票的概念。银行本票是银行签发的承诺自己在见票时无条件支付确定的金额给收款人或持票人的票据。

（2）特点。

①银行本票为不定额本票。

②银行本票的提示付款期限自出票日最长不得超过两个月。

③银行本票在同一票据交换区域内允许背书转让。但填明"现金"字样的银行本票不得背书转让。

④银行本票的金额、日期、收款人名称不得更改，更改票据无效。

⑤银行本票见票即付。

⑥适用于同城范围内款项结算。

2. 银行本票的账务处理

（1）付款单位收到本票的账务处理。

①付款单位根据退回的"银行本票申请书"存根。

借：其他货币资金

　　贷：银行存款

②付款单位用银行本票支付款项的账务处理。

借：有关科目

　　贷：其他货币资金——银行本票存款

③本票超过付款期要求退款的账务处理。

借：银行存款

　　贷：其他货币资金

（2）收款单位的账务处理。

收款单位根据银行加盖"转讫"章后退回的进账单回单联和有关原始凭证编制收款凭证。

借：银行存款

　　贷：有关科目

（三）商业汇票结算

1. 概述

（1）商业汇票的概念。商业汇票是一种由出票人签发的，委托付款人在指定日期无条件支付确定金额给收款人或者持票人的票据。

（2）种类：

①根据承兑人不同，商业汇票分为商业承兑汇票和银行承兑汇票。

②根据票据是否带息，商业汇票分为带息商业汇票和不带息商业汇票。

（3）特点：

①商业汇票的付款期限，最长不得超过 6 个月。

②适用范围：同城、异地均可使用。

2. 核算

（1）购货方的账务处理。

①购货单位将承兑后的汇票寄交销货单位后。

借：材料采购等科目

　　贷：应付票据

②到期日交付票据，收到开户银行的付款通知时。

借：应付票据

　　贷：银行存款

③购货单位在汇票到期日无力支付票款。

借：应付票据

　　贷：应付账款（商业承兑汇票）

　　　　短期借款（银行承兑汇票）

（2）销货方的账务处理。

①销货方收到付款人承兑的汇票，发运商品后。

借：应收票据

　　　　贷：主营业务收入

　　　　　　应交税费——应交增值税（销项税额）

　　②到期日收到银行转来的委托收款凭证的收账通知。

　　借：银行存款

　　　　贷：应收票据

　　③销货方如果因采购材料将商业承兑汇票背书转让给其他单位。

　　借：材料采购

　　　　贷：应收票据

　　④购货方无力支付到期的商业承兑汇票。

　　借：应收账款

　　　　贷：应收票据

（四）银行汇票结算

1. 银行汇票的概述

　　（1）银行汇票的概念。银行汇票是指由出票银行签发的，由其在见票时按照实际结算金额无条件支付给收款人或出票人的票据。

　　（2）银行汇票的特点。

　　①银行汇票的付款期为1个月。

　　②一律记名，可以背书转让或者汇到其他地点。

　　③票随人走，人到票到，便于采购，比较灵活。

　　④银行汇票可以用于转账，填明"现金"字样的银行汇票也可以用于支取现金。

　　⑤使用范围：单位和个人异地业务均可以使用这种结算方式，但单位不得凭银行汇票直接提取现金。

2. 银行汇票的账务处理

　　（1）汇款单位。

　　①申请办理银行汇票时。

　　借：其他货币资金——银行汇票存款

　　　　贷：银行存款

　　②使用银行汇票时。

　　借：有关科目

　　　　贷：其他货币资金——银行汇票存款

　　（2）收款单位。

　　收到银行汇票，送交银行后。

　　借：银行存款

　　　　贷：主营业务收入等

（五）委托收款结算

1. 委托收款的概述

　　（1）委托收款的概述的概念。委托收款是指收款人委托银行向付款人收取款项的一种结算方式。

（2）委托收款的概述特点。

①同城、异地都可使用。

②不受金额起点限制。

③分邮寄和电报两种。

2. 委托收款的账务处理

（1）销货单位收到委托收款凭证的收款通知联时。

借：银行存款

　　贷：应收账款等

（2）购货单位接到开户银行付款通知，付款期满支付款项后，应做如下账务处理。

借：应付账款等

　　贷：银行存款

（六）异地托收承付结算

1. 异地托收承付的概述

（1）异地托收承付的概念。异地托收承付是指收款单位根据经济合同发货后委托银行向异地付款单位收取款项，由付款单位向银行承认付款的一种结算方式。

（2）异地托收承付的特点。

①使用托收承付的收款单位和付款单位，必须是国有企业、供销合作社及经营较好经开户银行审核同意的城乡集体所有制工业企业。

②每笔金额起点 10 000 元，新华书店系统每笔金额起点 1 000 元。

③期限：验单付款的承付期为 3 天，验货付款的承付期为 10 天。

（3）异地托收承付的适用范围。异地的单位之间有经济合同的商品交易或劳务供应等款项的结算。代销、寄销、赊销商品的款项，不得办理托收承付结算。

2. 异地托收承付的账务处理

①收款方在办妥托收手续时。

借：应收账款

　　贷：主营业务收入等

②付款方在承付款项后。

借：材料采购

　　贷：银行存款

（七）汇兑结算

1. 汇兑结算方式的概述

（1）汇兑的概念。汇兑是指汇款单位委托银行将款项汇给外地收款单位或个人的一种结算方式。

（2）汇兑的分类。汇兑分为信汇和电汇两种。

（3）汇兑的适用范围。其适用于异地之间各种款项的结算。

2. 汇兑结算方式的账务处理

（1）汇款单位在款项汇出时。

借：有关科目

　　贷：银行存款

（2）收款单位收到款项时。

借：银行存款

　　贷：应收账款

（八）信用卡结算

1. 信用卡的概述

（1）信用卡的概念。信用卡是指商业银行向个人和单位发行，凭以向特约单位购物、消费和向银行存取现金，且具有消费信用的特别载体卡片。

（2）信用卡的分类。

①信用卡按使用对象分为单位卡和个人卡。

②信用卡按信誉等级分为金卡和普通卡。

③信用卡按是否向发卡银行交存备用金分为贷记卡、准贷记卡。

（3）企业使用信用卡的有关规定。

①凡在中国境内金融机构开立基本存款账户的单位均可申请单位卡。单位卡可申请若干张，持卡人不得出租或转借信用卡。

②单位卡账户的资金只能从企业基本存款账户转账，不得交存现金，不得将销货款项存入单位卡账户。

③单位卡可以购物、消费但每笔结算金额不得超过 10 万元，不得支取现金。

④严禁将单位卡的款项存入个人卡账户。

2. 信用卡结算方式的账务处理

（1）交存一定金额的备用金，企业取得信用卡时。

借：其他货币资金——信用卡存款

　　贷：银行存款

（2）使用信用卡时。

借：有关科目

　　贷：其他货币资金——信用卡存款

（九）信用证

（1）信用证结算方式是国际结算的一种主要方式。经中国人民银行批准经营结算业务的商业银行总行及商业银行总行批准开办信用证结算业务的分支机构，也可以办理国内企业之间商品交易的信用证结算业务。

（2）信用证一般通过"其他货币资金"账户核算。

（十）电子支付

（1）电子支付的概念。电子支付是指单位、个人（以下简称客户）直接或授权他人通过电子终端发出支付指令，实现货币支付与资金转移的行为。

（2）电子支付的分类。

电子支付的业务类型按电子支付指令发起方式分为网上支付、电话支付、移动支

付、销售点终端交易、自动柜员机交易和其他电子支付等。

（3）电子支付的基本特征。

①数字化的支付方式。

②开放的系统平台。

③先进的通信手段。

④明显的支付优势。

（4）电子支付的账户：一般通过"其他货币资金"账户核算。

任务三　其他货币资金

一、内容

其他货币资金主要包括外埠存款、银行汇票存款、银行本票存款、信用证存款、信用卡存款、存出投资款等。

二、账户设置

为了详细反映其他货币资金的收支情况，在"其他货币资金"科目下应分别设置"外埠存款""银行汇票存款""银行本票存款""信用证存款""信用卡存款""存出投资款"等明细科目进行核算。

三、核算

1. 取得时

借：其他货币资金——外埠存款

　　　　　　　　——银行汇票存款

　　　　　　　　——信用证存款

　　　　　　　　——信用卡存款

　　贷：银行存款

2. 使用时

借：有关科目

　　贷：银行存款

实训练习

练习题 3-1　单项选择题

（一）要求：将正确答案填入下列各题括号内。

（二）题目。

1. 企业库存现金的限额按规定一般应为（　　　）。

A. 企业 3～5 天零星使用的现金量

B. 不超过 2 个月使用的现金量

C. 企业 5～10 天零星使用的现金量

D. 2 000 元

2. 下列业务可以直接用现金支付（　　）。

 A. 购买固定资产   B. 支付职工奖金

 C. 上缴税金   D. 年终结转利润

3. 企业准备购入原材料，向银行申请办理银行汇票，根据有关凭证应做的会计分录是（　　）。

 A. 借：银行存款

    贷：其他货币资金——银行汇票存款

 B. 借：其他货币资金——银行汇票存款

    贷：银行存款

 C. 借：材料采购

    贷：银行存款

 D. 借：材料采购

    贷：其他货币资金——银行汇票存款

4. 库存现金的清查采用的方法一般是（　　）。

 A. 实地盘点法   B. 技术推算盘点法

 C. 抽样盘存法   D. 函证核对

5. 支票的提示付款期为自出票日起（　　）。

 A. 5 天   B. 10 天

 C. 1 个月   D. 2 个月

6. 商业汇票的付款期限，最长不得超过（　　）。

 A. 5 天   B. 10 天   C. 6 个月   D. 2 个月

7. 如购货方无力支付到期的商业承兑汇票，销货方收到银行退回的商业承兑汇票时，做（　　）分录。

 A. 借：应收账款

    贷：应收票据

 B. 借：银行存款

    贷：应收票据

 C. 借：应收账款

    贷：其他货币资金

 D. 借：其他货币资金

    贷：应收账款

8. 企业向银行申请银行承兑汇票，按规定向银行缴纳手续费时，应做（　　）分录。

 A. 借：销售费用

    贷：银行存款

 B. 借：管理费用

    贷：其他货币资金

C. 借：财务费用

贷：银行存款

D. 借：财务费用

贷：其他货币资金

9. 采用汇兑结算方式时，汇款单位汇出款项开立采购专户，应做的核算是（ ）。

A. 借：银行存款

贷：其他货币资金——外埠存款

B. 借：银行存款

贷：应收账款

C. 借：其他货币资金——外埠存款

贷：银行存款

D. 借：应收票据

贷：银行存款

10. 下列内容，不应在"其他货币资金"科目核算的有（ ）。

A. 外埠存款　　　　　　　　　B. 银行汇票存款

C. 银行本票存款　　　　　　　D. 商业汇票

11. 异地托收承付结算的每笔金额起点（ ）。

A. 每笔金额起点 10 000 元，新华书店系统每笔金额起点 1 000 元

B. 每笔金额起点 1 000 元，新华书店系统每笔金额起点 1 0000 元

C. 每笔金额起点 50 000 元，新华书店系统每笔金额起点 5 000 元

D. 每笔金额起点 5 000 元，新华书店系统每笔金额起点 50 000 元

12. 不能作为库存现金支出的原始凭证（ ）。

A. 支付职工差旅费的借款，以借款单作为原始凭证

B. 小额的采购支出，以销售部门开出的发票副本作为原始凭证

C. 支付职工的工资，以签字的工资表作为原始凭证

D. 将现金存入银行，以银行退回的解款单回单作为原始凭证等

13. 现金盘点时，出纳人员必须在场，盘点工作结束后，应根据盘点的结果与现金日记账核对，填制（ ），并由财产清查人员与出纳员共同签名盖章。

A. "库存现金盘点报告表"　　　B. "账存实存对比表"

C. "盘存单"　　　　　　　　　D. "现金日记账"

14. 发生现金盘盈，如果无法查明原因，计入（ ）。

A. 管理费用　　　　　　　　　B. 其他应收款

C. 营业外收入　　　　　　　　D. 其他业务收入

15. 下列结算方式不适用于同城结算的有（ ）。

A. 支票　　　　　　　　　　　B. 汇兑

C. 银行本票　　　　　　　　　D. 委托收款

练习题 3-2　多项选择题

（一）要求：将正确答案填入下列各题括号处。

（二）题目。

1. 下列企业办理现金收支业务时，应当遵守的规定是（　　）。
   A. 企业现金收入应于当日送存开户银行，当日送存有困难的，由开户银行确定送存时间
   B. 企业支付现金，可以从本企业库存现金限额中支付或者从开户银行提取，不得从本单位的现金收入中直接支付
   C. 企业从开户银行提取现金，应当写明用途，由本单位财会部门负责人签字盖章，经由开户银行审核后，予以支付现金
   D. 不准用不符合制度的凭证顶替库存现金，即不得"白条顶库"

2. 下列哪些业务可以直接用现金支付（　　）。
   A. 出差人员必须随身携带的差旅费
   B. 根据国家规定颁发给个人的科学技术、文化艺术、体育等各种奖金
   C. 向个人收购农副产品和其他物资的价款
   D. 结算起点以上的零星支出

3. 企业在办理现金收支业务时，应当做到（　　）。
   A. 不得设置"小金库"
   B. 不准谎报用途套取现金
   C. 不准用银行账户代其他单位和个人存入或支取现金
   D. 不准保留账外公款

4. 发生现金盘亏，查明原因，可以做如下处理（　　）。
   A. 如果属于责任事故，责成责任人赔偿，计入"其他应收款"
   B. 无法查明原因，单位承担的损失部分，计入"营业外支出"
   C. 无法查明原因，单位承担的损失部分，计入"管理费用"
   D. 无法查明原因，单位承担的损失部分，计入"财务费用"

5. 下列不通过"银行存款"科目核算的有（　　）。
   A. 人民币存款　　　　　　　　　　B. 外币存款
   C. 外埠存款　　　　　　　　　　　D. 信用证存款

6. 商业汇票的签发人可以是（　　）。
   A. 收款人　　　　B. 付款人　　　　C. 承兑申请人　　　　D. 承兑银行

7. 根据中国人民银行发布的《银行账户管理办法》的规定，企业的存款账户分为四类，分别是（　　）。
   A. 基本存款账户　　　　　　　　　B. 一般存款账户
   C. 临时存款账户　　　　　　　　　D. 专用存款账户

8. 临时存款账户是指企业因临时生产经营活动的需要而开立的账户，存款人有下列情况，可以申请开临时存款账户（　　）。
   A. 设立临时机构
   B. 异地临时性采购
   C. 不在同一地点的附属非独立核算单位开立的账户

D. 注册验资

9. 未达账项，是指由于银行和企业之间入账时间不一致，造成一方已经入账，而另一方尚未入账的款项，下列情况会使得企业存款的账面数小于银行的存款的账面数（　　　）。

A. 企业已收银行未收
B. 企业已付银行未付

C. 银行已收企业未收
D. 银行已付企业未付

10. 对未达账项经过调节后重新得出的余额，下列说法正确的是（　　　）。

A. 既不等于本单位的账面余额，也不等于银行账面余额，而是本单位将来可以动用的银行存款实有数

B. 未达账项不做账务处理

C. 银行存款余额调节表调整之后的结果相等，说明记账无误

D. 对于银行已经入账而本单位尚未入账的未达账项可以根据银行存款余额调节表编制记账凭证，登记入账

11. 银行本票的使用主要有如下规定（　　　）。

A. 银行本票为不定额本票

B. 银行本票的提示付款期限自出票日最长不得超过两个月，超过提示付款期限的银行本票，代理付款银行将不予受理

C. 银行本票在同一票据交换区域内允许背书转让。但填明"现金"字样的银行本票不得背书转让

D. 银行本票的金额、日期、收款人名称不得更改，更改票据无效，银行本票见票即付。

12. 使用托收承付的收款单位和付款单位，必须是（　　　）。

A. 国有企业

B. 供销合作社

C. 代销、寄销、赊销商品的款项

D. 经营较好经开户银行审核同意的城乡集体所有制工业企业

13. 汇兑分为（　　　）。

A. 信汇　　　　B. 电报　　　　C. 邮寄　　　　D. 电汇

14. 可以适应于异地结算的结算方式有（　　　）。

A. 商业汇票
B. 银行本票

C. 银行汇票
D. 汇兑

15. 各种结算方式期限要求是（　　　）。

A. 支票 10 天
B. 银行本票 2 个月

C. 银行汇票 1 个月
D. 商业汇票 9 个月

练习题 3-3　判断题

（一）要求：在括号内将正确答案打√，错误的答案打×。

（二）题目。

（　　　）1. 凡是现金或银行存款减少的经济业务必须填制付款凭证；同理，凡是现金银行存款增加的经济业务必须填制收款凭证。

（　　　）2. 企业收到的支票均可以提取现金，不能采取转账方式。

（　　）3. 银行本票在同一票据交换区域内允许背书转让。但填明"现金"字样的银行本票不得背书转让。

（　　）4. 采用信用证付款方式的企业，委托银行开出的信用证以及企业使用的各种信用卡，可在"其他货币资金"科目进行核算。

（　　）5. 因特殊情况下需要坐支现金的，应当事先报经有关部门批准，并在核定的范围内和限额内进行。

（　　）6. 库存现金是货币资金中流动性最强的资产，容易被侵占或挪用，企业应严格遵守国家有关现金管理制度，正确进行现金收支的核算，监督现金使用的合法性和合理性。

（　　）7. 库存现金的限额是一般按照单位 5～10 天日常零星支出的需要量确定，边远地区交通不便地区开户单位的库存现金限额可多于 10 天，但不得超过 15 天的日常零星支出量。

（　　）8. 购货方无力支付到期的商业承兑汇票，销货方收到银行退回的商业承兑汇票时，应将票据款转入应收账款。

（　　）9. 企业一般只能选择一家银行的一个营业机构开立一个基本存款账户办理日常转账结算和现金收付。

（　　）10. 银行存款的清查，一般采用对账单法进行，即将从银行取得的对账单和单位的银行存款日记账逐笔进行核对。

（　　）11. 现金支票只能提取现金，转账支票只能用于转账，普通支票既可提取现金，也可用于转账。

（　　）12. 汇兑结算方式是指汇款单位委托银行将款项汇给外地收款单位或个人的一种结算方式，适用于异地之间各种款项的结算。

（　　）13. 委托收款结算方式适用于异地的单位之间有经济合同的商品交易或劳务供应等款项的结算。代销、寄销、赊销商品的款项，不得办理托收承付结算。

（　　）14. 企业因采购地点不固定、交通不便及其他特殊情况必须使用现金的，应向开户银行提出申请，经开户银行审核后，予以支付现金。

（　　）15. 将现金存入银行，首先要由出纳人员清点票币，将同面额的纸币放在一起归类，然后填写"现金解款单"一起送存银行。

实训题 3-1　练习未达账项的调整

（一）目的：掌握未达账项的调整。

（二）资料。

某企业 2019 年 3 月 31 日在工商银行的银行存款账面余额为 5 120 000 元，银行对账单余额为 5 300 000 元，经查对有下列未达账项：

1. 企业于月末存入银行的转账支票 40 000 元，银行尚未入账。

2. 委托银行代收的销货款 240 000 元，银行已经收到入账，但企业尚未收到银行收款通知。

3. 银行代付本月电话费 80 000 元，企业尚未收到银行付款通知。

4. 企业于月末开出转账支票 60 000 元，持票人尚未到银行办理转账手续。

（三）要求。

1. 根据所给资料填制以下银行存款余额调节表。

银行存款余额调节表

2019 年 3 月 31 日

项目	金额	项目	金额
企业财面存款余额		银行对账单余额	
加：银行已代收的销贷款 减：银行已代付的电费		加：企业已收银行未收 减：企业已付银行未付	
调节后的存款余额		调节后的存款余额	

2. 如果调节后双方的银行存款余额仍不相符，则应如何处理？

3. 该企业在 2019 年 3 月 31 日可动用的银行存款的数额是多少？

实训题 3-2　练习银行结算方式核算

（一）目的：掌握不同银行结算方式核算。

（二）资料。

2019 年 5 月，甲公司发生下列业务。

1. 从乙工厂购入 A 材料一批，增值税专用发票上记载的货款为 60 000 元，增值税 7 800 元，另该厂代垫运杂费 200 元，增值税 18 元，全部货款已用转账支票付讫，材料已验收入库。

2. 企业到银行申请一张银行汇票 100 000 元，准备采购材料，银行审核有关凭证，开出银行汇票。

3. 企业持银行汇票 100 000 元从丙工厂购入 A 材料一批，专用发票上记载的货款为 80 000 元，增值税 10 400 元，另支付运杂费 300 元，增值税 27 元，材料已验收入库，剩余票款退回并存入银行。

4. 企业从丁公司购入 D 材料一批，货款 700 000 元，增值税 91 000 元，对方代垫运费 6 000 元，增值税 540 元，银行转来的结算凭证已到，企业开出一张 3 个月到期的商业承兑汇票，材料已验收入库。

5. 企业一张票面价值 50 000 元的不带息商业承兑汇票到期，企业无力支付，企业转账。

6. 企业采用汇兑结算方式向丙工厂购入 C 材料一批，收到增值税发票，货款 40 000 元，增值税 5 200 元，运费 200 元，增值税 18 元，材料尚未到达。

7. 企业对外销售商品 A 一批，开出增值税专用发票，售价 80 000 元，增值税 10 400 元，收到购货方开具的银行承兑汇票，商品发出。

8. 企业采用异地托收承付结算方式对外销售 B 商品一批，开出增值税专用发票，售价 100 000 元，增值税 13 000 元，商品发出，企业持发票和运单等到银行办妥托收，收到托收凭证回单。

9. 企业收银行收账通知，上述销 B 商品货款 1 130 000 元收到。

10. 企业持银行本票 50 000 元到丙单位采购商品一批，收到丙单位开出发票，列示：价款 40 000 元，增值税 5 200 元，余款退回。商品验收入库。

（三）要求：对上述业务做账务处理。

解答：

1.

2.

3.

4.

5.

6.

7.

8.

9.

10.

项目四　存货岗位核算

本项目知识结构图

存货认知 {
存货的确认
存货的内容及分类
存货的计量
}

原材料 {
原材料实际成本计价法下核算 {
账户设置
原材料初始取得的核算
材料发出的核算
}
原材料计划成本计价法下核算 {
账户设置
原材料初始取得的核算
材料发出的核算
}
}

周转材料 {
周转材料概述
周转材料核算
}

库存商品 {
库存商品概述
库存商品核算
}

委托加工物资 {
委托加工物资概述
委托加工物资的核算
}

存货的清查 {
存货清查概述
存货清查的核算
}

存货的期末计量 {
存货的期末计量方法
可变现净值的确定
存货的期末计量核算
}

本项目重点、难点分析

任务一　存货认知

一、存货的确认

（一）存货定义及特征

（1）存货的定义。存货是指企业在日常活动中持有以备出售的产成品或商品、处

在生产过程中的在产品、在生产过程或提供劳务过程中耗用的材料和物料等。

（2）存货的特征。

①企业持有的存货最终的目的是出售，而不是自用，这一特征使存货明显区别于固定资产等长期资产。

②存货是企业为日常经济活动而持有的。

除此之外，存货还具有以下特征。

第一，存货具有较大的流动性。

第二，存货具有时效性和潜在损失的可能性。

第三，存货是有形资产。

（二）存货的确认条件

1. 与该存货有关的经济利益很可能流入企业

判断存货的经济利益很可能流入企业，一个重要的标志是拥有存货的所有权。

2. 该存货的成本能够可靠地计量

存货的成本能够可靠地计量必须取得可靠的证据为依据，且具有可验性。

二、存货的内容及分类

（一）存货的内容

存货有以下 7 种内容。

（1）原材料。

（2）在产品。

（3）半成品。

（4）产成品。

（5）商品。

（6）周转材料。

（7）委托代销商品。

（二）存货的分类

企业存货按照表现的实物形态的差异，可以分为以下三类。

（1）为生产商品或提供服务以备消耗的存货，如原材料，包装物、低值易耗品等。

（2）为了出售正处于生产过程的存货，如在产品、半成品等。

（3）生产中储存以备出售的存货，如产成品、商品等。

三、存货的计量

1. 初始计量

（1）存货应当按照取得时实际成本计量。

（2）外购存货取得时实际成本一般即为采购成本，采购成本包括材料的买价款、

采购费用以及相关的税费。

（3）需要加工的存货，初始计量还应包括加工成本。

2. 发出存货的计量

实际成本计价法下，发出存货计价方法包括个别计价法、先进先出法、全月一次加权平均法、移动加权平均法等。

3. 期末存货计量

根据存货准则第15条规定，资产负债表日，存货应当按照成本与可变现净值孰低计量。"成本与可变现净值孰低"是指按照成本与可变现净值两者之中的较低者对期末存货进行计量的方法。

任务二　原材料

一、原材料实际成本计价法下核算

（一）账户设置

（1）原材料账户设置有两类："在途物资"账户和"原材料"账户。

（2）账户知识点：①性质；②作用；③结构。

（二）原材料初始取得的核算

1. 初始取得成本的确定

原材料取得时成本一般即为材料的采购成本，材料的采购成本包括材料的买价款、采购费用以及相关的税费。

（1）材料买价款，是指企业购入材料的发票账单上列明的价款，但不包括按规定可以抵扣的增值税额。

（2）材料采购费用，是指采购过程中的运输费、装卸费、保险费、运输途中的合理损耗、入库前的挑选整理费等费用。

（3）其他税费，是指企业购买存货发生的进口关税、消费税、资源税和不能从销项税额中抵扣的增值税进项税额等税金。

企业在采购材料验收入库后发生的储存费用，应计入当期损益，不计入成本。

2. 初始取得的核算

（1）发票账单已到，货款已经支付，材料同时已验收入库

借：原材料——某材料

　　应交税费——应交增值税（进项税额）

　　　贷：银行存款/其他货币资金——银行汇票等

（2）发票账单已到，材料尚未达到，未验收入库。

①购入时。

借：在途物资——某材料

应交税费——应交增值税（进项税额）

贷：银行存款

②验收时。

借：原材料——某材料

贷：在途物资——某材料

（3）材料已验收入库，发票账单未到。

①平时：不进行会计核算，对材料进行验收保管。

②月末，按照暂估价。

借：原材料——某材料

贷：应付账款——某单位

③下月初。

借：应付账款——某单位

贷：原材料——某材料

④下月收到发票账单等。

借：原材料——某材料

应交税费——应交增值税（进项税额）

贷：银行存款等

（4）货款已经预付，材料尚未验收入库。

①预付时。

借：预付账款——某单位

贷：银行存款

材料入库时，据发票账单处理如下。

借：原材料——某材料

应交税费——应交增值税（进项税额）

贷：预付账款——某工厂

补付不足货款时处理如下。

借：预付账款——某工厂

贷：银行存款

【案例 4-2-1】 甲企业在 2019 年 5 月，发生以下材料购进业务，进行相关的会计核算如下。

①2019 年 5 月 15 日，甲企业采用汇兑结算方式向丙工厂购入 C 材料一批，收到增值税发票，货款 40 000 元，增值税 5 200 元；运费 200 元，增值税 18 元。材料尚未到达（原始凭证：增值税专用发票、货物运费增值税专用发票、银行汇兑付款凭证）。

该企业会计处理如下。

借：在途物资——C 材料	40 200	
应交税费——应交增值税（进项税额）	5 218	
贷：银行存款		45 218

②2019 年 5 月 20 日，上项 5 月 15 日业务购入的 C 材料已收到，全部验收入库（原始凭证：材料验收单）。

该企业会计处理如下。

借：原材料——C材料　　　　　　　　　　　　　　　40 200

　　贷：在途物资——C材料　　　　　　　　　　　　　　40 200

政策新动态

根据财政部、国家税务总局财税〔2013〕37号印发《交通运输业和部分现代服务业营业税改征增值税试点实施办法》的规定，从2013年8月1日起，提供应税服务的交通运输业实行营业税改增值税，改革后，交通运输业增值税税率变为11%。

应税服务的交通运输业包括陆路运输、水路运输、航空运输、管道运输等。

2018年4月28日国务院总理李克强主持召开国务院常务会议，确定深化增值税改革措施，进一步减轻市场主体税负，会议决定，从2018年5月1日起，制造业等行业的增值税税率从17%下降到16%，将交通运输、建筑、基础电信业务等行业以及农产品等货物的增值税税率从11%下降到10%。

财政部、国家税务总局、海关总署等三部门发布《关于深化增值税改革有关政策的公告》。其中，一般纳税人原税率为16%的调整为13%，原税率为10%的调整为9%等，新政从2019年4月1日起执行。

（三）材料发出的核算

1. 材料发出的计价方法

（1）个别计价法。个别计价法，也称分批实际计价法，是指按照该材料存货取得时的实际成本来计算发出材料存货成本的方法。该方法适应于珠宝、名画等贵重物品。

（2）先进先出法。先进先出法是根据先购入的存货应先发出这样一种存货实物流转假设为前提，对发出存货进行计价，据此确定发出存货和期末存货的成本。

【案例4-2-2】甲企业2018年6月1日结存甲种材料1 000千克，每千克实际成本为10元；6月5日和6月20日分别购入该材料3 000千克和2 000千克，每千克实际成本分别为11元和12元；6月19日和6月25日分别发出该材料3 500千克和2 000千克，按先进先出法计价核算时，发出和结存材料的成本，如表4-2-1所示。

表4-2-1　先进先出法

2018年		凭证号	摘要	收入			发出			结存		
月	日			数量/千克	单价/元	金额/元	数量/千克	单价/元	金额/元	数量/千克	单价/元	金额/元
6	1	略	期初结存							1 000	10	10 000
	5		购入	3 000	11	33 000				1 000 3 000	10 11	10 000 33 000
	10		发出				1 000 2 500	10 11	10 000 27 500	500	11	5 500

2018 年		凭证号	摘要	收入			发出			结存		
月	日			数量/千克	单价/元	金额/元	数量/千克	单价/元	金额/元	数量/千克	单价/元	金额/元
	20		购入	2 000	12	24 000				500 2 000	11 12	5 500 24 000
	25		发出				500 1 500	11 12	5 500 18 000	500	12	6 000
	30		合计	5 000		57 000	5 500		61 000	500	12	6 000

（3）全月一次加权平均法。全月一次加权平均法是指用当月全部进货成本加上月初存货成本，除以当月全部进货数量加上月初存货量，计算出存货的加权平均单位成本，以此为基础计算当月发出存货的成本和期末存货的成本的一种方法。

计算：

$$加权平均单价 = \frac{期初结存存货成本 + 本期购入存货成本}{期初结存存货数量 + 本期购入存货数量}$$

本期发出存货实际成本＝本期发出存货数量×加权平均单价

期末结存存货实际成本＝期末结存存货数量×加权平均单价

全月一次加权平均法平时发出材料存货时，在材料明细账中只登记发出数量，以及结存数量，月末再集中计算并结转发出材料和结存材料的单位成本和总成本。

【案例 4-2-3】以【案例 4-2-2】的资料为例，采用全月一次加权平均法计算发出材料和结存材料的单位成本和总成本，如表 4-2-2 所示。

加权平均单位成本 ＝（10 000＋57 000）/（1 000＋5 000）＝11.17（元）

发出材料的实际成本＝5 500×11.17＝61 435（元）

期末结存材料的成本＝10 000＋57 000－61 435＝5 565（元）

表 4-2-2　全月一次加权平均法

2018 年		凭证号	摘要	收入			发出			结存		
月	日			数量/千克	单价/元	金额/元	数量/千克	单价/元	金额/元	数量/千克	单价/元	金额/元
6	1	略	期初结存							1 000	10	10 000
	5		购入	3 000	11	33 000				4 000		
	10		发出				3 500			500		
	20		购入	2 000	12	24 000				2 500		
	25		发出				2 000			500		
	30		合计	5 000		57 000	5 500	11.17	61 435	500	11.17	5 565

（4）移动加权平均法。移动加权平均法，是指以每次购入的材料存货的成本加上原有库存材料存货的成本，除以每次进货数量加上原有库存的数量，据以计算加权平均单位成本，将其作为对下次进货前计算各次发出材料存货成本依据的方法。

计算：

$$移动平均单位成本 = \frac{原有库存材料的实际成本 + 本次购入材料的实际成本}{原有库存材料的数量 + 本次购入材料的数量}$$

本次发出材料的成本 ＝ 本次发出材料的数量 × 本次发出材料前移动平均单位成本

本次发出后库存材料成本 ＝ 本次发出后库存材料数量 × 本次发出材料前移动平均单位成本

本月月末库存材料成本 ＝ 月末库存材料的数量 × 本月月末材料的单位成本

【案例 4-2-4】 以**【案例 4-2-1】**的资料为例，甲企业采用移动加权平均法计算发出材料和结存材料的单位成本和总成本。按移动加权平均法平时计价核算时，发出和结存材料的成本如表 4-2-3 所示。

5 日加权平均单位成本＝（10 000＋33 000）/（1 000＋3 000）＝10.75（元）

10 日发出材料成本＝3 500×10.75＝37 625（元）

10 日结存材料成本＝500×10.75＝5 375（元）

20 日加权平均单位成本＝（5 375＋24 000）/（500＋2 000）＝11.75（元）

25 日发出材料成本＝2 000×11.75＝23 500（元）

25 日结存材料成本＝500×11.75＝5 875（元）

表 4-2-3　移动加权平均法

2019 年		凭证号	摘要	收入			发出			结存		
月	日			数量/千克	单价/元	金额/元	数量/千克	单价/元	金额/元	数量/千克	单价/元	金额/元
6	1	略	期初结存							1 000	10.00	10 000
	5		购入	3 000	11	33 000				4 000	10.75	43 000
	10		发出				3 500	10.75	37 625	500	10.75	5 375
	20		购入	2 000	12	24 000				2 500	11.75	29 375
	25		发出				2 000	11.75	23 500	500	11.75	5 875
	30		合计	5 000		57 000	5 500		61 125	500	11.75	5 875

2. 材料发出的核算

为了简化核算，可以在月末根据"领料单"或"限额领料单"中有关领料的单位、部门等加以归类，编制"发料凭证汇总表"，据以编制记账凭证登记入账。

【案例 4-2-5】 根据"发料凭证汇总表"的记录，如表 4-2-4 所示，做发出材料核算（原始凭证：发料汇总表）。

表 4-2-4　发料汇总表

2019 年 06 月 30 日

用　途	A 材料			B 材料			合计
	数量/千克	单价/元	金额/元	数量/千克	单价/元	金额/元	
生产产品耗用	120 000	50.00	600 000.00				600 000.00
生产车间一般耗用				1 000	40.00	4 000.00	4 000.00
管理部门一般耗用				500	40.00	2 000.00	2 000.00

借：生产成本——基本生产成本　　　　　　　　　　　　　　　　600 000

制造费用	4 000
管理费用	2 000
贷：原材料——A 材料	606 000
——B 材料	

二、原材料计划成本计价法下核算

（一）账户设置

（1）"材料采购"账户。

（2）"原材料"账户。

（3）"材料成本差异"账户。

（4）账户知识点：①性质；②作用；③结构。

（二）初始取得的核算

1. 购入

借：材料采购——某材料（实际成本）

　　应交税费——应交增值税（进项税额）

　　贷：银行存款

2. 验收入库

借：原材料——某材料　　　　（计划成本）

　　贷：材料采购——某材料　　　　　（计划成本）

3. 月末，结转入库材料差异

（1）超支差。

借：材料成本差异

　　贷：材料采购——A 材料

（2）节约差：反向分录。

【案例 4-2-6】 甲公司在 2019 年 6 月发生下列业务。

①甲公司在 2019 年 6 月 4 日，购入 A 材料 33 500 公斤（1 公斤＝1 千克），每公斤进价 10 元，进价成本 335 000 元，增值税 43 550 元，运费为 1 000 元，增值税 90 元。发票已收到，全部款项以银行存款支付（原始凭证：增值税专用发票 2 张、银行付款凭证）。

该公司会计处理如下。

借：材料采购——A 材料	336 000
应交税费——应交增值税（进项税额）	43 640
贷：银行存款	379 640

②2019 年 6 月 9 日，上述材料到达，全部验收入库，计划单位成本每公斤 10 元，计划总成本为 335 000 元（原始凭证：材料验收单）。

借：原材料——A 材料	335 000
贷：材料采购——A 材料	335 000

③2019 年 6 月末，结转购进上述 A 材料的超支差异 1 000 元。

借：材料成本差异 1 000
　　贷：材料采购——A材料 1 000

实际工作中，运用计划成本计价法，材料购进也存在着以下三种情况。

第一，货款已经支付，同时材料已验收入库。

第二，货款已经支付，材料尚未验收入库。

第三，货款尚未支付（发票账单未达到），材料已验收入。

不管哪一种情况发生，都应通过"材料采购"账户进行核算，通过"材料采购"账户来归集材料购进成本。这是实际成本计价与计划成本计价核算的区别。

（三）材料发出的核算

在实际工作中，材料发出的总分类核算一般在月末进行，根据发料凭证，按领用部门和用途，汇总编制"发出材料汇总表"，据以进行总分类核算。

借：生产成本
　　制造费用
　　管理费用
　　销售费用
　　贷：原材料——某材料　　（计划成本）

（四）发出材料成本差异的结转

1. 计算

（1）材料成本差异率。

$$材料成本差异率 = \frac{月初结存材料成本差异 + 本月验收入库材料成本差异}{月初结存材料计划成本 + 本月验收入库材料计划成本}$$

大于零，超支差异率；小于零，节约差异率。

（2）发出材料应负担的成本差异 = 发出材料的计划成本 × 材料成本差异率

结存材料应负担的成本差异 = 结存材料的计划成本 × 材料成本差异率

发出材料的实际成本 = 发出材料的计划成本 ± 发出材料应负担的成本差异

结存材料的实际成本 = 结存材料的计划成本 ± 结存材料应负担的成本差异

【案例4-2-7】甲公司2019年6月初结存A材料计划成本85 000元，月初材料成本差异为超支差3 200元，则6月购入材料计划成本335 000元，材料成本差异1 000元，发出材料计划成本314 600元，计算如下。

①材料成本差异率 =（3 200 + 1 000）÷（85 000 + 335 000）× 100% = 1%

②发出材料差异 = 314 600 × 1% = 3 146（元）

③结存材料差异 = 3 200 + 1 000 - 3 146 = 1 054（元）

实际工作中，材料成本差异率的计算是在"材料成本差异明细账"进行的，如表4-2-5所示。

表4-2-5　2019年6月材料成本差异明细账

2019		摘要	收入/元		差异率	发出/元		结存/元	
月	日		计划成本	差异		计划成本	差异	计划成本	差异
6	1	期初余额						85 000	3 200

2019		摘要	收入/元		差异率	发出/元		结存/元	
月	日		计划成本	差异		计划成本	差异	计划成本	差异
	30	购入	335 000	1 000				420 000	4 200
	30	发出				314 600	3 146	105 400	1 054
	30	合计	335 000	1 000	1%	314 600	3 146	105 400	1 054

【案例 4-2-8】2019 年 6 月甲公司发出成本差异分摊表，如表 4-2-6 所示，根据分摊表做发出材料成本差异的分录。

表 4-2-6 2019 年 6 月甲公司发出成本差异分摊表

领用部门	发 出 材 料		
	甲材料计划成本/元	差异率	材料成本差异/元
基本生产车间	256 000		2 560
车间一般耗用	38 600		386
行政管理部门	12 000		120
销售部门	8 000		80
合　计	314 600	1%	3 146

做有关账务处理如下（原始凭证：材料成本差异分摊表）。

借：生产成本——基本生产成本　　　　　　　　　　　　2 560
　　制造费用　　　　　　　　　　　　　　　　　　　　386
　　管理费用　　　　　　　　　　　　　　　　　　　　120
　　销售费用　　　　　　　　　　　　　　　　　　　　80
　　贷：材料成本差异　　　　　　　　　　　　　　　　　　3 146

任务三　周转材料

一、周转材料概述

（一）周转材料的确认

（1）定义：周转材料是指企业能够多次使用、逐渐转移其价值但仍然保持原有形态、不确认为固定资产的材料。

（2）内容：周转材料包括包装物、低值易耗品、建筑业的模板和脚手架等。

（二）周转材料内容

1. 包装物

（1）定义：包装物，是指为了包装本企业商品而储备的各种包装容器。

（2）内容有以下 4 点。

①生产过程中用于包装产品作为产品组成部分的包装物。

②随同商品出售而不单独计价的包装物。

③随同商品出售而单独计价的包装物。

④出租或出借给购买单位使用的包装物。

（3）下列三项不属于包装物核算的范围。

①各种包装材料，如纸、绳、铁丝、铁皮等，应在"原材料"账户内核算。

②用于储存和保管产品、商品和材料而不对外出售、出租或出借的包装物，应按其价值大小和使用年限长短，分别在"固定资产"或"低值易耗品"账户内核算。

③单独列作商品产品的自制包装物，应作为产成品进行核算和处理。

2. 低值易耗品

（1）定义：低值易耗品是指不能作为固定资产的各种用具物品，

（2）内容：各种工具、管理用具、玻璃器皿、劳动保护用品，以及在经营过程中周转使用的容器等。

二、周转材料核算

（一）账户设置

"周转材料"账户知识点：①性质；②作用；③结构。

（二）周转材料的具体核算

1. 包装物的核算

（1）生产领用包装物。

借：生产成本

　　贷：周转材料——包装物

（2）随同商品出售包装物。

①随同商品出售而不单独计价的包装物。

借：销售费用

　　贷：周转材料——包装物

②随同商品出售而单独计价的包装物。

借：其他业务成本

　　贷：周转材料——包装物

（3）出租包装物分为一次转销法和分次摊销法。

一次转销法是指包装物在领用时就将其全部账面价值计入相关资产成本或当期损益的方法。

借：其他业务成本

　　贷：周转材料——包装物

分次摊销法是指按照包装物估计的使用次数平均摊销其价值的方法。

应在"周转材料——包装物"账户下设置"在库""在用""摊销"等明细账户进行相应价值的核算。

①出租包装物时。

借：周转材料——包装物（在用）

　　贷：周转材料——包装物（在库）

②同时摊销包装物成本的 50%。

借：其他业务成本

　　贷：周转材料——包装物（摊销）

③收取租金时。

借：银行存款

　　贷：其他业务收入

　　　　应交税费——应交增值税（销项税额）

④报废时。

摊销其余包装物成本的 50%处理如下。

借：其他业务成本

　　贷：周转材料——包装物（摊销）

同时，注销在用包装物及其已摊销价值的处理如下。

借：周转材料——包装物（摊销）

　　贷：周转材料——包装物（在用）

【案例 4-3-1】 2019 年 7 月，甲公司出租新包装物铁箱一批，实际成本为 10 000 元，收取租金 12 500 元，增值税 1 625 元。采用领用、报废时二次摊销，有关账务处理如下（原始凭证：周转材料成本分摊表、增值税专用发票）。

①出租包装物时。

借：周转材料——包装物（在用）　　　　　　　　　　　　　　10 000

　　贷：周转材料——包装物（在库）　　　　　　　　　　　　　　　　10 000

②同时摊销包装物成本的 50%。

借：其他业务成本　　　　　　　　　　　　　　　　　　　　　　5 000

　　贷：周转材料——包装物（摊销）　　　　　　　　　　　　　　　　5 000

③收取租金时。

借：银行存款　　　　　　　　　　　　　　　　　　　　　　　14 125

　　贷：其他业务收入　　　　　　　　　　　　　　　　　　　　　　12 500

　　　　应交税费——应交增值税（销项税额）　　　　　　　　　　　　1 625

④报废时摊销其余包装物成本的 50%。

借：其他业务成本　　　　　　　　　　　　　　　　　　　　　　5 000

　　贷：周转材料——包装物（摊销）　　　　　　　　　　　　　　　　5 000

同时，注销在用包装物及其已摊销价值。

借：周转材料——包装物（摊销）　　　　　　　　　　　　　　10 000

　　贷：周转材料——包装物（在用）　　　　　　　　　　　　　　　　10 000

（4）出借包装物。

借：销售费用

　　贷：周转材料——包装物

包装物还可以采用计划成本计价法进行日常核算，在计划成本计价法下，发出包装物应同时结转发出包装物应分摊的成本差异。其做法与材料发出结转差异相同。

2. 低值易耗品的核算

（1）一次转销法。

借：管理费用　　　（管理部门领用）

　　制造费用　　　（车间领用）

　　　贷：周转材料——低值易耗品

（2）分次摊销法。采用分次摊销法核算低值易耗品，其账户的设置与包装物核算一致，除应将其摊销价值结转为制造费用、管理费用外，账务处理比照分包装物进行。

任务四　库存商品

一、库存商品概述

（1）定义：库存商品是指企业已经完成全部生产过程并验收入库，合乎标准规格和技术条件，可以按照合同规定的条件送交订货单位，或可以作为商品对外销售的产品，以及外购或委托加工完成验收入库用于销售的各种商品。

（2）内容：库存商品包括库存产成品、外购商品等。

二、库存商品核算

（一）账户设置

"库存商品"账户知识点：①性质；②作用；③结构。

（二）库存商品的具体核算

1. 库存商品取得的核算

（1）自制验收入库的库存商品。

①实际成本组成：采购成本、加工成本及为使其达到目前场所和状态所发生的其他成本构成。

②采购成本：是由所使用或消耗的原材料采购成本转移而来的。

③加工成本：由直接人工和制造费用构成，其实质是企业在进一步加工存货的过程中追加发生的生产成本。包括直接人工、制造费用等。直接人工是指企业在生产产品过程中直接从事产品生产工人的职工薪酬。制造费用是指企业为生产产品和提供劳务而发生的各项间接费用。

④根据产品入库汇总表进行核算。

借：库存商品——某产品

　　　贷：生产成本——某产品

（2）外购的库存商品。

①成本构成：购入商品实际成本构成内容与外购原材料相似。

不同的是，商品流通企业在采购商品过程中发生的运输费、装卸费、保险费、仓储费、包装费、运输途中的合理损耗，入库前的挑选整理费用等进货费用，理应计入所购商品成本。但在实务中，企业也可以将发生的这些进货费用先进行归集，期末，按照所购商品的存销情况进行分摊。对于已销售商品的进货费用，计入主营业务成本；对于未售商品的进货费用，计入期末存货成本。商品流通企业采购商品的进货费用金额较小的，可以在发生时直接计入当期销售费用。

②企业购入库存商品，根据专用发票、结算凭证、验收单据等进行核算。

借：库存商品

　　应交税费——应交增值税（进项税额）

　　贷：银行存款

2. 库存商品发出的核算

企业发出商品，比照原材料等存货发出的计价方法，计算其发出成本，按其用途分别计入相应的成本费用。

借：主营业务成本——某产品

　　贷：库存商品——某产品

任务五　委托加工物质

一、委托加工物资概述

（一）委托加工物资确认

委托加工物资是指企业委托外单位加工的各种原材料、周转材料、商品等物资。

（二）委托加工物资计量

（1）入账价：以加工物质的实际成本入账。

（2）实际成本构成：

①加工中实际耗用的原材料或者半成品的成本。

②加工费、运输装卸费、途中保险费等费用及按规定应计入成本的税金等。

③如果发出的加工材料按照计划成本计价的，加工成本还包括结转的发出材料成本差异。

二、委托加工物资的计价与核算

（一）账户设置

"委托加工物资"账户知识点：①性质；②作用；③结构。

（二）委托加工物资的核算

1. 拨付委托加工物资

（原始凭证：发料单）

借：委托加工物资

　　贷：原材料

2. 支付加工费、增值税、运杂费等

（原始凭证：增值税专用发票、银行付款凭证）

应交增值税税额＝加工费×增值税税率

借：委托加工物资

　　应交税费——应交增值税（进项税额）

　　贷：银行存款

3. 支付消费税

消费税计税价格＝（发出材料实际成本＋加工成本）／（1－消费税税率）

受托方代收代缴的消费税＝消费税组成计税价格×消费税税率

（1）企业收回加工后的材料用于连续生产应税消费品：消费税可以抵扣

借：应交税费——应交消费税

　　贷：银行存款

（2）企业收回加工后的材料直接用于销售或用于非消费税应税项目：消费税不可以抵扣，计入成本。

借：委托加工物资

　　贷：银行存款

4. 加工完成收回加工物资（原始凭证：材料验收单）

（1）收回加工后的材料用于连续生产应税消费品的。

借：原材料

　　贷：委托加工物资

（2）企业收回加工后的材料直接用于销售的（原始凭证：商品验收单）。

借：库存商品

　　贷：委托加工物资

【案例 4-5-1】2019 年 7 月，甲企业委托乙企业加工材料一批（属于应税消费品）。原材料成本为 20 000 元，支付的加工费为 7 000 元（不含增值税），材料加工完成并已验收入库，加工费用等已由银行存款支付。双方适用的增值税税率为 13％，该委托加工物资实行从价计税办法计算消费税，消费税税率为 10％。甲企业按实际成本核算原材料，有关账务处理如下。

①发出委托加工材料时（原始凭证：发料单）。

借：委托加工物资　　　　　　　　　　　　　　　　　　　　20 000

　　贷：原材料　　　　　　　　　　　　　　　　　　　　　　　　20 000

②支付加工费用和税金时（原始凭证：增值税专用发票、银行付款凭证）。

消费税计税价格＝（20 000＋7 000）／（1－10％）＝30 000（元）

受托方代收代缴的消费税＝消费税组成计税价格×消费税税率＝30 000×

10%＝3 000（元）

应交增值税税额＝加工费×增值税税率＝7 000×17%＝910（元）

假如甲企业收回加工后的材料用于连续生产应税消费品且准予抵扣受托方代收代缴的消费税税额。

借：委托加工物资	7 000
应交税费——应交增值税（进项税额）	910
——应交消费税	3 000
贷：银行存款	10 910

如甲企业收回加工后的材料直接用于销售或用于非消费税应税项目。

借：委托加工物资	10 000
应交税费——应交增值税（进项税额）	910
贷：银行存款	10 910

③加工完成，收回委托加工材料时（原始凭证：材料验收单）。

甲企业收回加工后的材料用于连续生产应税消费品。

借：原材料	27 000
贷：委托加工物资	27 000

企业收回加工后的材料直接用于销售的（原始凭证：商品验收单）。

借：库存商品	30 000
贷：委托加工物资	30 000

任务六　存货清查

一、存货清查概述

存货清查是指通过对存货的实地盘点，确定存货的实际数量，并与账面结存数核对，从而确定存货实存数与账面结存数是否相符的一种专门方法。

二、存货清查核算

（一）账户设置

"待处理财产损益"账户知识点：①性质；②作用；③结构。

（二）存货清查的具体核算

1. 存货盘盈的核算（原始凭证：财产物资盘盈、盘亏报告单）

（1）审批前。

借：原材料——某材料

　　贷：待处理财产损益——待处理流动资产损益

（2）审批后。

借：待处理财产损益——待处理流动资产损益

　　贷：管理费用

2. 存货盘亏及毁损的核算

（1）审批前。

借：待处理财产损益——待处理流动资产损益

　　贷：原材料——某材料

　　　　应交税费——应交增值税（进项税额转出）（定额内损耗、计量有误、自
　　　　然灾害发生损失不转出税，可以抵扣）

（2）审批后。

借：管理费用（定额内损耗、计量有误、责任事故净损失）

　　营业外支出（意外事故）

　　其他应收款（赔偿）

　　贷：待处理财产损益——待处理流动资产损益

【案例 4-6-1】2019 年 7 月，甲公司期末对材料进行清查，发现 B 材料盘亏 10 件，属于保管人李英的责任，成本为每件 60 元，应分摊的增值税税额为 78 元，经研究，由李英赔偿存货盘亏损失的 60％，其余 40％企业承担。（原始凭证：财产物质盘盈、盘亏报告单）

　　有关账务处理如下。

　　①批准前。

　　借：待处理财产损益——待处理流动资产损益　　　　　　　　　　678

　　　　贷：原材料——B 材料　　　　　　　　　　　　　　　　　　　　600

　　　　　　应交税费——应交增值税（进项税额转出）　　　　　　　　　78

　　②批准后。

　　借：其他应收款——李英　　　　　　　　　　　　　　　　　406.8

　　　　管理费用　　　　　　　　　　　　　　　　　　　　　　271.2

　　　　贷：待处理财产损益——待处理流动资产损益　　　　　　　　　678

【案例 4-6-2】2019 年 7 月，甲公司期末对存货清查后发现 02 号产品毁损 15 件，实际成本为 20 000 元，其增值税 2 600 元，属于火灾造成的损失，保险公司同意赔偿全部损失的 50％（原始凭证：财产物质盘盈盘亏报告单）。

　　有关账务处理如下。

　　①批准前。

　　借：待处理财产损益——待处理流动资产损益　　　　　　　　22 600

　　　　贷：库存商品——02 号产品　　　　　　　　　　　　　　　20 000

　　　　　　应交税费——应交增值税（进项税额转出）　　　　　　　2 600

　　②批准后。

　　借：其他应收款——保险公司　　　　　　　　　　　　　　13 000

　　　　营业外支出　　　　　　　　　　　　　　　　　　　　13 000

　　　　贷：待处理财产损益——待处理流动资产损益　　　　　　　26 000

任务七　存货期末计量

一、存货的期末计量方法

（1）计量方法：根据《企业会计准则第1号——存货》第15条规定，资产负债表日，存货应当按照成本与可变现净值孰低计量。

（2）"成本与可变现净值孰低"，是指按照成本与可变现净值两者之中的较低者对期末存货进行计量的方法。

①当成本低于可变现净值时，存货按成本计量，这时不要做任何核算，因为此时账面本身就是按成本计量。

②当成本高于可变现净值时，存货按可变现净值计量，应对存货计提减值准备。

（3）如果存货存在下列5种情况之一的，说明有减值迹象，应当计提存货跌价准备。

①该存货的市场价格持续下跌，并且在可预见的未来无回升的希望。

②企业使用该项原材料生产的产品的成本大于产品的销售价格。

③企业因产品更新换代，原有库存原材料已不适应新产品的需要，同时该原材料的市场价格又低于其账面成本。

④因企业所提供的商品或劳务过时或消费者偏好改变而使市场的需求发生变化，导致市场价格逐渐下跌。

⑤其他足以证明该项存货实质上已经发生减值的情形。

（4）存货存在下列4种情形之一的，表明存货的可变现净值为零。

①已霉烂变质的存货。

②已过期且无转让价值的存货。

③生产中已不再需要，并且已无使用价值和转让价值的存货。

④其他足以证明已无使用价值和转让价值的存货。

二、可变现净值的确定

（1）定义：可变现净值是指在日常活动中，以存货的估计售价减去至完工估计将要发生的成本、估计的销售费用及相关税费后的金额。

（2）确定存货的可变现净值时应注意以下六点。

①企业应当以处于正常生产经营过程作为确定存货可变现净值的前提。

②可变现净值的确定必须建立在取得的可靠证据的基础上。如产品的市场销售价格、与企业产品相同或类似商品的市场净值有直接影响的确凿证明等。

③不同存货可变现净值的确定原则不同。

第一，直接用于出售存货（如商品等），应当以该存货的估计售价减去估计的销售费用和相关税费后的金额确定其可变现净值。

第二，需要经过加工的存货（如材料等），应当以所生产的成品的估计售价减去

至完工时估计将要发生的成本、估计的销售费用及相关税费后的金额确定可变现净值。

④可变现净值实质上是指净现金流入，而不是指存货的售价或合同价。

⑤估计售价有合同约定的，应按合同约定价；没有合同约定价的，应按一般售价为原则。通常，一般售价应以产品生产和销售地产品价格为准。

⑥相关税金是指因销售存货而发生的相关税金，如消费税、教育费附加等。

三、存货的期末计量核算

（一）账户设置

"存货跌价准备"账户知识点：①性质；②作用；③结构。

（二）存货期末计量的账务处理

1. 存货跌价准备计提的核算

借：资产减值损失

　　贷：存货跌价准备

2. 存货跌价准备转回

（1）企业原已计提的存货跌价准备是否转回，应同时满足以下三个条件。

①该存货原来已计提了存货跌价准备。

②影响因素已经消除。应注意，转回必须是一一对应关系，如果某项存货因价格下跌计提了存货跌价准备，后因价格上涨使该存货可变现净值高于成本，此时可转回。如果该存货可变现净值增加是因为企业提高管理水平造成的，则不能转回。

③转回只能在某项存货原已计提存货跌价准备金额范围内，不能超过原计提金额。

（2）转回时。

借：存货跌价准备

　　贷：资产减值损失

【案例 4-7-1】2019 年 5 月 31 日，甲公司 A 种材料账面余额为 200 000 元，预计可变现净值为 180 000 元；6 月 30 日该批材料账面余额为 200 000 元，预计可变现净值为 170 000 元；7 月 31 日 A 材料账面余额为 200 000 元，可变现净值预计金额为 194 000 元（原始凭证：资产减值计提表）。

该公司有关账务处理如下。

①5 月 31 日。

借：资产减值损失　　　　　　　　　　　　　　　　　　20 000

　　贷：存货跌价准备　　　　　　　　　　　　　　　　　　　20 000

②6 月 30 日。

借：资产减值损失　　　　　　　　　　　　　　　　　　10 000

　　贷：存货跌价准备　　　　　　　　　　　　　　　　　　　10 000

③7 月 31 日。

借：存货跌价准备　　　　　　　　　　　　　　　　　　24 000

贷：资产减值损失　　　　　　　　　　　　　　　　24 000

实训练习

练习题 4-1　单项选择题

（一）要求：将正确答案填入下列各题括号处。

（二）题目。

1. 企业准备购入原材料，向银行申请办理银行汇票，根据有关凭证应做会计分录的是（　　）。

　　A. 借：银行存款
　　　　　贷：其他货币资金——银行汇票存款

　　B. 借：其他货币资金——银行汇票存款
　　　　　贷：银行存款

　　C. 借：材料采购
　　　　　贷：银行存款

　　D. 借：材料采购
　　　　　贷：其他货币资金——银行汇票存款

2. 下列不能表明存货可变现净值为零的迹象有（　　）。

　　A. 企业不需用的存货

　　B. 已霉烂变质的存货

　　C. 已过期且无转让价值的存货

　　D. 生产中已不再需要，并且已无使用价值和转让价值的存货

3. （　　）初始取得的核算，企业在采购材料验收入库后发生的储存费用，应计入当期损益，不计入成本。

　　A. 销售费用　　　　　　　　　　　　B. 原材料

　　C. 管理费用　　　　　　　　　　　　D. 财务费用

4. 材料采用实际成本计价时，对于已付款、材料尚未收到的货物应计入（　　）核算。

　　A. 材料采购　　　　　　　　　　　　B. 在途材料

　　C. 应付账款　　　　　　　　　　　　D. 原材料

5. 下列不属于发出材料成本的确定方法（　　）。

　　A. 加权平均法　　　　　　　　　　　B. 先进先出法

　　C. 实际成本计价法　　　　　　　　　D. 个别计价法

6. 实际成本计价法下，企业购入材料，发票账单已到，货款已经支付，材料同时已验收入库，应做的会计核算为（　　）。

　　A. 借：原材料
　　　　　应交税费——应交增值税（进项税额）
　　　　　　　贷：银行存款

　　B. 借：在途物资
　　　　　应交税费——应交增值税（进项税额）

　　　　　贷：银行存款

C. 借：原材料

　　　应交税费——应交增值税（进项税额）

　　　　贷：应付账款

D. 借：材料采购

　　　应交税费——应交增值税（进项税额）

　　　　贷：银行存款

7. 实际成本计价法下，材料已验收入库，发票账单未到，下列会计处理不正确的为（　　）。

A. 企业平时不核算

B. 月末发票账单仍未到达，应按照暂估价记账，下月初再用冲回

C. 待收到发票账单后再按照实际金额记账

D. 材料验收入库时，应按照暂估价记账

8. 材料计划成本计价法下企业对原材料进项核算，不应设置的账户有（　　）。

A. 材料采购　　　　　　　　　　　　B. 在途物资

C. 原材料　　　　　　　　　　　　　D. 材料成本差异

9. 发出材料，结转发出材料的超支差，应做的会计处理为（　　）。

A. 借：材料成本差异

　　　　贷：生产成本

　　　　　制造费用

　　　　　管理费用

　　　　　销售费用

B. 借：生产成本

　　　制造费用

　　　管理费用

　　　销售费用

　　　　贷：材料成本差异

C. 借：材料采购

　　　　贷：材料成本差异

D. 借：材料成本差异

　　　　贷：材料采购

10. 甲一般纳税企业因火灾毁损材料一批，其计划成本为 20 000 元，该批材料成本差异率为 2%，增值税税率为 13%，应计入"待处理财产损益"科目的金额是（　　）元。

A. 20 400　　　　　　　　　　　　B. 22 600

C. 23 052　　　　　　　　　　　　D. 22 148

11. 随同商品出售而不单独计价的包装物，应按其实际成本计入（　　）。

A. 销售费用　　　　　　　　　　　　B. 管理费用

C. 其他业务成本　　　　　　　　　　D. 生产成本

12. 企业借款生产产品时发生的借款费用，符合借款费用资本化条件的，应当将符合资本化条件的借款费用予以资本化，计入存货成本（　　）。

A. 销售费用   B. 生产成本

C. 制造费用   D. 管理费用

13. 下列情况中，不属于存货减值迹象的判断（   ）。

    A. 该存货的市场价格持续下跌，并且在可预见的未来无回升的希望

    B. 企业使用该项原材料生产的产品的成本大于产品的销售价格

    C. 企业因产品更新换代，原有库存原材料已不适应新产品的需要，同时该原材料的市场价格又低于其账面成本

    D. 已霉烂变质的存货

14. 不同存货可变现净值的确定原则不同。直接用于出售存货（如商品等），应当以该存货的估计售价减去估计的（   ）和相关税费后的金额确定其可变现净值。

    A. 销售费用   B. 管理费用

    C. 加工成本   D. 购买成本

15. 收回加工后的材料用于连续生产应税消费品且准予抵扣受托方代收代缴的消费税税额计入（   ）。

    A. 委托加工物资   B. 应交税费

    C. 生产成本   D. 制造费用

练习题 4-2   多项选择题

（一）要求：将正确答案填入下列各题括号处。

（二）题目。

1. 存货的特征有（   ）。

    A. 持有的最终目的是出售，而不是自用，这一特征就使存货明显区别于固定资产等长期资产

    B. 存货是企业为日常经济活动而持有的

    C. 存货具有较大的流动性

    D. 存货具有时效性和潜在损失的可能性

2. 存货的内容包括（   ）。

    A. 原材料   B. 库存商品   C. 工程物质   D. 周转材料

3. 原材料采用实际成本计价法进行核算，应设置的账户为（   ）。

    A. 材料采购   B. 原材料

    C. 在途物资   D. 应付账款

4. 存货确认的条件包括（   ）。

    A. 存货是否存放于企业   B. 存货能否为企业带来利润

    C. 存货包含的经济利益可能流入企业   D. 存货的成本能够可靠地计量

5. 材料的采购成本包括（   ）。

    A. 一般纳税人增值税进项税额   B. 材料的买价款

    C. 采购费用   D. 相关的税费

6. "材料采购"账户，用来核算企业计划成本计价下购进材料的采购成本。借方登记（   ）。

    A. 购进材料支付的买价   B. 采购费用

    C. 库存材料的计划成本   D. 结转购入材料的超支差

7. "材料成本差异"账户，用来核算材料实际成本与计划成本的差额。其贷方登记（　　）。

　　A. 购入材料节约差异　　　　　　　B. 发出材料应负担的超支差异

　　C. 购入材料超支差异　　　　　　　D. 发出材料应负担的节约差异

8. 在计划成本计价法下，购入材料有关分录可为（　　）。

　　A. 借：材料采购

　　　　　　应交税费——应交增值税（进项税额）

　　　　　贷：银行存款

　　B. 借：原材料

　　　　　贷：材料采购

　　C. 借：材料成本差异

　　　　　贷：材料采购

　　D. 借：材料采购

　　　　　贷：材料成本差异

9. 企业库存存货发生盘亏或盘盈，应先计入"待处理财产损益"科目，待查明原因后可以分别计入（　　）科目。

　　A. 管理费用　　　　B. 营业外支出　　　　C. 其他应收款　　　　D. 制造费用

10. "周转材料"科目核算的范围包括（　　）。

　　A. 企业生产周转用的原材料

　　B. 包装物

　　C. 低值易耗品

　　D. 建筑行业使用的钢模板、木模板、脚手架等

11. 包装物是指为了包装本企业商品而储备的各种包装容器，内容主要包括（　　）。

　　A. 生产过程中用于包装产品作为产品组成部分的包装物

　　B. 随同商品出售而不单独计价的包装物

　　C. 随同商品出售而单独计价的包装物

　　D. 出租或出借给购买单位使用的包装物

12. 随同商品出售而单独计价的包装物，其销售收入和销售成本会计核算应该是（　　）。

　　A. 借：银行存款

　　　　　贷：其他业务收入

　　　　　　　应交税费——应交增值税（销项税额）

　　B. 借：其他业务成本

　　　　　贷：周转材料

　　C. 借：银行存款

　　　　　贷：主营业务收入

　　　　　　　应交税费——应交增值税（销项税额）

　　D. 借：主营业务成本

　　　　　贷：周转材料

13. 采用五五摊销法核算低值易耗品，应在"周转材料——低值易耗品"账户下设置（　　）。

A. 在库   B. 在用   C. 摊销   D. 发出

14. 委托加工物资如需要缴纳消费税的，消费税的计税价格是由（   ）三部分组成。

     A. 发出材料的实际成本   B. 加工成本

     C. 消费税   D. 往返运费

15. 实际成本计价法下，发出存货计价方法包括（   ）。

     A. 个别计价法   B. 进先出法

     C. 全月一次加权平均法   D. 移动加权平均法

练习题 4-3   判断题

（一）要求：在括号处将正确答案打√，错误的答案打×

（二）题目。

（   ）1. 存货应当按照取得时实际成本计量。外购存货取得时实际成本一般即为采购成本，采购成本包括材料的买价款、采购费用及相关的税费。如果是需要加工的存货，初始计量还应包括加工成本。

（   ）2. 企业在采购材料验收入库后发生的储存费用，应计入成本。

（   ）3. 用于储存和保管产品、商品和材料而不对外出售、出租或出借的包装物，属于包装物核算范畴。

（   ）4. 生产过程中用于包装产品作为产品组成部分的包装物的价值应构成产品的生产成本。

（   ）5. 单独列作商品产品的自制包装物，应作为库存商品进行核算和处理。

（   ）6. 收到出租包装物的押金，计入其他业务收入。

（   ）7. 企业设计产品发生的设计费用通常应计入当期损益，但是为特定客户设计产品所发生的，可直接确定的设计费用应计入存货成本。

（   ）8. 产品生产过程发生的仓储费用，应在发生时计入当期损益。但是，在生产过程中为达到下一阶段所必需的仓储费用应计入存货成本。

（   ）9. 月末结转发出材料应负担的材料成本差异时，无论是节约差异还是超支差异，均应从"材料成本差异"科目的贷方转出。

（   ）10. 企业已计提的存货跌价准备价值得以恢复时，不得将原已计提的存货跌价准备金额转回。

（   ）11. 委托加工物资如需要缴纳消费税的，由受托方代收代缴消费税，在委托加工物资收回后直接用于出售，委托方应将受托代收代缴的消费税计入委托加工物资的成本。

（   ）12. 企业支付加工费，会使加工物质增值，应按照加工费结合一定的税率计算增值税。

（   ）13. 存货可变现净值的确定原则是以估计售价减去至完工时估计将要发生的成本、估计的销售费用及相关税费后的金额确定可变现净值。

（   ）14. 企业原已计提的存货跌价准备转回，转回只能在某项存货原已计提存货跌价准备金额范围内，不能超过原计提金额。

（   ）15. 属于自然灾害发生损失的存货，其进项税额不准许抵扣，必做进项税额转出。

实训题 4-1　练习发出存货计价的核算

（一）目的：掌握发出各种存货计价方法。

（二）资料。

甲公司 2019 年 6 月 A 商品有关收、发、存情况如下。

（1）6 月 1 日结存 300 件，单位成本为 2 万元。

（2）6 月 8 日购入 200 件，单位成本为 2.2 万元。

（3）6 月 10 日发出 400 件。

（4）6 月 20 日购入 300 件，单位成本为 2.3 万元。

（5）6 月 28 日发出 200 件。

（6）6 月 30 日购入 200 件，单位成本为 2.5 万元。

（三）要求。

（1）用先进先出法计算 A 商品 2019 年 6 月发出存货的成本和 6 月 30 日结存存货的成本。

（2）用月末一次加权平均法计算 A 商品 2019 年 6 月发出存货的成本和 6 月 30 日结存存货的成本。

（3）用移动加权平均法计算 A 商品 2019 年 6 月发出存货的成本和 6 月 30 日结存存货的成本（答案中金额单位用万元表示）。

解答：

（1）先进先出法。

6 月 10 日发出存货成本和结存存货的成本

6 月 28 日发出存货成本和结存存货的成本

本月发出存货成本：

本月月末结存存货成本：

（2）加权平均法。

加权平均单位成本：

本月发出存货成本：

本月月末结存存货成本：

（3）移动加权平均法。

6月8日购货的加权平均单位成本：

6月10日发出存货和结存存货的成本：

6月20日购货的加权平均单位成本：

6月28日发出存货和结存存货的成本：

本月发出存货成本：

本月月末结存存货成本：

实训题 4-2 练习原材料采用实际成本计价核算（1）

（一）目的：掌握原材料采用实际成本计价的核算。

（二）资料。

甲企业为增值税一般纳税人，增值税税率为 13%。原材料采用实际成本核算，原材料发出采用月末一次加权平均法计价，运输增值税税率 9%。

2019 年 6 月，与 A 材料相关的资料如下。

（1）1 日，"原材料——A 材料"科目余额为 20 000 元（共 2 000 公斤，其中含 5 月末验收入库但因发票账单未到而以 2 000 元暂估入账的 A 材料 200 公斤）。

（2）5 日，收到 5 月末以暂估价入库 A 材料的发票账单，货款 1 800 元，增值税额 234 元，对方代垫运输费 400 元，增值税 36，全部款项已用转账支票付讫。

（3）8 日，以汇兑结算方式购入 A 材料为 3 000 公斤，发票账单已收到，货款为 36 000 元，增值税额为 4 680 元，运输费用为 1 000 元，增值税为 90 元。材料尚未到达，款项已由银行存款支付。

（4）11 日，收到 8 日采购的 A 材料，验收时发现只有 2 950 公斤。经检查，短缺的 50 公斤确定为运输途中的合理损耗，A 材料验收入库。

（5）18 日，持银行汇票 80 000 元购入 A 材料为 5 000 公斤，增值税专用发票上注明的货款为 49 500 元，增值税额为 6 435 元，另支付运输费用为 2 000 元，增值税为 180 元，材料已验收入库，剩余票款退回并存入银行。

（6）21 日，基本生产车间自制 A 材料 50 公斤验收入库，总成本为 600 元。

（7）30 日，根据"发料凭证汇总表"的记录，6 月基本生产车间为生产产品领用 A 材料 6 000 公斤，车间管理部门领用 A 材料 1 000 公斤，企业管理部门领用 A 材料 1 000 公斤。

（三）要求。

（1）计算甲企业 6 月发出 A 材料的单位成本。

（2）根据上述资料，编制甲企业 6 月与 A 材料有关的会计分录。

（"应交税费"科目要求写出明细科目和专栏名称）

解答：

（1）6 月发出 A 材料的单位成本

（2）6 月与 A 材料有关的会计分录

①1 日：

②5 日：

③8 日：

④11 日：

⑤18 日：

⑥21 日：

⑦30 日：

实训题 4-3　练习原材料采用实际成本计价核算（2）

（一）目的：掌握实际成本计价法下材料收发的核算。

（二）资料。

甲企业为增值税一般纳税人，发出材料成本按加权平均法计算。

（1）2019 年 7 月 1 日库存 A 原材料 100 吨，价值 77 905 元。

（2）当月购入 A 原材料为 4 000 吨，收到的增值税专用发票，注明的价款为每吨 800 元，计 3 200 000 元，增值税额为 416 000 元，另发生运输费用为 50 000 元，增值税为 4 500 元，装卸费用为 25 900 元，增值税为 1 554 元，上述款项均以银行存款支付。材料验收入库，原材料验收入库时发现运输途中发生合理损耗 5 吨。

（3）本月生产甲产品领用 A 材料为 2 000 吨，生产乙产品领用 A 材料为 1 600 吨，行政管理部门领用为 400 吨。

（三）要求。

（1）计算购入 A 材料的入账价值及单位采购成本。

（2）编制购入材料的会计分录。

（3）计算 A 材料的加权平均单位成本。

（4）编制领用 A 材料的会计分录。

解答：

（1）A 原材料的入账价值：

A 原材料的单位采购成本：

（2）购入材料的会计分录：

（3）A 原材料发出的单位成本：

（4）领用材料的会计分录：

实训题 4-4　计划成本计价法核算（1）

（一）目的： 掌握计划成本计价法下收发材料的核算。

（二）资料。

甲企业为增值税一般纳税企业，材料按计划成本计价核算。A 材料计划单位成本为每公斤 10 元。该企业 2019 年 7 月有关资料如下。

（1）"原材料"账户月初余额为 40 000 元，"材料成本差异"账户月初借方余额为 500 元。材料成本差异率为 1.25%。

（2）7 月 5 日，企业发出 100 公斤 A 材料委托乙公司加工成新的物资。

（3）7 月 15 日，从外地丙公司购入 A 材料 6 000 公斤，增值税专用发票注明的材料价款为 61 000 元，增值税额为 7 930 元，企业已用银行存款支付上述款项，材料尚未到达。

（4）7 月 20 日，从丙公司购入的 A 材料到达，验收入库时发现短缺 20 公斤，经查明为途中定额内自然损耗，按实收数量验收入库。

（5）7 月 30 日，汇总本月发料凭证，本月共发出 A 材料 5 000 公斤，全部用于产品生产。

（三）要求。

（1）根据上述业务编制相关的会计分录。

（2）计算本月材料成本差异率、本月发出材料应负担的成本差异并做结转差异核算。

（3）计算本月发出材料、月末库存材料的实际成本。

解答：

（1）根据上述业务编制相关的会计分录。

①7 月 5 日发出时：

②7 月 15 日从外地购入材料时：

③7 月 20 日收到材料时：

（2）计算本月材料成本差异率、本月发出材料应负担的成本差异。

①材料成本差异率：

②发出材料应负担的材料成本差异额：

③结转差异核算：

（3）计算本月发出材料、月末库存材料的实际成本。

①本月发出材料实际成本：

②月末结存材料的实际成本：

实训题 4-5　练习原材料采用计划成本计价核算（2）

（一）目的：掌握计划成本计价法下材料收发的核算。

（二）资料。

甲企业为增值税一般纳税企业，材料按计划成本计价核算。甲材料计划单位成本为每公斤 10 元。该企业 2019 年 8 月有关资料如下。

（1）"原材料——甲材料"账户月初余额为 40 000 元，"材料成本差异"账户月初贷方余额为 500 元，"材料采购"账户月初借方余额为 10 600 元。

（2）8 月 2 日，企业上月已付款的甲材料为 1 000 公斤如数收到，已验收入库。

（3）8 月 10 日，从外地 A 公司购入甲材料为 6 000 公斤，增值税专用发票注明的材料价款为 59 000 元，增值税额为 7 670 元，企业已用银行存款支付上述款项，材料尚未到达。

（4）8 月 20 日，从 A 公司购入的甲材料到达，验收入库时发现短缺 40 公斤，经查明为途中定额内自然损耗，按实收数量验收入库。

（5）8 月 31 日，汇总本月发料凭证，本月共发出甲材料为 7 000 公斤，全部用于产品生产。

（三）要求。

（1）根据上述业务编制相关的会计分录（按笔结转入库材料差异）。

（2）计算本月材料成本差异率，本月发生材料应负担的成本差异。

解答：

（1）8 月 2 日收到材料时：

（2）8 月 10 日从外地购入材料时：

（3）8 月 20 日收到 8 月 10 日购入的材料时：

（4）8 月 31 日发出材料核算：

（5）8 月 31 日计算材料成本差异率和发出材料应负担的材料成本差异额：

实训题 4-6　委托加工物质的核算

（一）目的：掌握委托加工物质的核算

（二）资料。

甲、乙企业为增值税一般纳税人，双方适用的增值税税率为 13％，甲企业按实际成本核算原材料。2019 年 7 月发生下列业务。

（1）甲企业委托乙企业加工属于应税消费品的材料一批，原材料成本为 100 000 元。

（2）支付加工费为 44 000 元（不含增值税）。

（3）该委托加工物资实行从价计税办法计算消费税，消费税税率为 10％。

（4）材料加工完成并已验收入库，加工费用等已由银行存款支付。支付往返运费为 800 元，增值税为 72 元。

（5）甲企业收回加工后的材料用于连续生产。

（三）要求：做委托加工的所有核算。

解答：

（1）发出委托加工材料时：

（2）支付加工费用和税金时：

　　消费税计税价：

　　应交消费税：

　　应交增值税：

　　支付加工费用和税金的会计分录：

（3）支付往返运费：

（4）加工完成，收回委托加工材料时：

实训题 4-7　周转材料的核算

（一）目的： 掌握周转材料的核算

（二）资料。

甲公司 2019 年 7 月发生下列业务。

（1）基本生产车间领用专用工具一批，实际成本为 50 000 元，不符合固定资产定义，采用五五摊销法进行摊销。做领用、摊销、报废等核算。

（2）生产产品领用包装物铁桶一批，实际成本为 4 000 元。

（3）销售产品时，领用不单独计价的包装物木箱一批，实际成本为 2 000 元。

（4）销售产品时，领用单独计价的包装物铁桶一批，实际成本为 3 000 元，售价为 4 000 元，增值税税额为 520 元，款项已收存入银行。

（三）要求： 做上述业务的有关分录。

解答：

（1）领用专用工具：

①

②

③

④

（2）生产产品领用包装物铁桶：

（3）领用不单独计价的包装物木箱：

（4）领用单独计价的包装物铁桶：

①

②

实训题 4-8 存货的期末计量的核算

（一）目的：掌握存货的期末计量的核算。

（二）资料。

甲公司 2019 年 7 月末，C 产品有关资料如下。

（1）甲公司 2019 年 7 月 31 日库存 C 产品为 30 台，单位成本为 29 万元。

（2）2019 年 7 月 25 日，甲公司与乙公司签订销售合同，约定 2019 年 10 月 10 日，甲公司应按每台为 28 万元的价格向乙公司提供 C 产品为 30 台。

（3）甲公司销售部门提供的资料表明，向长期客户乙公司销售的 C 产品平均运杂费等销售费用为每台 1 500 元；每台设备销售估计的相关税费为 500 元。

（4）2019 年 7 月 31 日，C 产品的市场销售价格为 29.5 万元/台。

（三）要求。

（1）2019 年 7 月 31 日，C 产品有否减值，如果有，计算减值的金额。

（2）做存货期末计量的核算。

解答：

（1）C 产品备售价：

（2）计算 C 产品的可变现净值、存货跌价准备金：

（3）存货期末计量的核算：

实训题 4-9 存货的综合核算（不定项选择题一）

（一）目的：掌握存货的综合核算

（二）资料：

某企业为增值税一般纳税人，原材料收发按实际成本核算。2019 年 12 月开始生产甲乙两种产品，存货项目期初无余额。12 月份发生如下经济业务：

（1）3 日，购入 M 材科 1 500 千克，取得并经税务机关认证的增值税专用发票上注

明的价款为 150 000 元，增值税税额为 24 000 元，销售方代垫的运费为 7 500 元，增值税税额为 750 元。材料已验收入库，款项尚未支付。

（2）月末编制的"M 材料发料汇总表"列明材料发出情况为：甲产品耗用 600 千克，乙产品耗用 400 千克，车间一般耗用 200 千克，行政部门领用 100 千克，专设销售机构领用 50 千克。材料在甲、乙产品生产开始时一次投入。

（3）本月甲产品发生生产工人工资 45000 元，乙产品生产工人工资 30000 元，车间固定资产折旧费 60000 元，制造费用按甲、乙产品生产工人工资比例分配。

（4）月末，甲产品完工 400 件，在产品 100 件（平均完工程度为 50%），生产费用按约当产量比例在完工产品和在产品之间进行分配，乙产品 400 件全部完工。

（三）要求：

根据上述资料，不考虑其他因素，分析回答下列小题。

1）根据资料（1）和（2），下列各项中，本月发出 M 材料相关科目处理正确的是（　　）。

A. 生产甲产品耗用的材料成本，借记"生产成本—甲产品"科目 63000 元

B. 行政管理部门领用的材料成本，借记"管理费用"科目 10500 元

C. 生产车间一般耗用的材料成本，借记"制造费用"科目 21000 元

D. 生产乙产品耗用的材料成本，借记"生产成本—乙产品"科目 42000 元

2）根据资料（1）至（3），下列各项中，关于本月甲，乙两种产品制造费用计算及分配结果正确的是（　　）。

A. 甲，乙两种产品制造费用的分配率为 1.08

B. 乙产品分配的制造费用为 32400 元

C. 甲乙两种产品制造费用总额力 60000 元

D. 甲产品分配的制造费用为 48600 元

3）根据期初资料、材料（1）至（4），下列各项中关于本月甲产品成本计算结果正确的是（　　）。

A. 完工产品的单位成本为 334 元　　　　B. 完工产品的总成本为 13 3600 元

C. 月末在产品总成本为 33 400 元　　　　D. 月末在产品总成本为 23 000 元

4）根据期初资料、材料（1）至（4），该企业年末资产负债表中"存货"项目的期末余额是（　　）元。

A. 172 350　　　　B. 261 000　　　　C. 253 750　　　　D. 276 750

实训题 4-10　存货的综合核算（不定项选择题二）

甲公司（一般纳税人）存货采用计划成本核算，2019 年 2 月份发生如下事项：

（1）期初结存原材料计划成本为 25 万元，材料成本差异借方余额为 3 万元，存货跌价准备贷方余额为 3 万元。

（2）2 日，购入原材料一批，实际支付价款为 50 万元，取得增值税专用发票上注明的增值税税额为 8 万元；采购过程中发生运杂费 0.3 万元，保险费 1 万元，入库前挑选整理费 0.2 万元。该批材料的计划成本为 58 万元。

（3）10 日，生产领用该原材料一批，领用材料计划成本 30 万元。管理部门领用原材料一批，领用材料计划成本 5 万元。

（4）15 日，收回之前委托 A 公司加工的半成品一批，委托加工时发出半成品的实

际成本为 15 万元，加工过程中支付加工费 2 万元，装卸费 0.8 万元，受托方代收代缴消费税 4.5 万元。甲公司收回该委托加工物资后准备继续加工生产，该批半成品的计划成本为 20 万元。

（5）月末，甲公司结存原材料的市场价格为 42 万元。

（三）要求：

根据上述资料，不考虑其他因素，分析回答下列小题。（答案中金额单位用万元表示，有小数点的保留两位小数）

（1）甲公司本月材料成本差异率为（　　）。

A. -4.22%　　　　B. 1.2%　　　　C. 6.02%　　　　D. 11.45%

（2）甲公司本月发出原材料的实际成本为（　　）万元。

A. 28.73　　　　B. 33.52　　　　C. 37.11　　　　D. 39.01

（3）下列有关甲公司委托加工业务的说法中，正确的是（　　）。

A. 甲公司将发出的委托加工物资仍作为存货进行核算

B. 收回委托加工物资时，支付的装卸费应计入管理费用核算

C. 收回委托加工物资的实际成本为 17.8 万元

D. 收回委托加工物资的实际成本为 22.3 万元

（4）期末，甲公司结存存货的实际成本为（　　）万元。

A. 42　　　　B. 45.98　　　　C. 63.78　　　　D. 97.3

（5）根据事项（5），甲公司本月针对原材料应计提的存货跌价准备为（　　）万元。

A. 0.98　　　　B. 3.98　　　　C. 18.78　　　　D. 37.5

项目五　固定资产

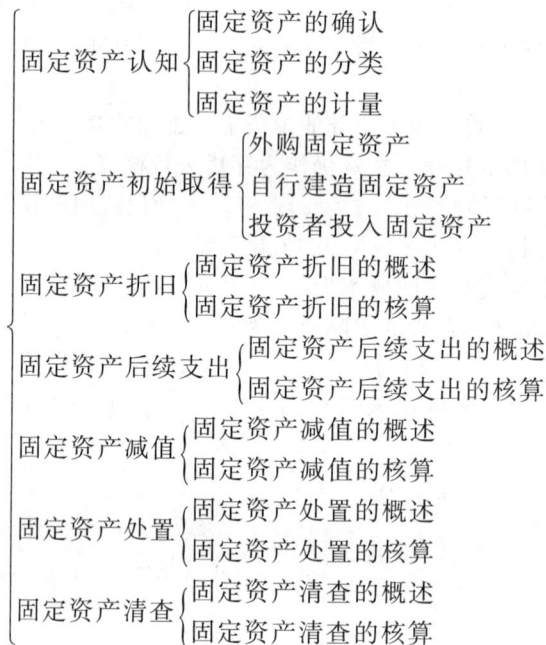

本项目重点、难点分析

任务一　固定资产认知

一、固定资产的确认

（一）固定资产的定义及特征

1. 定义

根据会计准则规定，固定资产是指企业为生产商品、提供劳务、出租或经营管理而持有的，使用寿命超过一个会计年度的有形资产。

2. 特征

（1）固定资产是有形资产。

（2）为生产商品、提供劳务、出租或经营管理等目的而持有的。

（3）使用寿命超过一个会计年度。

（二）固定资产确认条件

确定一项资产为固定资产，首先除了必须符合固定资产定义，还必须同时符合以下两个条件。

（1）该固定资产有关的经济利益很可能流入企业。

（2）该固定资产的成本能够可靠地计量。

二、固定资产的分类

（一）按固定资产的经济用途分类

（1）生产经营用固定资产。

（2）非生产经营用固定资产。

（二）按固定资产的所有权分类

（1）自有固定资产。

（2）租入固定资产。

（三）按固定资产的使用情况分类

（1）使用中的固定资产。

（2）未使用的固定资产。

（3）不需用的固定资产。

（四）按固定资产的经济用途和使用情况综合分类

（1）生产经营用固定资产。

（2）非生产经营用固定资产。

（3）租出固定资产。

（4）不需用固定资产。

（5）未使用固定资产。

（6）融资租入固定资产。

（7）土地。

三、固定资产的计量

《企业会计准则——固定资产》规定："固定资产应当按照成本进行初始计量"。

固定资产计价主要有以下三种方法。

（1）原始价值。原始价值又称为原值，也称为实际成本。一般包括买价、相关税费、运输费、装卸费、安装费用和专业人员服务费、资本化的借款费用等。

（2）净值。固定资产净值也称为折余价值，是指固定资产原始价值减去已提折旧后的净额。

（3）固定资产重置价值。固定资产重置价值也称重置完全价值，是指按照现行市

场价格，重新购买或建造某项固定资产所需的全部支出。

任务二　固定资产初始取得

一、外购固定资产

（一）成本的确定

企业外购固定资产的成本包括购买价款、相关税费，以及使固定资产达到预定可使用状态前所发生的可归属于该项资产的运输费、装卸费、安装费和专业人员服务费等。

（二）账户设置

（1）"固定资产"账户。
（2）"在建工程"账户。
账户知识点：①性质；②作用；③结构。

（三）外购固定资产的核算

税收新动态

时间：从 2019 年 4 月 1 日起

依据：《财政部 税务总局 海关总署关于深化增值税改革有关政策的公告》（财政部 税务总局 海关总署公告 2019 年第 39 号）

1.《财政部 税务总局 海关总署关于深化增值税改革有关政策的公告》（财政部 税务总局 海关总署公告 2019 年第 39 号）第五条规定："自 2019 年 4 月 1 日起，《营业税改征增值税试点有关事项的规定》（财税〔2016〕36 号印发）第一条第（四）项第 1 点、第二条第（一）项第 1 点停止执行，纳税人取得不动产或者不动产在建工程的进项税额不再分 2 年抵扣。此前按照上述规定尚未抵扣完毕的待抵扣进项税额，可自 2019 年 4 月税款所属期起从销项税额中抵扣。"

2.《国家税务总局关于深化增值税改革有关事项的公告》（国家税务总局公告 2019 年第 14 号，以下简称 14 号公告）废止了《不动产进项税额分期抵扣暂行办法》（国家税务总局公告 2016 年第 15 号）。

---

1. 购入不需要安装的固定资产

借：固定资产——某固定资产
　　应交税费——应交增值税（进项税额）
　　　贷：银行存款等

【案例 5-2-1】2019 年 7 月初，甲公司购一台不需要安装就可以投入使用的生产用 TX 设备，取得的增值税专用发票上注明设备价款为 800 000 元，增值税进项税额 104 000 元，发生运杂费 4 000 元，增值税 360 元，款项以银行存款支付 。（原始凭证：①

增值税专用发票②银行付款凭证③固定资产验收单）

甲公司账务处理如下。

借：固定资产——生产用固定资产　　　　　　　　　　　　804 000

　　应交税费——应交增值税（进项税额）　　　　　　　　104 360

　　贷：银行存款　　　　　　　　　　　　　　　　　　　　　　908 360

以一笔款项购入多项没有单独标价的固定资产时，应当按照各项固定资产公允价值的比例对总成本进行分配，分别确定各项固定资产的成本。

【案例 5-2-2】 2019 年 7 月中旬，甲公司购入一批机器设备，其中包括供电设备、生产设备等，共计支付价款为 400 000 元，增值税进项税额为 52 000 元，以银行存款付清。供电设备的公允价值为 320 000 元，生产设备的公允价值为 180 000 元。全部设备均直接投入使用。（原始凭证：增值税专用发票、固定资产验收单、银行付款凭证、资产价值分配表）。

原始价值的分配比例为：400 000 /（320 000＋180 000）＝0.8

各项固定资产的原始价值为：供电设备＝320 000×0.8＝256 000

　　　　　　　　　　　　　　生产设备＝180 000×0.8＝144 000

根据计算分配结果，甲公司编制会计分录如下。

借：固定资产——生产用固定资产（供电设备）　　　　　　256 000

　　　　　　　　　　　　　　　（生产设备）　　　　　　144 000

　　应交税费——应交增值税（进项税额）　　　　　　　　52 000

　　贷：银行存款　　　　　　　　　　　　　　　　　　　　　452 000

2. 购入需要安装的固定资产

（1）购入设备时。

借：在建工程

　　应交税费——应交增值税（进项税额）

　　贷：银行存款

（2）安装时，领用原材料，支付安装人员工资时。

借：在建工程

　　贷：有关科目

（3）设备安装完毕达到预定可使用状态。

借：固定资产

　　贷：在建工程

二、自行建造固定资产

（一）成本的确定

（1）入账价值：企业自行建造的固定资产，应按建造该项固定资产达到预定可使用状态前所发生的必要支出，作为固定资产入账价值。

（2）成本构成：工程物资成本、人工成本、应予以资本化的固定资产借款费用、交纳的相关税金及应分推的其他间接费用等。

（二）账户设置

（1）"工程物资"账户。

（2）"在建工程"账户。

账户的知识点：①性质；②作用；③结构。

（三）自行建造固定资产的核算

1. 自营方式建造固定资产

（1）定义：自营方式建造固定资产是指企业自行组织工程物资采购，自行组织施工人员施工完成固定资产建造。

（2）账务处理。

①购入为工程准备的物资时：

借：工程物资

应交税费——应交增值税（进项税额）

贷：银行存款

②工程领用物资时。

借：在建工程——自营工程

贷：工程物资

③工程领用原材料时：

借：在建工程——自营工程

贷：原材料

④辅助生产车间为工程提供劳务支出。

借：在建工程——自营工程

贷：生产成本——辅助生产成本

⑤计提工程人员工资、福利费。

借：在建工程——自营工程

贷：应付职工薪酬——工资奖金津贴补贴

——职工福利费

⑥工程达到预定可使用状态并交付使用。

借：固定资产

贷：在建工程——自营工程

【案例 5-2-3】2019 年 7 月 1 日，甲公司准备自行建造一幢厂房，为此购入工程物资一批，价款为 250 000 元。支付的增值税进项税额为 32 500 元，款项以银行存款支付。工程先后领用工程物资为 250 000 元；领用生产用材料一批，账面余额为 32 000 元，未计提存货跌价准备。购进该批原材料时支付的增值税进项税额为 4 160 元；辅助生产车间为工程提供有关劳务支出为 35 000 元；计提工程人员工资为 65 800 元，计提工程人员福利费为 9 212 元；9 月底，工程达到预定可使用状态并交付使用。假定不考虑其他相关税费。（原始凭证：增值税专用发票、银行付款凭证、材料领料单、其他费用分配表、固定资产土建工程验收单）。

甲公司编制会计处理如下。

①购入为工程准备的物资时。

借：工程物资   250 000

应交税费——应交增值税（进项税额）   32 000

贷：银行存款   282 500

②工程领用物资时：

80

借：在建工程——自营工程——厂房　　　　　　　　　　　250 000
　　贷：工程物资　　　　　　　　　　　　　　　　　　　　　　250 000

③工程领用原材料时：

借：在建工程——自营工程——厂房　　　　　　　　　　　32 000
　　贷：原材料　　　　　　　　　　　　　　　　　　　　　　　32 000

④辅助生产车间为工程提供劳务支出：

借：在建工程——自营工程——厂房　　　　　　　　　　　35 000
　　贷：生产成本——辅助生产成本　　　　　　　　　　　　　　35 000

⑤计提工程人员工资、福利费。

借：在建工程——自营工程——厂房　　　　　　　　　　　75 012
　　贷：应付职工薪酬——工资奖金津贴补贴　　　　　　　　　　65 800
　　　　　　　　　　　——职工福利费　　　　　　　　　　　　9 212

⑥9 月底，工程达到预定可使用状态并交付使用。

借：固定资产——厂房　　　　　　　　　　　　　　　　　392 012
　　贷：在建工程——自营工程——厂房　　　　　　　　　　　　392 012

2. 出包方式建造固定资产

1）定义：是指通过招标等方式将工程项目发包给建造承包商，由建造承包商组织
施工的建筑工程和安装工程。

2）入账价：支付的全部工程款

3）核算：

（1）支付工程款时：

借：在建工程
　　应交税费－应交增值税（进项税额）
　　贷：银行存款

（2）工程达到预定可使用状态交付使用时：

借：固定资产
　　贷：在建工程

三、投资者投入固定资产

（一）成本确定

按投资合同或协议约定的价值，作为固定资产入账价值。但合同或协议约定的价
值不公允的，应按固定资产的公允价值确定。

（二）投资者投入固定资产核算

借：固定资产
　　应交税费——应交增值税（进项税额）
　　贷：股本
　　　　资本公积——股本溢价

任务三　固定资产折旧

一、固定资产折旧的概述

（一）固定资产折旧的定义

1. 固定资产折旧

固定资产折旧是指在固定资产的使用寿命内，按照确定方法对应计折旧额进行的系统分摊。

2. 应计折旧额

应计折旧额指应当计提折旧的固定资产原价扣除其预计净残值后的余额。如果已对固定资产计提减值准备，还应当扣除已计提的固定资产减值准备累计金额。

（二）影响固定资产折旧的因素

1. 固定资产原价

固定资产原价，是指固定资产的原始成本，即账面原价，它是计提折旧的基数。

2. 预计净残值

固定资产预计净残值是指企业固定资产处置时获得的残值收入扣除预计处置费用后的金额。

3. 固定资产减值准备

固定资产减值准备是指固定资产已计提的固定资产减值准备累计金额。

4. 预计使用寿命

固定资产预计使用寿命是指固定资产的预计经济使用寿命，即折旧年限。企业确定固定资产使用寿命，应当考虑下列三个因素。

（1）预计生产能力或实物产量。

（2）预计有形损耗和无形损耗。

（3）法律或者类似规定对资产使用的限制。

（三）固定资产折旧的计提范围

1. 空间范围

（1）根据《企业会计准则第4号——固定资产》规定，企业应当对所有固定资产计提折旧。下列情况除外。

①已提足折旧仍继续使用的固定资产。

②单独估价入账的土地。

（2）在确定计提折旧范围时，还应注意以下几点。

①已达到预定可使用状态的固定资产，无论是否交付使用，如尚未办理竣工决算的，应当按照估计价值确认为固定资产，并计提折旧；待办理了竣工决算手续后，再

按实际成本调整原来的暂估价值，但不需要调整原已计提的折旧额。

②符合固定资产确认条件的固定资产装修费用，应当在两次装修期间与固定资产剩余使用寿命两者中较短的期间内计提折旧。

③融资租赁方式租入的固定资产发生的装修费用，符合固定资产确认条件的，应当在两次装修期间、剩余租赁期与固定资产剩余使用寿命三者中较短的期间内计提折旧。

④处于修理、更新改造过程而停止使用的固定资产，符合固定资产确认条件的，应当转入在建工程，停止计提折旧；反之，则不应转入在建工程，照提折旧。

⑤固定资产提足折旧后，不管能否继续使用，均不再计提折旧；提前报废的固定资产，也不再补提折旧。

2. 时间范围

企业应当按月计提固定资产折旧，当月增加的固定资产，当月不提折旧，从下月起计提折旧；当月减少的固定资产，当月仍计提折旧，从下月起不计提折旧。即：

当月固定资产折旧额＝上月固定资产折旧额＋上月增加固定资产折旧额－上月减少固定资产折旧额

二、固定资产折旧的核算

（一）固定资产折旧的计算方法

1. 年限平均法

（1）定义：年限平均法是指将固定资产的应计折旧额均衡地分摊到固定资产预计使用寿命内的一种方法，又称直线法。

（2）计算。

固定资产年折旧额＝［固定资产原值－（预计残值收入－预计清理费用）］÷固定资产预计使用年限

（3）实际工作处理：通常以折旧率来反映固定资产在单位时间的折旧程度。

月折旧额＝固定资产原价×月折旧率

月折旧率＝年折旧率÷12

年折旧率＝（1－预计净残值率）÷固定资产预计使用年限×100%

【案例5-3-1】甲企业2019年8月，购进机器设备一台，价值为500 000元，预计使用年限10年，预计残值为6 000元，计算该设备年折旧额和月折旧额。

预计净残值率＝6 000÷500 000＝1.2%

年折旧率＝（1－1.2%）÷10×100%＝9.88%

月折旧率＝9.88%÷12＝0.82%

月折旧＝500 000×0.82%＝4 100（元）

2. 工作量法

（1）定义：工作量法是指按实际工作量计提固定资产折旧额的一种方法。它和年限平均法同属直线法。

（2）计算公式。

单位工作量折旧额＝（固定资产原值－预计净残值）÷预计总工作量

或＝固定资产原值×（1－预计净残值率）÷预计总工作量

某项固定资产月折旧额＝单位工作量折旧额×该固定资产当月实际完成的工作量。

工作量的表达经常采用以下三种方法：工作小时；行驶里程；工作台班等。

【案例 5-3-2】 甲企业 2019 年 8 月，购入汽车一部，原值 340000 元，预计行驶里程 167500 千米，预计净残值 5000 元，投入使用后第一个月行驶 3000 千米。

每千米折旧额和第一个月的折旧额计算如下：

每千米折旧额＝（340000－5000）/167500＝2

第一个月折旧额＝3000×2＝6000

3. 双倍余额递减法

（1）定义：双倍余额递减法，是在不考虑固定资产预计净残值的情况下，根据每年年初固定资产净值和双倍直线法折旧率计算固定资产折旧的一种方法。

（2）计算。

月折旧额＝每月月初固定资产账面净值×月折旧率

（月折旧率＝年折旧率÷12，年折旧率＝2÷固定资产预计使用年限）

（3）注意。

由于双倍余额递减法不考虑固定资产的残值收入，因此，在采用这种方法时，必须注意不能使固定资产的账面余额降到其预计净残值以下，因此，在固定资产折旧年限到期前两年内，将固定资产账面净值扣除预计净残值后的余额平均摊销。

【案例 5-3-3】 甲企业 A 项固定资产 2018 年年末取得原值为 160 000 元，估计净残值为 5 000 元，使用年限 5 年，从 2019 年初开始计提折旧，按照双倍余额递减法计算各年折旧，如表 5-3-1 所示。

表 5-3-1　固定资产折旧计算情况（双倍余额递减法）

年份	账面价值/元	折旧率/%	折旧额/元	累计折旧/元	期末账面价值/元
1	160 000	40	64 000	64 000	96 000
2	96 000	40	38 400	102 400	57 600
3	57 600	40	23 040	125 440	34 560
4	34 560	—	14 780	140 220	19 780
5	19 780	—	14 780	155 000	5 000

4. 年数总和法

（1）定义：年数总和法，是以固定资产的原值减去预计净值后的净额为基数，乘以一个逐年递减的分数计算每年的折旧额。

（2）逐年递减的分数：固定资产尚可使用的年数÷预计使用年限的逐年合计数。

（3）计算。

月折旧额＝（固定资产原值－预计净残值）×月折旧率

（年折旧率＝尚可使用年限÷预计使用年限的年数总和，月折旧率＝年折旧率÷12）

【案例 5-3-4】 甲企业 2018 年年末，购入不需要安装的设备一台，价格为 16 000 元，预计净残值 500 元，使用年限 5 年，从 2019 年 1 月开始计提折旧。该企业固定资产折旧采用年数总和法，试计算各年折旧，如表 5-3-2 所示。

表 5-3-2 固定资产折旧计算情况（年数总和法）

年份	（原值—残值）/元	尚可使用年限	折旧率	折旧额/元	累计折旧/元
1	15 500	5	5/15	5 167	5 167
2	15 500	4	4/15	4 133	9 300
3	15 500	3	3/15	3 100	12 400
4	15 500	2	2/15	2 067	14 467
5	15 500	1	1/15	1 033	15 500

（二）固定资产折旧的账务处理

1. 账户设置

"累计折旧"账户的知识点：①性质；②作用；③结构。

2. 核算

借：制造费用　　　（车间的）

　　销售费用　　　（销售部门的）

　　管理费用　　　（管理部门的）

　　贷：累计折旧

【案例 5-3-5】甲公司 2019 年 9 月的固定资产折旧计算表如表 5-3-3 所示。

表 5-3-3 固定资产折旧计算表　　　　　　　　　　　　　　单位：元

使用部门	固定资产项目	7月折旧额	8月增加固定资产		8月份减少固定资产		9月折旧额
			原价	折旧额	原价	折旧额	
生产车间	厂房	100 000					100 000
	机器设备	300 000	200 000	2 000			302 000
	小计	400 000					402 000
销售部门	厂房	20 000					20 000
	运输工具	40 000					40 000
	小计	60 000					60 000
厂部	厂房	15 000	500 000	3 000			18 000
	设备	25 000			100 000	5 000	20 000
	小计	40 000					38 000
合计	合计	500 000	700 000	5 000	100 000	5 000	500 000

根据上述固定资产折旧计算表，甲公司账务处理如下（原始凭证：固定资产折旧计算表）。

借：制造费用　　　　　　　　　　　　　　　　　　　　402 000

　　销售费用　　　　　　　　　　　　　　　　　　　　 60 000

　　管理费用　　　　　　　　　　　　　　　　　　　　 38 000

贷：累计折旧   500 000

任务四　固定资产后续支出

一、固定资产后续支出的概述

（一）固定资产后续支出的确定

固定资产后续支出是指固定资产使用过程中发生的更新改造支出、修理费用等。

（二）固定资产后续支出的处理原则

（1）资本化后续支出：与固定资产有关的更新改造等后续支出。或延长固定资产的使用寿命；或提高固定资产的生产能力；抑或提高企业产品的价格竞争力等，符合固定资产确认条件的，应当计入固定资产成本。

（2）费用化后续支出：与固定资产有关的修理费用等后续支出。只是日常维护，通常不符合固定资产确认条件，应当在发生时计入当期损益，不得采用预提或待摊方式处理。

二、固定资产后续支出的核算

（一）资本化的后续支出的核算

1. 账户

"在建工程"账户的知识点：①性质；②作用；③结构。

2. 核算

借：在建工程
　　贷：银行存款等

【案例 5-4-1】甲公司是一家从事印刷业的企业，有关资料如下。

①2017 年 1 月，该公司自行建成了一条印刷生产线，建造成本为 500 000 元；采用年限平均法计提折旧；预计净残值率为 4%，预计使用年限为 6 年。

②2019 年 1 月 1 日，由于生产的产品适销对路，现有生产线的生产能力难以满足公司生产发展的需要，公司决定对现有生产线进行改扩建，以提高其生产能力，假定该生产线未发生减值。

③2019 年 1 月 1 日至 3 月 31 日，经过三个月的改扩建，完成了对这条生产线的改扩建工程，共发生支出为 260 000 元，全部以银行款支付（假设不考虑税费，未来可收回金额为 800 000 元）。

④该生产线改扩建工程达到预定可使用状态后，大大提高了生产能力，预计将其使用年限延长了 4 年，即预计使用年限为 10 年。假定改扩建后的生产线预计净残值率为 4%，折旧方法为年限平均法。

⑤为简化计算过程，整个过程不考虑其他相关税费，公司按年度计提固定资产折旧（原始凭证：固定资产折旧计算表、银行付款凭证、固定资产验收单）。

甲公司有关会计处理如下。

①2017 年 1 月 1 日至 2018 年 12 月 31 日，两年间，即固定资产后续支出发生前。

应计折旧额＝500 000×（1－4%）＝480 000（元）

年折旧额＝480 000÷6＝80 000（元）

各年计提固定资产折旧的会计分录如下。

借：制造费用　　　　　　　　　　　　　　　　　　　　80 000

　　贷：累计折旧　　　　　　　　　　　　　　　　　　　　80 000

②2019 年 1 月 1 日，固定资产的账面价值＝500 000－（80 000×2）＝340 000 元。固定资产转入改扩建。

借：在建工程　　　　　　　　　　　　　　　　　　　　340 000

　　累计折旧　　　　　　　　　　　　　　　　　　　　160 000

　　贷：固定资产　　　　　　　　　　　　　　　　　　　　500 000

③2019 年 1 月 1 日至 3 月 31 日，发生改扩建工程支出 260 000 元。假设不考虑税费。

借：在建工程　　　　　　　　　　　　　　　　　　　　260 000

　　贷：银行存款　　　　　　　　　　　　　　　　　　　　260 000

④2019 年 3 月 31 日，生产线改扩建工程达到预定可使用状态，固定资产入账价值＝340 000＋260 000＝600 000＜800 000（元）

借：固定资产　　　　　　　　　　　　　　　　　　　　600 000

　　贷：在建工程　　　　　　　　　　　　　　　　　　　　600 000

⑤2019 年 3 月 31 日，转为固定资产后，按重新确定的使用寿命，预计净残值和折旧方法计提折旧。

应计折旧额＝600 000×（1－4%）＝576 000（元）

月折旧额＝576 000÷（7×12＋9）＝6 193.55（元）

年折旧额＝6 193.55×12＝74 322.6（元）

2019 年应提的折旧额 6 193.55×9＝55 761.95（元）

会计分录如下。

借：制造费用　　　　　　　　　　　　　　　　　　　　55 741.95

　　贷：累计折旧　　　　　　　　　　　　　　　　　　　　55 741.95

（二）费用化的后续支出的核算

1. 账户

（1）"管理费用"账户。

（2）"销售费用"账户。

账户的知识点：①性质；②作用；③结构。

2. 核算

借：管理费用/销售费用等

　　贷：银行存款/应付职工薪酬等

任务五　固定资产减值

一、固定资产减值的概述

（一）固定资产减值的确认

（1）定义：固定资产减值是指固定资产发生损坏、技术陈旧或者其他经济原因，导致其可收回金额低于其账面价值。

（2）判断减值的迹象有以下 7 点。

①固定资产的市价当期大幅度下跌，其跌幅明显高于因时间的推移或者正常使用而预计的下跌。

②企业经营所处的经济、技术或者法律等环境及固定资产所处的市场在当期或者将在近期发生重大变化，从而对企业产生不利影响。

③市场利率或者其他市场投资报酬率在当期已经提高，从而影响企业计算固定资产预计未来现金流量现值的折现率，导致资产可收回金额大幅度降低。

④有证据表明资产已经陈旧过时或者其实体已经损坏。

⑤固定资产已经或者将被闲置、终止使用或者计划提前处置。

⑥企业内部报告的证据表明固定资产的经济绩效已经低于或者将低于预期，如固定资产所创造的净现金流量或者实现的营业利润（或亏损）远远低于（或高于）预计金额等。

⑦其他表明资产可能发生减值的迹象。

（二）固定资产可收回金额的计量

（1）固定资产可收回金额：固定资产公允价值减去处置费用后的净额与固定资产预计未来现金流量的现值两者之间较高者确定。

（2）处置费用：包括与资产处置有关的法律费用，相关税费、搬运费及为使资产达到可销售状态所发生的直接费用等。

二、固定资产减值的核算

1. 账户设置

"固定资产减值准备"账户的知识点：①性质；②作用；③结构。

2. 核算

企业发生固定资产减值时的分录如下。

借：资产减值损失——计提固定资产减值准备

　　贷：固定资产减值准备

【案例 5-5-1】甲企业于 2014 年 12 月 31 日购入 TL 机器设备一台，入账价值为 150 000 元，增值税进项税额 19 500 元，预计使用 8 年，假设净残值为 0，货款以银行存款支付。2017 年月 12 月 31 日，因同类产品生产技术发生较大变化，导致该固定资产发生减值，估计

可收回金额为 50 000 元。该企业采用年限平均法计提折旧。（原始凭证：①增值税专用发票 ②固定资产验收单 ③银行付款凭证 ④折旧计算表 ⑤资产减值损失计提表）

有关会计处理如下：

（1）2014 年 12 月 31 日购入时：

借：固定资产—生产经营用固定资产	150 000	
应交税费—应交增值税（进项税额）	19 500	
贷：银行存款		169 500

（2）2015 年、2016 年、2017 年 12 月 31 日计提折旧时：

借：制造费用	18 750	
贷：累计折旧		18 750

（3）2017 年 12 月 31 日应计提固定资产减值 43 750 元（150 000－18 750×3－50 000）：

借：资产减值损失	43 750	
贷：固定资产减值准备		43 750

（4）2018 年后，每年折旧额为 10 000 元（50 000÷5）：

借：制造费用	10 000	
贷：累计折旧		10 000

任务六　固定资产处置

一、固定资产处置的概述

固定资产处置是指固定资产因出售、转让、报废、毁损资产等原因退出企业生产经营过程所做的处理活动。

二、固定资产处置的核算

（一）账户设置

"固定资产清理"账户的知识点：①性质；②作用；③结构。

（二）固定资产处置的账务处理

（1）注销固定资产原价及累计折旧。

借：固定资产清理
　　累计折旧
　　贷：固定资产

（2）支付处置费用。

借：固定资产清理
　　应交税费—应交增值税（进项税额）
　　贷：银行存款

（3）赔偿。

借：其他应收款

　　贷：固定资产清理

（4）出售或残值。

借：银行存款/原材料

　　贷：固定资产清理

　　　　应交税费——应交增值税（销项税额）

（5）结转处置固定资产净损益：固定资产清理净损益，依据固定资产处置方式不同，分别适用不同处理方法。

A、因已丧失使用功能，或因自然灾害发生毁损等而报废清理产生的利得或损失，属于生产经营正常报废清理，应计入营业外收支

净损失：

借：营业外支出—非流动资产处置损失（正常报废）

　　　　　　　—非常损失　　　　（自然灾害）

　　贷：固定资产清理

净收益：

借：固定资产清理

　　贷：营业外收入—非流动资产处置利得

B、因出售、转让原因造成的固定资产处置利得和损失应计入固定资产处置收益

净损失：

借：资产处置损益

　　贷：固定资产清理净收益

借：固定资产清理

　　贷：资产处置损益

【案例 5-6-1】甲公司 2019 年 8 月，将长期闲置的一套 TA 生产用设备出售，出售的价款为 1 000 000 元，增值税为 130 000 元，该设备原价为 1 200 000 元，已计提折旧为 300 000 元，出售前，公司对设备进行了适当维修，以银行存款支付维修费用为 5 000 元，增值税 650 元。（原始凭证：固定资产处置报告单、维修增值税发票、出售增值税专用发票、银行付款凭证、银行收账通知）。

甲公司会计处理如下。

①注销固定资产原价及累计折旧。

借：固定资产清理	900 000	
累计折旧	300 000	
贷：固定资产		1 200 000

②支付维护修理费用。

借：固定资产清理	5 000	
应交税费—应交增值税（进项税额）	650	
贷：银行存款		5 650

③收到出售价款。

借：银行存款	1 130 000	
贷：固定资产清理		1 000 000

| | 应交税费——应交增值税（销项税额） | 130 000 |

④结转出售固定资产实现的利得。

出售固定资产实现利得＝1 000 000－900 000－5 000＝95 000（元）

借：固定资产清理　　　　　　　　　　　　　　　　　95 000

　　贷：资产处置损益　　　　　　　　　　　　　　　　　　　95 000

【案例5-6-2】甲公司2019年8月，一台设备使用期已满，继续使用经济上不合算，经批准报废。该设备原价300 000元，累计折旧285 000元，报废时支付拆卸费用15 000元，增值税900元，残料价值2 000元，验收入库，作为材料使用。（原始凭证：①固定资产处置报告单　②拆卸费用发票③材料验收单）

甲公司会计处理如下：

（1）注销报废设备原价及累计折旧：

借：固定资产清理　　　　　　　　　　　　　　　　　15 000

　　累计折旧　　　　　　　　　　　　　　　　　　　285 000

　　　贷：固定资产　　　　　　　　　　　　　　　　　　　300 000

（2）支付拆卸费用

借：固定资产清理　　　　　　　　　　　　　　　　　15 000

　　应交税费—应交增值税（进项税额）　　　　　　　　　900

　　　贷：银行存款　　　　　　　　　　　　　　　　　　　15 900

（3）残料估价入账

借：原材料　　　　　　　　　　　　　　　　　　　　2 000

　　　贷：固定资产清理　　　　　　　　　　　　　　　　　　2 000

（4）结转报废固定资产净损失

借：营业外支出—非流动资产处置损失　　　　　　　　28 000

　　　贷：固定资产清理　　　　　　　　　　　　　　　　　　28 000

任务七　固定资产清查

一、固定资产清查的概述

1. 盘盈：实际数比账存数大，称为固定资产盘盈。

2. 盘亏：实际存在数比账存数小，称为固定资产盘亏。

二、固定资产清查核算

（一）盘盈固定资产的核算

1. 账户设置

"以前年度损益调整"账户的知识点：①性质；②作用；③结构。

2. 盘盈固定资产的账务处理

（1）审批前。

借：固定资产 （重置净价值）

应交税费——应交增值税（进项税额）

贷：以前年度损益调整

（3）审批后。

借：以前年度损益调整

贷：盈余公积——法定盈余公积 （10%）

利润分配——未分配利润 （90%）

【案例 5-7-1】甲公司于 2019 年 8 月 30 日对企业全部固定资产进行盘点，发现盘盈一台六成新机器设备。该机器市场同类产品价格为 80 000 元，增值税税率为 13%，法定盈余公积计提比例为 10%（原始凭证：固定资产清查报告单）。

甲公司编制会计账务处理如下。

①审批前。

借：固定资产 48 000

应交税费——应交增值税（进项税额） 6 240

贷：以前年度损益调整 54 240

②审批后。

借：以前年度损益调整 54 240

贷：盈余公积——法定盈余公积 5 424

利润分配——未分配利润 48 816

（二）固定资产盘亏

1. 账户设置

"待处理财产损益"账户的知识点：①性质；②作用；③结构。

2. 盘亏固定资产账务处理

（1）盘亏固定资产时。

借：待处理财产损益——待处理固定资产损益

累计折旧

贷：固定资产

应交税费——应交增值税（进项税额转出） （净值部分应分摊的进项税额）

（2）报经批准处理时。

借：营业外支出

贷：待处理财产损益——待处理固定资产损益

实训练习

练习题 5-1 单项选择题

（一）要求：将正确答案填入下列各题括号内。

（二）题目。

1. 投资者投入的固定资产，应在办理固定资产移交手续之后，按（ ）作为固

定资产入账价值。

 A. 历史成本   B. 重置成本

 C. 投资合同或协议约定的价值   D. 可变现净值

2. 盘盈固定资产，应按（   ）确定其入账价值。

 A. 历史成本   B. 重置成本

 C. 投资合同或协议约定的价值   D. 可变现净值

3. 固定资产盘盈时，应通过（   ）科目进行核算。

 A. 制造费用   B. 管理费用

 C. 营业外收入   D. 以前年度损益调整

4. 甲公司在用固定资产原值 2019 年 2 月 28 日为 200 万元，3 月 5 日增加为 100 万元，3 月 20 日减少 80 万元，3 月 25 日减少 30 万元。3 月底计算成本时，提取折旧的固定资产原值为（   ）万元。

 A. 200   B. 300   C. 100   D. 120

5. 甲企业为增值税一般纳税人购入设备一台，支付买价 30 万元，增值税 3.9 万，运杂费 3 000 元，途中保险费 1 000 元，包装费 2 000 元，发生安装调试费 4 000 元，则该固定资产原值为（   ）万元。

 A. 30   B. 30.5   C. 30.6   D. 31

6. 甲公司有两辆小汽车，原值分别为 15 万元和 10 万元，年个别折旧率分别为 10% 和 8%，则该公司小汽车的年分类折旧率为（   ）。

 A. 10%   B. 8%   C. 9%   D. 9.2%

7. 甲企业购入一台需要安装的生产用设备，取得的增值税专用发票注明：设备买价为 40 000 元，增值税为 5 200 元。支付运输费 1 200 元，增值税为 108 元，设备安装时领用材料价值为 1 000 元，该种材料购进所支付的增值税为 130 元，支付设备安装费为 200 元。该固定资产的原价为（   ）元。

 A. 41 400   B. 42 400   C. 49 370   D. 49 200

8. 甲企业将一闲置固定资产清理出售，该设备的账面原价为 200 000 元，累计折旧 40 000 元，发生清理费用 2 000 元，出售收入为 198 000 元，增值税 25 740 元，该设备的清理净收入是（   ）元。

 A. 198 000   B. 38 000   C. 36 000   D. 26 100

9. 固定资产扩改建工程如果符合资本化条件，应通过（   ）科目核算。

 A. 制造费用   B. 管理费用

 C. 固定资产清理   D. 在建工程

10. 下列不属于固定资产复核范围的有（   ）。

 A. 固定资产使用寿命   B. 固定资产预计净残值

 C. 固定资产折旧方法   D. 固定资产单位时间作业量

11. 企业因出售、报废、毁损等原因转入清理的固定资产净值应计入（   ）科目。

 A. 营业外支出   B. 管理费用

 C. 资本公积   D. 固定资产清理

12. 固定资产因出售、转让原因造成的固定资产处置利得和损失应计入（   ）科目。

A. 资产处置损益   B. 管理费用

C. 营业外收入   D. 营业外支出

13. 在固定资产的使用后期，如果发现采用双倍余额递减法计算的折旧额小于采用直线法计算的折旧额，就应改用（   ）计提折旧。

A. 直线法   B. 工作量法

C. 年数总和法   D. 余额法

14. 在实际工作中，每月应计提的折旧额，一般是根据固定资产（   ）乘以月折旧率计算得到。

A. 净值   B. 原值   C. 重置价值   D. 公允价

15. 以一笔款项购入多项没有单独标价的固定资产时，应当按照各项固定资产（   ）的比例对总成本进行分配，分别确定各项固定资产的成本。

A. 公允价值   B. 协议价   C. 成本价   D. 重置价值

练习题 5-2   多项选择题

（一）要求：将正确答案填入下列各题括号内。

（二）题目。

1. 按照固定资产经济用途不同，固定资产可分为（   ）。

A. 生产经营用固定资产   B. 非生产经营用固定资产

C. 使用中的固定资产   D. 未使用的固定资产

2. 固定资产计价主要有以下（   ）方法。

A. 原始价值   B. 净值   C. 重置价值   D. 公允价值

3. 企业购置固定资产，可计入固定资产原值的价值有（   ）。

A. 买价   B. 运费与装卸费   C. 安装费   D. 利息支出

4. "固定资产清理"科目借方核算的内容包括（   ）。

A. 发生的清理费用   B. 结转固定资产清理净收益

C. 结转固定资产净损失   D. 转入清理固定资产的净值

5. 下列各项业务中，应通过"固定资产清理"科目核算的有（   ）。

A. 出售固定资产   B. 盘盈的固定资产

C. 盘亏的固定资产   D. 报废的固定资产

6. 固定资产的特征有（   ）。

A. 单位价值较高

B. 使用寿命超过一个会计期间

C. 能够为企业带来经济利益

D. 为生产商品、提供劳务或经营管理而持有

7. 下列各项中，可以调整已入账的固定资产原价的有（   ）。

A. 根据国家规定对固定资产重新估价   B. 增加补充设备或改良装置

C. 将固定资产的一部分拆除   D. 发现原记固定资产价值有错误

8. 由于固定资产在生产经营过程中服务的领域和作用不同，提取的固定资产折旧可能计入（   ）科目。

A. 制造费用   B. 销售费用

C. 管理费用   D. 营业外支出

9. 影响固定资产折旧的主要因素有（　　）。

    A. 固定资产的使用年限　　　　　　　　B. 固定资产的折旧年限

    C. 固定资产的净残值　　　　　　　　　D. 固定资产的原值

10. 企业取得不动产时，下列分录可发生的（　　）。

    A. 借：固定资产

           应交税费——应交增值税（进项税额）

        贷：银行存款

    B. 借：在建工程

           应交税费——应交增值税（进项税额）

        贷：银行存款

    C. 借：固定资产

        贷：在建工程

    D. 借：固定资产

           应交税费——应交增值税（进项税额）

           应交税费——待抵扣进项税——新增不动产进项税额

        贷：银行存款

11. 投资者投入企业的固定资产，可涉及的账户有（　　）。

    A. 固定资产　　　　　　　　　　　　　B. 资本公积

    C. 盈余公积　　　　　　　　　　　　　D. 实收资本

12. 企业确定固定资产使用寿命，应当考虑下列三个因素（　　）。

    A. 预计生产能力或实物产量　　　　　　B. 净残值

    C. 法律对资产使用的限制　　　　　　　D. 预计有形损耗和无形损耗

13. 企业除下列情况外，应当对所有固定资产计提折旧（　　）。

    A. 已提足折旧仍继续使用的固定资产

    B. 单独估价入账的土地

    C. 已达到预定可使用状态的固定资产

    D. 处于修理、更新改造过程而停止使用的固定资产，符合固定资产确认条件的

14. 当月固定资产折旧额与下列哪些因素有关（　　）。

    A. 上月固定资产折旧额　　　　　　　　B. 上月增加固定资产折旧额

    C. 上月减少固定资产折旧额　　　　　　D. 本月增加固定资产折旧额

15. 资本化后续支出应符合的条件是（　　）。

    A. 延长固定资产的使用寿命

    B. 提高固定资产的生产能力

    C. 提高企业产品的价格竞争力

    D. 大大提高其生产产品的精确度，实现了企业产品的更新换代

练习题 5-3　判断题

（一）要求：在括号处将正确答案打√，错误的答案打×。

（二）题目。

（　　）1. 固定资产发生的可资本化的后续支出，在固定资产完工并达到预定可使

用状态时，应在后续支出资本化后的固定资产账面价值不超过其可回收金额范围内，从"在建工程"账户转入"固定资产"账户。

（　　）2. 盘盈固定资产应当按原账面价值确定其入账价值。

（　　）3. 企业经营租出的固定资产，其应提的折旧额应计入销售费用。

（　　）4. 由于自然灾害造成的固定资产损失收到保险公司的赔偿款，应计入"固定资产清理"科目。

（　　）5. 对固定资产进行改扩建发生的支出，一般直接计入当期损益。

（　　）6. 对后续支出处理，看其对未来能否产生经济利益，对未来产生经济利益的，可以资本化，否则费用化。

（　　）7. 固定资产可收回金额应当根据固定资产公允价值减去处置费用后的净额与固定资产预计未来现金流量的现值两者之间较高者确定。

（　　）8. 固定资产减值损失一经确认，在以后会计期间不得转回。

（　　）9. 为了简化核算手续，对月份内投入使用的固定资产，当月不提折旧，从次月开始计提；对月份内退出的固定资产，当月停提折旧。

（　　）10. 将固定资产后续支出资本化时，后续支出的计入，不应导致计入后的固定资产账面价值超过其可收回金额。

（　　）11. 企业因固定资产减值准备而调整固定资产折旧额时，对此前已计提的累计折旧不做调整。

（　　）12. 固定资产处置是指固定资产因出售、报废、毁损、捐赠、投资、盘亏等原因退出企业生产经营过程所做的处理活动。

（　　）13. 根据税法，一般纳税人购入的货物和提供的服务，用于新建不动产，其进项税额分2年从销项税额抵扣，第一年抵扣60%，第二年抵扣40%（即从第13个月开始）。

（　　）14. 固定资产使用寿命、预计净残值和折旧方法的改变应当作为会计估计变更处理。

（　　）15. 企业应当根据与固定资产有关的经济利益的预期实现方式，合理选择固定资产折旧的计算方法，对各项固定资产折旧进行计算。

实训题 5-1　固定资产取得的核算

（一）目的：掌握固定资产取得的核算。

（二）资料。

甲公司为增值税一般纳税人，增值税税率13%，2019年发生下列4个经济业务。

1. 1月2日，国家拨入新厂房一栋，已交付使用，该厂房造价为1 000 000元，增值税为90 000元，作为国家对企业的投资予以入账。

2. 2月10日，从外地某厂购进设备一台，价款为60 000元，增值税为7 800元，运杂费为1 000元，增值税为90元，款项以三个月到期的商业汇票支付，设备运到经验收合格，交生产部门使用。

3. 3月20日从外地某公司购进机床一台，价款为300 000元，增值税为39 000元，包装费为800元，增值税为48元，运杂费为1 200元，增值税为108元，款项以银行汇票支付，机床运输到，交付安装。

21日，安装工人从仓库领用各种安装材料，计价款为4 000元，增值税为520元。

31日，将安装人员工资为 3 000 元，转入安装成本。

31日，机床安装完毕，达到可使用状态，经调试合格，交付使用，予以转账。

4．甲公司 7 月自行建造一栋厂房。

（1）7 月 1 日购入工程物资一批，价款为 600 000 元，进项税额为 78 000 元，运杂费为 20 000 元，为增值税 1 800 元，款项以银行存款支付。

（2）工程先后领用工程物资为 570 000 元。

（3）领用生产用材料一批，账面余额为 100 000 元，购该批材料时，支付的增值税进项税额为 13 000 元。

（4）辅助车间为工程提供劳务支出为 70 000 元；计提工程人员工资为 140 000 元；工程人员福利费为 20 000 元。

（5）12 月 30 日，工程达到预定可使用状态，并交付使用（假设不考虑其他税费）。

（6）剩余工程物资转为公司的存货。

（三）要求：根据以上资料，编制会计分录。

1.
2.
3.
4.
（1）
（2）
（3）
（4）
（5）
（6）

实训题 5-2　固定资产折旧的核算

（一）目的：掌握固定资产折旧核算。

（二）资料。

甲公司 2019 年有关固定资产折旧资料如下。

1. 2019 年 8 月 28 日，为生产购进专用设备一台，原价为 500 000 元，预计使用 5 年，预计净残值为 20 000 元。

2. 2019 年 9 月 30 日，购入一辆汽车，原价为 200 000 元，预计净残值为 5 000 元，预计行驶里程为 300 000 公里，投入使用后第一个月行驶为 4 000 公里。

3. 2019 年 9 月折旧额：生产车间为 42 000 元，厂部为 11 000 元，9 月生产车间购入一台设备，原价为 250 000 元，月折旧率为 0.8%；10 月厂部管理部门报废专用工具一件，原价为 50 000 元，月折旧率为 0.5%。

（三）要求。

1. 根据资料 1 分别采用年限平均法、双倍余额递减法、年数总和法，计算该设备各年折旧额。

2. 根据资料 2 用工作量法，计算第一个月折旧额。

3. 根据资料 3 计算 10 月折旧额，并做分录。

解答：

1.

（1）年限平均法各年折旧额。

（2）双倍余额递减法各年折旧额。

第 1 年：

第 2 年：

第 3 年：

第 4 年：

第 5 年：

（3）年数总和法各年折旧额。

第 1 年：

第 2 年：

第 3 年：

第 4 年：

第 5 年：

2. 工作量法

（1）单位里程折旧额：

（2）本月折旧额：

3.

（1）10 月生产车间折旧额：

（2）10 月计提折旧分录：

实训题 5-3 固定资产后续支出的核算

（一）目的： 掌握固定资产后续支出核算。

（二）资料。

甲公司 2019 年发生下列经济业务。

1. 公司自有的机制生产线，原价为 800 000 元，已提折旧为 360 000 元，2019 年 10 月 1 日至 12 月 31 日，经过了 3 个月的改扩建，完成了对这条生产线的改扩建工程，其发生支出为 250 000 元，全部以银行存款支付。该生产线改扩建工程达到预定可使用状态后，大大提高了生产能力。预计可收回金额为 700 000 元（不考虑其他相关税费）。

2. 2019 年 11 月 10 日，公司对现有的一台生产用设备进行维护，修理过程中领用本企业原材料一批，计 64 000 元，增值税为 8 320 元，支付维修人员工资为 16 000 元。

3. 2019 年 12 月 1 日，公司对所属一家商场进行装修，原价 3 000 000 元，已折旧 1 200 000 元。净残值率 5%。领用生产用原材料为 60 000 元，该批原材料增值税进项税额为 7 800 元，发生有关人员工资为 40 000 元。2019 年 12 月 31 日商场装修完工，达到预定可使用状态交付使用。公司预计下次装修时间为 2025 年 12 月，假定该商场装修支出符合后续支出资本化条件，该商场预计尚可使用 8 年，装修形成的固定资产预计净残值 4 000 元，采用直线法折旧（不考虑其他因素）。

（三）要求： 根据资料编制会计分录。

解答：

1. 生产线的改扩建工程
(1) 2019 年 10 月 1 日转入改扩

(2) 2019 年 10 月 1 日至 12 月 31 日发生改扩支出

(3) 2019 年 12 月 31 日改扩完工

2. 设备维护支出核算

3. 商场装修
(1) 转入装修：

(2) 12 月发生装修支出

(3) 2019 年 12 月 31 日达到预定可使用状态交付使用

(4) 直线法折旧

实训题 5-4　固定资产处置的核算

（一）目的：掌握固定资产处置核算。

（二）资料。

甲企业 2019 年 8～9 月发生下列固定资产处置业务。

1. 8 月企业出售一台设备，原价为 680 000 元，已提折旧为 200 000 元，已提减值 100 000 元；银行存款支付清理费用为 6 500 元，增值税 390 元；出售收入为 450 000 元，增值税为 58 500 元，收到存入银行。

2. 9 月企业报废超龄使用的设备一台，原价为 90 000 元，预计残值收入为 8 000 元，预计清理费用为 4 000 元。报废时以银行存款支付清理费用为 8 000 元，增值税为 480 元，残值估价为 10 000 元，验收入库。

3. 10 月，企业因自然灾害毁损办公楼一栋，原价为 500 000 元，已提折旧为 200 000 元，发生清理费用为 20 000 元，其增值税 1 200 元，以银行存款支付，残料变价收入为 10 000 元，增值税为 900 元，收到存入银行。收到保险公司赔款 150 000 元，存入银行。

（三）要求：根据以上资料编制会计分录。

答案：

---

1. 出售设备：

（1）

（2）

（3）

（4）

（5）

2. 报废超龄使用的设备：

（1）

（2）

（3）

（4）

3. 自然灾害毁损办公楼：

（1）

（2）

（3）

（4）

（5）

实训题 5-5　固定资产综合实务（不定项选择）

（一）目的： 掌握固定资产综合核算

（二）资料：

甲公司为增值税一般纳税人，与固定资产相关的资料如下：

（1）2017 年 3 月 5 日，甲公司开始建造一条生产线，为建造该生产线领用自产产品 100 万元，这部分自产产品的市场售价为 200 万元，同时领用以前外购的原材料一批，该批原材料的实际购入成本为 50 万元，购入时的增值税为 8 万元，领用时该批原材料市价为 100 万元。

（2）2017 年 3 月至 6 月，应付建造该条生产线的工程人员的工资 40 万元，用银行存款支付其他费用 10 万元。

（3）2017 年 6 月 30 日，该条生产线达到预定使用状态。该条生产线的预计使用年限为 5 年，预计净残值为 0，采用双倍余额递减法计提折旧。

（4）2019 年 6 月 30 日，甲公司对该生产线的某一重要部件进行更换，合计发生支出 100 万元，（改造支出符合准则规定的固定资产确认条件），已知该部件的账面原值为 80 万元，被替换部件的变价收入为 10 万，2019 年 10 月 31 日，达到预定可使用状态，更新改造后的生产线预计使用年限和计提折旧的方法并未发生改变，预计净残值为零。

（三）要求：

根据上述资料，不考虑其他条件，回答下列问题。

（1）下列固定资产中，需要计提折旧的是（　　　）。

A. 经营租出的机器设备　　　　　　　B. 单独估价入账的土地

C. 融资租入的生产设备　　　　　　　D. 闲置不用的厂房

（2）根据事项（1），关于领用自产产品用于在建工程的相关说法中，正确的是（　　　）。

A. 应计入在建工程的金额为 200 万元　　B. 应计入在建工程的金额为 100 万元

C. 应计入在建工程的金额为 234 万元　　D. 应计入在建工程的金额为 117 万元

（3）根据事项（1），关于领用外购的材料用于在建工程的相关说法中，正确的是（　　　）。

A. 应计入在建工程的金额为 50 万元　　B. 应计入在建工程的金额为 58 万元

C. 应计入在建工程的金额为 42 万元　　D. 应计入在建工程的金额为 100 万元

（4）根据事项（1）—（3），该条生产线的入账价值为（　　　）万元。

A. 217　　　　　B. 200　　　　　C. 225.5　　　　　D. 334

（5）该条生产线在更换重要部件后，重新达到预定使用状态时的入账价值为（　　　）万元。

A. 153.2　　　　B. 123.2　　　　C. 138.2　　　　D. 143.2

项目六　无形资产、投资性房地产及其他资产

● 本项目知识结构图 ●

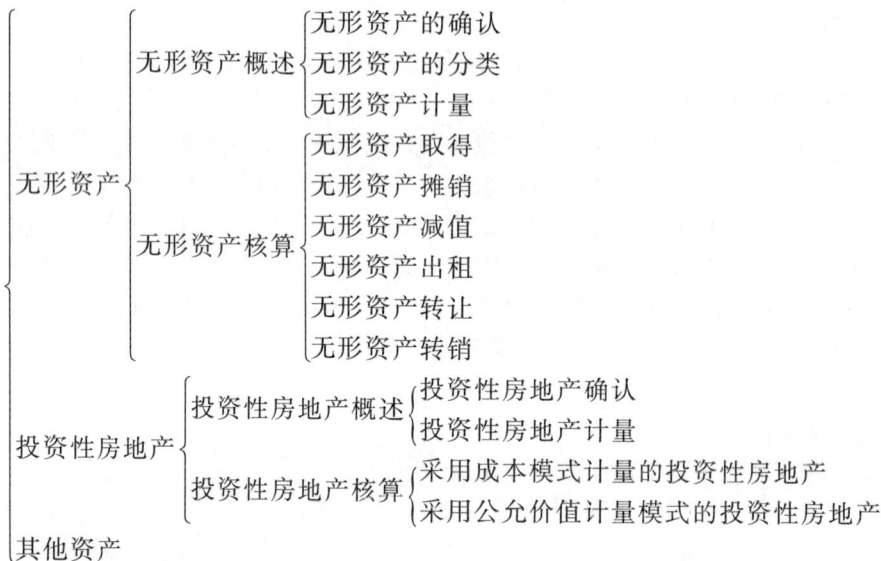

无形资产
- 无形资产概述
  - 无形资产的确认
  - 无形资产的分类
  - 无形资产计量
- 无形资产核算
  - 无形资产取得
  - 无形资产摊销
  - 无形资产减值
  - 无形资产出租
  - 无形资产转让
  - 无形资产转销

投资性房地产
- 投资性房地产概述
  - 投资性房地产确认
  - 投资性房地产计量
- 投资性房地产核算
  - 采用成本模式计量的投资性房地产
  - 采用公允价值计量模式的投资性房地产

其他资产

● 本项目重点、难点分析 ●

任务一　无形资产

一、无形资产概述

（一）无形资产确认

1. 无形资产的概念及特征

（1）概念：无形资产是指企业拥有或控制的没有实物形态的可辨认非货币性资产。

（2）特征：

①不具有实物形态。

②具有可辨认性。

第一，能够从企业中分离或者划分出来，并能够单独或者与相关合同、资产或负债一起，用于出售、转移、授予许可、租赁或者交换。

第二，源自合同性权利或者其他法定权利，无论这些权利是否可以从企业或其他

权利和义务中转移或者分离。

③属于非货币性长期资产。

2. 无形资产的确认条件

(1) 与该无形资产有关的经济利益很可能流入企业。

(2) 该无形资产成本能够可靠地计量。

(二) 无形资产的分类

1. 按照无形资产内容分类

(1) 专利权。专利权是一种有期限的财产权，保护期满，专利权自动终止。根据我国《专利法》规定，发明专利权有效期为 20 年，实用新型专利权和外观设计专利权有效期为 10 年。

(2) 非专利技术。非专利技术主要包括工业专有技术、商业 (贸易) 专有技术、管理专有技术三个方面的内容。

(3) 商标权。商标权的内容包括独占权和禁止权两个方面。商标权的有效期为 10 年，可以续展。一次续展 10 年，可无限制续展。

(4) 特许权。一般有两种形式，一是由政府机构授权；二是通过企业间签订合同授权。

(5) 著作权。这种专有权除法律另有规定者外，未经著作人许可或转让，他人不得占有和行使。

(6) 土地使用权。我国土地归国家所有，任何单位和个人只能拥有土地使用权，没有土地所有权。

商誉是企业合并成本大于合并取得被购买方各项可辨认资产负债公允价值份额的差额，其存在无法与企业自身分离，不具有可辨认性，不能确认为无形资产。

2. 按照无形资产使用期限分类

(1) 使用寿命有限的无形资产：如专利权、商标权、土地使用权等。

(2) 使用寿命无法预见的无形资产：对这些无形资产只要企业愿意，就可以无限期地使用下去，除非经济价值因故消逝，如非专利技术等。

(三) 无形资产计量

无形资产应当按照取得时成本进行初始计量。取得的实际成本应按以下规定确定。

(1) 外购无形资产：成本包括购买价款、相关税费、直接归属于使该项资产达到预定用途所发生的其他支出。

(2) 投资者投入的无形资产：应当按投资合同或协议约定的价值确定。

(3) 接受捐赠的无形资产：应按以下规定确定其实际成本。

第一，捐赠方提供了有关凭据的，按凭据上标明的金额加上应支付的相关税费，作为实际成本。

第二，捐赠方没有提供有关凭据的。

①同类或类似无形资产存在活跃市场的，按同类或类似无形资产的市场价格估计的金额，加上应支付的相关税费，作为实际成本。

②同类或类似无形资产不存在活跃市场的，按该接受捐赠的无形资产的预计未来现金流量的现值，作为实际成本。

(4) 企业自行开发无形资产：成本的确定应当区分研究阶段支出与开发阶段支出。

①研究阶段：费用化，应当于发生时计入当期损益。

②开发阶段：

第一，满足资本化条件的资本化。一是完成该无形资产以使其能够使用或出售，在技术上具有可行性。二是具有完成该无形资产并使用或出售的意图。三是无形资产产生经济利益的方式，包括能够证明运用该无形资产生产的产品存在市场或无形资产自身存在市场，无形资产将在内部使用的，应当证明其有用性。四是有足够的技术、财务资源和其他资源支持，以完成该无形资产的开发，并有能力使用或出售该无形资产。五是归属于该无形资产开发阶段的支出能够可靠的计量。无法区分研究阶段和开发阶段支出，应当将其所发生的研发支出全部费用化。

第二，不满足资本化条件的：费用化，计入当期损益。

二、无形资产核算

（一）无形资产的取得

1. 购入无形资产

借：无形资产——专利权

　　应交税费——应交增值税（进项税额）

　　贷：银行存款

2. 投资者投入无形资产

借：无形资产——非专利技术投资

　　应交税费——应交增值税（进项税额）

　　贷：股本

　　　　资本公积

3. 企业自行研发的无形资产

（1）账户设置。

"研发支出"账户的知识点：①性质；②作用；③结构。

分别按"费用化支出"与"资本化支出"进行明细核算。

（2）账务处理。

发生的研发支出。

借：研发支出——费用化支出

　　　　　　——资本化支出

　　应交税费——应交增值税（进项税额）

　　贷：银行存款

　　　　原材料

　　　　应付职工薪酬——工资、奖金、津贴、补贴

期末，结转费用化支出。

借：管理费用

　　贷：研发支出——费用化支出

研发成功，达预定用途。

借：无形资产

贷：研发支出——资本化支出

【案例 6-1-1】 甲企业自行研究开发一项技术，截至 2018 年 12 月 31 日，发生研发支出合计 1 500 000 元，经测试该项研发活动完成了研究阶段，款均通过银行支付。从 2019 年 1 月 1 日起，开始进入开发阶段。2019 年发生开发支出为 300 000 元，材料费用 140 000 元，人工费用为 100 000 元，其他用银行支付费用为 60 000 元。假定开发支出符合资本化条件。2019 年 7 月 1 日，该项研发活动结束，最终开发出一项非专利技术（原始凭证：研发费用计算表、银行付款凭证）。

账务处理如下。

①2018 年发生的研发支出。

借：研发支出——费用化支出　　　　　　　　　　　　　　　　　1 500 000
　　贷：银行存款　　　　　　　　　　　　　　　　　　　　　　　　　1 500 000

②2018 年 12 月 31 日，发生的研发支出全部属于研究阶段的支出。

借：管理费用　　　　　　　　　　　　　　　　　　　　　　　　　1 500 000
　　贷：研发支出——费用化支出　　　　　　　　　　　　　　　　　　1 500 000

③2019 年，发生开发支出并满足资本化确认条件。

借：研发支出——资本化支出　　　　　　　　　　　　　　　　　　　300 000
　　应交税费－应交增值税（进项税额）　　　　　　　　　　　　　　　　3 600
　　贷：原材料　　　　　　　　　　　　　　　　　　　　　　　　　　　140 000
　　　　应付职工薪酬——短期薪酬——应付工资　　　　　　　　　　　　100 000
　　　　银行存款　　　　　　　　　　　　　　　　　　　　　　　　　　63 600

④2019 年 7 月 1 日，该技术研发完成并形成无形资产。

借：无形资产　　　　　　　　　　　　　　　　　　　　　　　　　　300 000
　　贷：研发支出——资本化支出　　　　　　　　　　　　　　　　　　　300 000

（二）无形资产的摊销

1. 无形资产摊销概述

（1）寿命的确定与复核。

使用寿命有限的无形资产应进行摊销，通常其残值视为零。

使用寿命不确定的无形资产不应摊销。

（2）摊销期限确定。

当月增加的无形资产，当月摊销，当月减少的无形资产，当月不再摊销。

企业应当按月对无形资产进行摊销。

（3）摊销方法选择。

无形资产摊销的方法包括直线法、生产总量法等。企业选择的无形资产的摊销方法，应当反映与该项无形资产有关的经济利益的预期实现方式。无法可靠确定预期实现方式的，应当采用直线法摊销。即将应摊销的金额在使用寿命期内平均分摊的方法。

2. 无形资产摊销的核算

（1）账户设置。

"累计摊销"账户的知识点：①性质；②作用；③结构。

（2）账务处理。

借：管理费用（企业一般用）

　　制造费用（产品生产用）

　　其他业务成本（出租）

　　贷：累计摊销

（三）无形资产的减值

1. 减值的确定

无形资产在资产负债表日其可收回金额低于账面价值的，应当将该无形资产的账面价值减记至可收回金额，减记的金额确认为减值损失，计入当期损益，同时计提相应的无形资产减值准备。

无形资产减值损失一经确认，在以后会计期间不得转回。

2. 账务处理

借：资产减值损失——计提的无形资产减值准备

　　贷：无形资产减值准备

（四）无形资产的转让

借：银行存款

　　累计摊销

　　无形资产减值准备

　　贷：无形资产

　　　　应交税费——应交增值税（销项税额）

　　　　营业外收入（或借营业外支出）

【案例6-1-2】甲企业2019年8月，将拥有的一项专利权出售，取得不含税收入为160 000元，增值税为9 600元，全部款项存入银行。该专利权账面金额为180 000元，累计摊销为40 000元，已计提减值准备为10 000元（原始凭证：增值税专用发票、银行收账通知、无形资产处置表）。

账务处理如下。

借：银行存款 169 600

　　累计摊销 40 000

　　无形资产减值准备 10 000

　　贷：无形资产 180 000

　　　　应交税费——应交增值税（销项税额） 9 600

　　　　营业外收入 30 000

（五）无形资产的转销

1. 确认：如果无形资产预期不能为企业带来经济利益时，企业应将该无形资产的账面价值予以转销，计入当期损益。

2. 无法带来经济利益情况：

①该无形资产已被其他新技术所替代，且又不能为企业带来经济利益；

②该无形资产不再受法律保护，且不能为企业带来经济利益。

3. 转销核算：

借：累计摊销

　　　无形资产减值准备

　　　营业外支出

　　贷：无形资产

任务二　投资性房地产

一、投资性房地产概述

（一）投资性房地产确认

1. 投资性房地产的概念

投资性房地产是指为赚取租金或资本增值，或两者兼有而持有的房地产。其中的房地产是指房屋和土地使用权的总称。

2. 投资性房地产的确认条件

（1）与该投资性房地产有关的经济利益很可能流入企业。

（2）该投资性房地产的成本能够可靠地计量。

3. 投资性房地产的范围

（1）下列三项内容属于投资性房地产的范围。

①已出租的土地使用权。

②持有并准备增值后转让的土地使用权。

③已出租的建筑物。

（2）下列两项内容不属于投资性房地产的范围。

①自用房地产。

②具有存货性质的房地产。

（二）投资性房地产计量

（1）初始计量：应当按照取得时的成本进行初始计量。

（2）后续计量有以下两点。

①采用成本模式计量。

②采用公允价值计量模式。

（3）规定有以下两点。

①一般采用成本模式计量。

②同一企业只能采用一种模式对所有投资性房地产进行后续计量。

二、投资性房地产核算

（一）采用成本模式计量的投资性房地产

1. 账户设置

（1）"投资性房地产"账户。

（2）"投资性房地产累计折旧（摊销）"账户。

（3）"投资性房地产减值准备"账户。

账户的知识点：①性质；②作用；③结构。

2. 成本模式计量投资性房地产的核算

（1）取得的核算。

①外购。

借：投资性房地产——某某

应交税费——应交增值税（进项税额）（60%）

应交税费——待抵扣进项税——新增不动产进项税额（40%）

贷：银行存款等

【案例 6-2-1】甲企业计划购入一栋写字楼用于对外出租。2019 年 8 月 15 日，甲企业与乙企业签订经营租赁合同，约定自写字楼购买日起将这栋写字楼出租给乙企业，租期 5 年。9 月 1 日，甲企业用银行存款购入写字楼，支付价款为 1 000 万元，增值税为 100 万元，甲企业采用成本模式计量（原始凭证：增值税专用发票、银行付款凭证）。

甲企业账务处理如下。

借：投资性房地产——写字楼   10 000 000

应交税费——应交增值税（进项税额）   900 000

贷：银行存款   10 900 000

②自行建造的投资性房地产。

借：投资性房地产——厂房

贷：在建工程

借：投资性房地产——土地使用权

贷：无形资产——土地使用权

（2）后续计量。

①每月计提折旧或摊销。

借：其他业务成本

贷：投资性房地产累计折旧/投资性房地产累计摊销

②计提减值准备。

借：资产减值损失

贷：投资性房地产减值准备

已经计提减值准备的投资性房地产，其减值损失在以后会计期间不得转回。

【案例 6-2-2】甲企业 2019 年 9 月将一栋办公楼出租给乙企业使用，已确认为投资性房地产，采用成本模式进行后续计量，假设该办公楼成本为 120 万元，按照直线法

计提折旧，使用寿命为 10 年，预计净残值为零。按照经营租赁合同，乙企业每月支付甲企业租金 2 万元，增值税税率为 9%，次年 12 月，该办公楼发生减值迹象，经减值测试，其可收回金额为 90 万元，此时办公楼的账面价值为 100 万元，以前未计提减值准备（原始凭证：投资性房地产折旧计算表、增值税专用发票、投资性房地产减值准备计提表）。

甲企业编制会计分录如下。

①每月计提折旧时。

每月计提折旧＝120÷10÷12＝1（万元）

借：其他业务成本   10 000

  贷：投资性房地产累计折旧   10 000

②每月确认租金收入。

借：银行存款   21 800

  贷：其他业务收入   20 000

    应交税费——应交增值税（销项税额） 1 800

③计提减值准备。

借：资产减值损失   100 000

  贷：投资性房地产减值准备   100 000

（3）后续支出：资本化的后续支出。

①投资性房地产资本化条件：企业为了提高投资性房地产的使用效能，需要对投资性房地产进行改建、扩建；通过装修而改善其室内装潢等。

②账务处理。

借：投资性房地产

  应交税费——应交增值税（进项税额）

  贷：银行存款

    工程物资

    应付职工薪酬等

【案例 6-2-3】甲企业 2019 年 10 月 10 日，对 A 项投资性房地产进行改良，该投资性房地产采用成本模式计量，其账面原价为 1 000 000 元，已提折旧 300 000 元。改良过程中人工费为 150 000 元，银行存款支付的其他费用 117 000 元，该投资性房地产改良过程中停止使用，改良费用均符合资本化要求（原始凭证：投资性房地产后续支出费用计算表、银行付款凭证）。甲企业账务处理如下。

①投资性房地产转入改良。

借：投资性房地产——A 项目（在建）   700 000

  投资性房地产累计折旧   300 000

  贷：投资性房地产——A 项目   1 000 000

②改良过程中发生费用。

借：投资性房地产——A 项目（在建）   267 000

  应交税费——应交增值税（进项税额）   10 530

  贷：应付职工薪酬——工资、奖金、津贴、补贴 150 000

    银行存款   127 530

③投资性房地产改良结束，达到预定可使用状态。

借：投资性房地产——A项目　　　　　　　　　　　　967 000
　　　贷：投资性房地产——A项目（在建）　　　　　　　　　　967 000

（4）费用化的后续支出：不满足投资性房地产确认条件的，计入发生时的当期损益。

借：其他业务成本
　　　贷：银行存款/工程物资/原材料/应付职工薪酬等

（5）处置账务处理。

①收入。

借：银行存款
　　　贷：其他业务收入
　　　　　　应交税费——应交增值税（销项税额）

②成本结转

借：其他业务成本
　　　投资性房地产累计折旧
　　　贷：投资性房地产——写字楼

【案例 6-2-4】 2019 年 10 月，甲企业将其出租的一栋写字楼确认为投资性房地产，采用成本模式计量。租期届满后，甲企业将该写字楼出售给乙企业，合同价款为 2 000 000 元，增值税为 108 000 元，乙企业用银行存款付清，出售时该写字楼的成本为 1 800 000 元，已计提折旧为 3 000 000 元（原始凭证：增值税专用发票、银行收账通知、投资性房地产成本计算表）。

甲企业账务处理如下。

借：银行存款　　　　　　　　　　　　　　　　　　2 108 000
　　　贷：其他业务收入　　　　　　　　　　　　　　　2 000 000
　　　　　　应交税费——应交增值税（销项税额）　　　　108 000
借：其他业务成本　　　　　　　　　　　　　　　　1 500 000
　　　投资性房地产累计折旧　　　　　　　　　　　　300 000
　　　贷：投资性房地产——写字楼　　　　　　　　　1 800 000

（二）采用公允价值计量模式的投资性房地产

1. 采用公允价值模式计量的应同时满足下列条件

（1）投资性房地产有活跃的房地产交易市场。

（2）企业能够从房地产市场上取得同类或类似房地产的市场价格及其他相关信息，从而对投资性房地产的公允价值做出合理估计。

2. 账户设置

"投资性房地产"账户的知识点：①性质；②作用；②结构。

该账户下设置"成本"和"公允价值变动"两个明细账户。

3. 采用公允价值计量模式投资性房地产的核算

（1）外购或自行建造。其实际成本的确定与计量同外购或自行建造的采用成本模式计量投资性房地产一致。

（2）后续计量。

①要点：不计提折旧或摊销；资产负债表日，以公允价值为基础，调整其账面价值。

②账务处理。

第一，以公允价值为基础，调整其账面价值。

公允价值高于其账面价值的差额分录如下。

借：投资性房地产——公允价值变动

　　贷：公允价值变动损益

公允价值低于其账面价值的差额：相反的账务处理。

第二，取得的租金收入。

借：银行存款

　　贷：其他业务收入

　　　　应交税费——应交增值税（销项税额）

【案例6-2-5】甲企业为从事房地产经营开发的企业，2019年8月，甲企业与乙企业签订租赁协议，约定将甲企业开发的一栋精装的写字楼于开发完成的同时开始租赁给乙企业使用，租赁期为10年，当年10月1日，该写字楼开发完成并开始起租，写字楼的造价为900万元，2019年12月31日，该写字楼的公允价值为950万元，假设甲企业对投资性房地产采用公允价值模式计量（原始凭证：投资性房地产验收单、公允价值变动计算表）。

甲企业编制会计分录账务处理如下。

①2019年10月1日，甲企业开发完成写字楼并出租。

借：投资性房地产——成本　　　　　　　　　　　　　　　9 000 000

　　贷：开发成本　　　　　　　　　　　　　　　　　　　　　9 000 000

②2019年12月31日，按照公允价值为基础调整其账面价值，公允价值与原账面价值之间的差额计入当期损益。

借：投资性房地产——公允价值变动　　　　　　　　　　　500 000

　　贷：公允价值变动损益　　　　　　　　　　　　　　　　　500 000

（3）后续支出。

①资本化的后续支出。

借：投资性房地产——厂房等（在建）

　　贷：银行存款等

②费用化的后续支出。

借：其他业务成本

　　贷：银行存款

（4）投资性房地产的处置。

【案例6-2-6】2019年10月，企业将新购入自用的一项房产转为投资性房地产出租使用，其账面价值为400 000元，公允价值为420 000元，年终该项投资性房地产的公允价值为450 000元，租赁期满后企业收回该项投资性房地产，并以500 000元的价格出售，增值税为45 000元，款项收到存入银行（原始凭证：增值税专用发票、银行收账通知、公允价值变动计算表、投资性房地产成本计算表）。

甲企业账务处理如下。

①固定资产转为投资性房地产。

借：投资性房地产——成本   420 000

  贷：固定资产   400 000

    其他综合收益   20 000

②年终公允价值变动。

借：投资性房地产——公允价值变动   30 000

  贷：公允价值变动损益   30 000

③收回并出售投资性房地产。

借：银行存款   545 000

  贷：其他业务收入   500 000

    应交税费——应交增值税（销项税额） 45 000

借：其他业务成本   450 000

  贷：投资性房地产——成本   420 000

        ——公允价值变动   30 000

④转销公允价值变动损益和转换时计入的其他综合收益。

借：公允价值变动损益   30 000

  贷：其他业务收入   30 000

借：其他综合收益   20 000

  贷：其他业务收入   20 000

任务三 其他资产

一、其他资产概述

（1）概念：其他资产是指除货币资金、交易性金融资产、应收及预付款项、存货、长期投资、固定资产、无形资产等以外的资产，主要包括开办费、长期待摊费用和其他长期资产。

（2）内容：

①长期待摊费用等。

②长期待摊费用是指企业已经发生但应由本期和以后各期负担的分摊期限在一年以上的各项费用，如以经营租赁方式租入的固定资产发生的改良支出等。

二、核算

1. 账户设置

"长期待摊费用"账户的知识点：①性质；②作用；③结构。

2. 核算

（1）发生时。

借：长期待摊费用

  贷：银行存款/应付职工薪酬等

（2）摊销时。

借：管理费用

　　贷：长期待摊费用

实训练习

练习题 6-1　单项选择题

（一）要求：将正确答案填入下列各题括号处。

（二）题目。

1. 2019 年 10 月 31 日，企业一项专利权的账面价值为 50 000 元，当日如果售出该专利权，价格为 40 000 元，另需处置费为 5 000 元；若继续使用该专利权，其预计未来现金流量现值为 38 000 元。则该专利权的减值的金额为（　　）元。

    A. 12 000　　　　　　　　　　　　B. 15 000

    C. 38 000　　　　　　　　　　　　D. 35 000

2. 根据我国《专利法》规定，发明专利权有效期为（　　）年，实用新型专利权和外观设计专利权有效期为 10 年。

    A. 20　　　　　　B. 10　　　　　　C. 15　　　　　　D. 25

3. 内部研究开发项目的研究阶段，企业不能证明存在将产生未来经济利益的无形资产，因此，企业内部研究开发项目研究阶段的支出，应当于发生时计入（　　）。

    A. 研发支出——资本化支出　　　　B. 研发支出——费用化支出

    C. 销售费用　　　　　　　　　　　D. 制造费用

4. 转让无形资产的所有权时，应结转的转让成本是（　　）。

    A. 无形资产的历史成本

    B. 无形资产的摊余价值

    C. 合同的转让价格

    D. 发生的与转让有关的各种费用支出

5. 企业租入办公楼，装修费 90 000 元，分 5 年摊销，每月摊销应做的会计分录为（　　）。

    A. 借：管理费用　　　　　　　　　　　　　　　　　　　1 500

    　　　贷：累计折旧——租入固定资产　　　　　　　　　　　1 500

    B. 借：管理费用　　　　　　　　　　　　　　　　　　　1 500

    　　　贷：长期待摊费用——租入固定资产改良支出　　　　　1 500

    C. 借：营业外支出　　　　　　　　　　　　　　　　　　1 500

    　　　贷：长期待摊费用——租入固定资产改良支出　　　　　1 500

    D. 借：营业外支出　　　　　　　　　　　　　　　　　　18 000

    　　　贷：长期待摊费用——租入固定资产改良支出　　　　　18 000

6. 按照准则规定，无形资产摊销期限为无形资产（　　）起到不作为无形资产时止。

    A. 可供使用次月　　B. 可供使用上月　　C. 可供使用时　　　D. 购入时

7. 期末，企业已提减值准备的无形资产的账面价值低于其可收回金额的，应（　　）。

    A. 借：营业外支出——计提无形资产减值准备

    　　　贷：无形资产减值准备

B. 借：管理费用——计提无形资产减值准备

　　贷：无形资产减值准备

C. 借：资产减值损失——计提的无形资产减值准备

　　贷：无形资产减值准备

D. 不进行账务处理

8. 研究开发项目达到预定用途形成无形资产的，应作的账务处理是（　　　）

A. 借：无形资产

　　贷：研发支出——资本化支出

B. 借：无形资产

　　贷：研发支出——费用化支出

C. 借：管理费用

　　贷：研发支出——费用化支出

D. 借：研发支出——资本化支出

　　贷：银行存款

9. 企业出售无形资产，取得的收益，应计入（　　　）。

A. 其他业务收入　　　　　　　　　B. 营业外收入

C. 投资收益　　　　　　　　　　　D. 主营业务收入

10. 下列不属企业投资性房地产的是（　　　）。

A. 企业出租的土地使用权

B. 自用的房地产

C. 房地产开发企业将作为存货的商品房出租

D. 企业开发完成用于出租的房地产

11. 企业采用公允价值模式对投资性房地产进行后续计量，下列说法错误的是（　　　）。

A. 企业应对已出租的建筑物计提折旧

B. 企业不应对已出租的建筑物计提折旧

C. 企业不应对已出租的土地使用权进行摊销

D. 企业应当以资产负债表日投资性房地产的公允价值为基础，调整其账面价值与账面价值，公允价值之间的差额计入当期损益

12. 企业采用成本模式对投资性房地产进行后续计量，下列说法中正确的是（　　　）。

A. 企业应对已出租的建筑物计提折旧，发生减值时，也应计提减值准备

B. 企业不应对已出租的建筑物计提折旧，期末应按公允价值计量

C. 企业不应对已出租的土地使用权进行摊销

D. 企业不应对投资性房地产计提减值准备

13. 企业处置采用公允价值模式计量的投资性房地产时，下列会计处理不准确的有（　　　）。

A. 借：银行存款

　　贷：其他业务收入

　　　　应交税费——应交增值税（销项税额）

B. 借：其他业务成本

　　贷：投资性房地产——成本

　　　　投资性房地产——公允价值变动

C. 借：公允价值变动损益
　　其他综合收益
　　贷：其他业务收入
D. 借：资本公积
　　贷：其他业务收入

14. 处置采用成本模式计量的投资性房地产时，下列会计处理不准确的有（　　）。
A. 借：银行存款
　　贷：其他业务收入
　　　　应交税费——应交增值税（销项税额）
B. 借：其他业务成本
　　投资性房地产累计摊销
　　投资性房地产减值准备
　　贷：投资性房地产
C. 借：其他业务成本
　　投资性房地产累计折旧
　　贷：投资性房地产
　　　　投资性房地产减值准备
D. 借：其他业务成本
　　投资性房地产累计折旧
　　投资性房地产减值准备
　　贷：投资性房地产

15. 长期待摊费用是指企业已经发生但应由本期和以后各期负担的分摊期限在一年以上的各项费用，下列内容属于长期待摊费用的有（　　）。
A. 经营租赁方式租入的固定资产发生的改良支出
B. 自有的固定资产发生的改良支出
C. 自有的固定资产发生的日常维修支出
D. 经营租赁方式租入的固定资产发生的日常维修支出

练习题 6-2　多项选择题

（一）要求：将正确答案填入下列各题括号处。
（二）题目。

1. 无形资产只有满足以下（　　）条件时，企业才能加以确认。
A. 该资产产生的经济利益可能流入企业
B. 该资产产生的经济利益能够可靠地计量
C. 该资产的成本能够可靠地计量
D. 该资产产生的经济利益一定能流入企业

2. 下列属于无形资产的是（　　）。
A. 商标权　　　B. 非专利权　　　C. 特许权　　　D. 商誉

3. 企业无形资产摊销，可计入的账户为（　　）。
A. 管理费用　　B. 其他业务成本　　C. 制造费用　　D. 销售费用

4. 使用寿命有限的无形资产是指法律或合同规定使用期限的无形资产，下列哪些属于有限的无形资产（　　　）。

A. 专利权　　　　　B. 非专利技术　　　　　C. 商标权　　　　　D. 土地使用权

5. 企业自行研究开发无形资产，开发阶段的支出，若要将其确认为无形资产，应满足的条件有（　　　）。

A. 完成该无形资产以使其使用或出售在技术上具有可行性

B. 具有完成该无形资产并使用或出售的意图

C. 有足够的技术、财务资源和其他资源支持，以完成该无形资产的开发，并有能力使用或出售该无形资产

D. 归属于该无形资产开发阶段的支出能够可靠地计量

6. 无形资产摊销的方法包括（　　　）。

A. 直线法　　　　　　　　　　　B. 双倍余额递减法

C. 工作量法　　　　　　　　　　D. 生产总量法

7. 企业进行研究与开发无形资产过程中发生的各项支出，在"研发支出"账户核算，本账户应当按照研究开发项目分别按（　　　）进行明细核算。

A. 费用化支出　　　B. 资本化支出　　　C. 实际成本　　　D. 重置成本

8. 对于无形资产摊销，应遵守以下规定（　　　）。

A. 使用寿命有限的无形资产应进行摊销，使用寿命不确定的无形资产不应摊销

B. 使用寿命有限的无形资产通常其残值视为零

C. 对于使用寿命有限的无形资产应当自可供使用当月起开始摊销，处置当月不再摊销

D. 无形资产的摊销，无法可靠确定预期实现方式的，应当采用直线法摊销

9. 企业出售无形资产，取得净收益，与下列哪些因素有关（　　　）。

A. 初始成本　　　　　　　　　　B. 累计摊销

C. 无形资产净值　　　　　　　　D. 出售收入应交增值税

10. 下列各项中，不属于投资性房地产的有（　　　）。

A. 为生产商品，提供劳务或经营管理而持有的房地产

B. 作为存货的房地产

C. 已出租的建筑物

D. 持有并准备增值后转让的土地使用权

11. 关于投资性房地产的后续计量，下列说法中正确的有（　　　）。

A. 企业通常采用成本模式对投资性房地产进行后续计量

B. 企业可采用公允价值模式对投资性房地产进行后续计量

C. 企业应当采用一种模式对投资性房地产进行后续计量，不得同时采用两种模式

D. 企业可以同时采用两种计量模式对投资性房地产进行后续计量

12. 采用公允价值模式对投资性房地产进行后续计量，下列说法中正确的有（　　　）。

A. 企业应对已出租的建筑物计提折旧

B. 企业应对已出租的土地使用权进行摊销

C. 企业不应对已出租的土地使用权进行摊销

D. 企业应对投资性房地产公允价值变动进行计量

13. 企业有确凿证据表明房地产用途发生改变，应当将投资性房地产转换为其他资

产，或将其他资产转换为投资性房地产的情况包括（ ）。

A. 投资性房地产开始自用

B. 作为存货的房地产改为出租

C. 自用建筑物停止自用，改为出租

D. 自用土地使用权停止自用，用于赚取租金或资本增值

14. 成本模式计量的投资性房地产会计处理涉及的账户有（ ）。

A. 投资性房地产　　　　　　　　B. 投资性房地产累计折旧（摊销）

C. 投资性房地产减值准备　　　　D. 公允价值变动损益

15. 投资性房地产采用公允价值模式进行后续计量的包括内容（ ）。

A. 不计提折旧

B. 资产负债表日，投资性房地产的公允价值与其账面价值的差额，调整投资性房地产账面价值和公允价值变动损益

C. 取得的租金收入计入其他业务收入

D. 计提摊销

练习题 6-3　判断题

（一）要求：在括号处将正确答案打√，错误的答案打×。

（二）题目。

（ ）1. 企业选择的无形资产的摊销方法，应当反映与该项无形资产有关的经济利益的预期实现方式。无法可靠确定预期实现方式的，应当采用直线法摊销。

（ ）2. 无形资产摊销时，当月增加的无形资产，当月不摊销，当月减少的无形资产，当月照常摊销。企业应当按月对无形资产进行摊销。

（ ）3. 企业内部研究开发无形资产，研究阶段的支出，符合无形资产确认的基本条件的，应计入无形资产价值。

（ ）4. 企业自创商标发生的广告费一般不作为无形资产入账，在发生时直接计入当期费用。

（ ）5. 租入固定资产的改良支出应当在租赁期限与租赁资产尚可使用年限孰短的期限内摊销。

（ ）6. 无形资产的可收回金额，根据无形资产的账面价值减去处置费用后的净额与无形资产预计未来现金流量现值两者之间较高者确定。

（ ）7. 一般情况下，出租无形资产属于企业的一项附营业务，而不是主营业务，因此，其租金收入应计入企业的"营业外收入"账户。

（ ）8. 出售无形资产如有收益，应计入营业外收入；如有损失，应计入营业外支出。

（ ）9. 企业结转出租无形资产的成本时，应借记"其他业务成本"科目，贷记"无形资产"科目。

（ ）10. 投资性房地产，是为了赚取租金或资本增值，或两者兼而有之的房地产。

（ ）11. 投资性房地产可以根据情况，在成本模式与公允价值模式之间互换。

（ ）12. 企业对投资性房地产，无论采用何种计算模式，均应计提折旧或进行摊销。

（　　）13. 采用公允价值模式计量的，不对投资性房地产计提折旧或进行摊销，应当以资产负债日投资性房地产公允价值为基础调整其账面价值，公允价值与原账面价值之间的差额，计入当期损益。

（　　）14. 企业出售、转让、报废投资性房地产或者发生投资性房地产损毁，应当将处置收入扣除其账面价值和相关税费后的余额直接计入所有者权益。

（　　）15. 如果无形资产预期不能为企业带来经济利益时，企业应将该无形资产的账面价值予以转销，计入当期损益。

实训题 6-1　无形资产取得的核算

（一）目的：掌握取得无形资产的核算。

（二）资料。

甲企业 2019 年发生下列 4 项无形资产有关业务。

1. 9 月 1 日，企业购入一项专利权，发票价格为 250 000 元，增值税为 15 000 元，款项通过银行转账支付。

2. 10 月 5 日，企业从当地政府购入一块土地使用权，以银行存款支付，买价为 4 000 000 元，增值税为 240 000 元。

3. 11 月 3 日，企业接受乙投资者以其所拥有的非专利技术投资，投资合同约定价值为 800 000 元，增值税为 48 000 元，确认价为 700 000 元，已办妥相关手续。

4. 企业自行研究、开发一项技术。

（1）截至 2018 年 12 月 31 日，发生研发支出合计 1 000 000 元，经测试该研发活动完成了研究阶段，均用存款支付。

（2）从 2019 年 1 月 1 日起，开始进入开发阶段，2019 年发生开发支出为 400 000 元，增值税 24 000 元，均存款支付，开发支出符合资本化条件。

（3）2019 年 6 月 30 日，该项研发活动结束，最终开发出一项非专利技术。

（三）要求：根据以上资料编制会计分录。

解答：

1. 购专利权：
2. 从当地政府购入一块土地使用权：
3. 接受乙投资者以其所拥有的非专利技术投资：
4. 企业自行研究、开发一项技术：
（1）
（2）
（3）
（4）

实训题 6-2　无形资产的摊销和处置核算

（一）目的：掌握无形资产摊销和处置的核算。

（二）资料。

甲企业 2019 年 10～12 月发生下列有关业务。

1. 10 月 6 日，企业出售一项商标权，取得收入为 220 000 元，存入银行，增值税为 13 200 元。该商标权账面余额为 180 000 元，累计摊销为 20 000 元，已提减值准备为 5 000 元。

2. 11 月 1 日，企业购入一项专利权，一次性以银行存款支付，价款为 720 000 元，增值税为 43 200 元，该专利权法律规定有效年限为 20 年，用直线法计提当月摊销额。

3. 12 月 1 日企业将其拥有的专利权出租给甲企业使用。合同规定，承租方每年支付使用费为 60 000 元，租赁期 5 年，该无形资产每年的摊销额为 48 000 元，增值税税率为 6％。

（三）要求：根据以上资料编制会计分录。

答案：

---

1. 出售商标权

2. 购入专利权
（1）购入：

（2）摊销：

3. 专利权出租
（1）每年收取租金时：

（2）摊销出租无形资产成本时：

实训题 6-3 投资性房地产成本模式计量的核算

（一）目的： 掌握投资性房地产按成本模式计量的核算。

（二）资料。

1. 2019年8月，甲企业对投资性房地产计提折旧为18 000元，摊销为5000元，计提减值准备为10 000元。

2. 甲企业拥有一栋办公楼，用于本企业办公，2019年9月1日，甲企业与乙企业签订租赁合同，将这栋办公楼整体出租给乙企业使用，租期开始日为2019年9月10日，租期5年，2019年9月10日，这栋办公楼账面价值为10 000 000元，已计提折旧为2 000 000元。

3. 2019年12月，企业将原出租厂区出售，取得转让收入为25 000 000元，增值税225 000元存入银行。该厂区原价为50 000 000元，已折旧为30 000 000元。

（三）要求： 根据以上业务编制会计分录。

解答：

---

1. 对投资性房地产提折旧、摊销。

2. 办公楼整体出租。

3. 出租厂区转让。
(1) 出售收入：

(2) 结转成本：

实训题 6-4 投资性房地产公允价值模式计量的核算

（一）目的： 掌握投资性房地产按公允价值模式计量的核算。

（二）资料。

1. 2019年9月1日，甲企业与乙公司签订一份租赁协议，协议约定将甲企业建造的写字楼在完工的同时租赁给乙公司，租期为10年，租金在每月月末收取，每月租金为200 000元，增值税为26 000元，写字楼造价为5 000 000元，预计使用50年，按直线法折旧（假设残值为零）。该写字楼存在活跃的房地产市场，能够从该交易市场中获得同类房地产的公允价值。2019年12月31日，该写字楼公允价值为5 300 000元。

2. 2019年3月，甲企业将新购入自用的一项固定资产转为投资性房地产出租使用，

其账面价值为 400 000 元，公允价值为 420 000 元。

3.12 月 31 日，该项投资性房地产的公允价值为 450 000 元。租期满后企业收回该项投资性房地产，并以 480 000 元的价格出售，款项收到存入银行，增值税税率为 9%。

（三）要求：根据以上资料编制会计分录。

解答：

1.

（1）2019 年 9 月 1 日出租时：

（2）2019 年 9 月 30 日，收到本月租金时：

（3）2019 年 12 月 31 日，公允价值变动：

2. 将新购入自用的一项固定资产转为投资性房地产出租使用。

（1）固定资产转为投资性房地产：

（2）年终公允价值变动：

（3）收回并出售投资性房地产：

（4）转销公允价值变动损益和转换时计入的其他综合收益：

项目七 投资资产岗位核算

本项目知识结构图

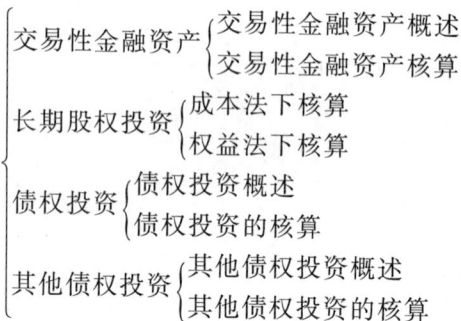

$$
\begin{cases}
\text{交易性金融资产} \begin{cases} \text{交易性金融资产概述} \\ \text{交易性金融资产核算} \end{cases} \\
\text{长期股权投资} \begin{cases} \text{成本法下核算} \\ \text{权益法下核算} \end{cases} \\
\text{债权投资} \begin{cases} \text{债权投资概述} \\ \text{债权投资的核算} \end{cases} \\
\text{其他债权投资} \begin{cases} \text{其他债权投资概述} \\ \text{其他债权投资的核算} \end{cases}
\end{cases}
$$

本项目重点、难点分析

任务一 交易性金融资产

一、交易性金融资产概述

（一）交易性金融资产的确认

（1）概念：交易性金融资产主要是指企业为了近期内出售而持有的金融资产。

（2）确认条件：金融资产满足下列条件之一时，应划分为交易性金融资产。

①取得的目的主要是近期内出售。

②属于进行集中管理的可辨认金融工具组合的一部分，且有客观证据表明企业近期内采用短期获利方式对其进行管理。

（二）交易性金融资产的计量

（1）初始计量：应当按照该金融资产取得时的公允价值进行初始计量。

（2）买价中股利、利息：单独确认为应收项目，不计入该金融资产成本。

（3）相关交易费用：应当在发生时计入投资收益（包括支付给代理机构、咨询公司、券商等手续费用和佣金及其他必要支出等）。

二、交易性金融资产核算

（一）账户设置

（1）"交易性金融资产"账户：该账户分别设置"成本""公允价值变动"等进行

明细核算。

（2）"公允价值变动损益"账户。

（3）"投资收益"账户。

账户的知识点：①性质；②作用；③结构。

（二）交易性金融资产的具体核算

1. 交易性金融资产取得的核算

借：交易性金融资产——成本

　　应收股利/应收利息

　　投资收益

　　贷：其他货币资金——存出投资款

【案例 7-1-1】甲公司决定将生产经营多余资金进行短期股票投资，于 2019 年 1 月 25 日，从二级市场上买进乙公司已宣告但尚未分配现金股利的股票 200 000 股，每股成交价格 7.5 元（包含已宣告发放但尚未分派现金股利为 0.5 元），另支付相关交易费用为 1 600 元，取得增值税专用发票注明增值税 96 元。（原始凭证：证券成交交割单、增值税专用发票、付款凭证）。甲公司会计处理如下。

2019 年 1 月 25 日，购买乙公司股票时分录如下。

借：交易性金融资产——成本　　　　　　　　　　　　1 400 000

　　应收利息　　　　　　　　　　　　　　　　　　　　 100 000

　　投资收益　　　　　　　　　　　　　　　　　　　　　 1 600

　　应交税费—应交增值税（进项税额）　　　　　　　　　　　 96

　　贷：其他货币资金——存出投资款　　　　　　　　　　1 501 696

2. 交易性金融资产的现金股利和利息的核算

（1）处理规定：计入"应收股利"或"应收利息"科目，并计入当期投资收益。

（2）账务处理如下。

借：应收股利/应收利息

　　贷：投资收益

3. 交易性金融资产期末计量的核算

（1）规定：资产负债表日，交易性金融资产应当按照公允价值计量，公允价值与账面余额之间的差额计入当期"公允价值变动损益"科目。

（2）账务处理如下。

借：交易性金融资产——公允价值变动

　　贷：公允价值变动损益

如果跌价则做反向分录。

4. 交易性金融资产处置的核算

（1）规定：企业出售交易性金融资产时，应当将该金融资产的公允价值与其账面价之间的差额确认为投资收益。

（2）账务处理如下。

借：其他货币资金

　　贷：交易性金融资产——成本

———公允价值变动

投资收益

同时做公允价值分录，处理如下。

借：公允价值变动损益

　　贷：投资收益

如果是持有期间是跌价：

借：其他货币资金

　　交易性金融资产———公允价值变动

　　贷：交易性金融资产———成本

　　　　投资收益

【案例 7-1-2】甲公司于 2019 年 8 月 18 日从二级证券市场购入乙公司股票为 20 000 股，每股价格为 8 元，1 月 31 日，该股票价格上涨至 9 元收盘，2 月 28 日，该公司将持有的甲公司股票卖出，每股售价为 10 元［原始凭证：证券成交交割单（购入、售出）、付款凭证、允价值变动计算表］。

该公司会计处理如下：

①2019 年 8 月 18 日购入时。

借：交易性金融资产———成本　　　　　　　　　　　　160 000

　　贷：其他货币资金———存出投资款　　　　　　　　　　160 000

②2019 年 8 月 31 日公允价值变动时。

借：交易性金融资产———公允价值变动　　　　　　　　20 000

　　贷：公允价值变动损益　　　　　　　　　　　　　　　20 000

③2019 年 9 月 28 日出售时。

借：其他货币资金　　　　　　　　　　　　　　　　　200 000

　　贷：交易性金融资产———成本　　　　　　　　　　　160 000

　　　　　　　　　　———公允价值变动　　　　　　　　20 000

　　　　投资收益　　　　　　　　　　　　　　　　　　20 000

5. 转让金融商品应交增值税

1）增值税的计算：

转让金融商品增值税应按照卖出价扣除买入价（不需扣除买价中包含的已宣告未发放的股利和已到付息期未领取的利息）后的余额作为销售额计算增值税。

如果盈亏相抵后出现负差，可以结转下一纳税期与下期转让金融商品销售额相抵，但年末出现负差，不得转入下一年度。

2）核算：

（1）转让金融商品当月末，如产生收益，

借：投资收益

　　贷：应交税费－转让金融商品应交增值税

（2）转让金融商品当月末，如产生转让损失

借：应交税费－转让金融商品应交增值税

　　贷：投资收益

　　　　可结转下月抵扣税额

（3）年末："应交税费－转让金融商品应交增值税"如有借方余额，说明本年度的

金融商品转让损失无法弥补，且不可转入下年度继续抵减。则：

借：投资收益

　　贷：应交税费－转让金融商品应交增值税

【案例 7-1-3】接【案例 7-1-2】，计算甲公司该项转让金融商品业务应交增值税及处理。转让金融商品应交增值税 ＝（200 000－160 000）／（1＋6％）×6％＝2264.15

甲公司账务处理为：

借：投资收益 2264.15

　　贷：应交税费－转让金融商品应交增值税 2264.15

任务二　长期股权投资

一、长期股权投资概述

（一）长期股权投资的确认

1. 长期股权投资的定义

长期股权投资是指通过投资取得被投资单位的股份。

2. 长期股权投资的内容

（1）企业对被投资单位实施控制，被投资单位为企业的子公司。

（2）企业对被投资单位实施共同控制，被投资单位为本企业的合营企业。

（3）企业对被投资单位有重大影响，被投资单位为本企业的联营企业。

（二）长期股权投资的计量

长期股权投资的计量，应分合并形成的长期股权投资和非合并形成长期股权投资分别计量。本内容介绍的是非合并形成并以支付现金方式取得长期股权投资的计量。

初始计量：按照《企业会计准则第 2 号－长期股权投资》的规定，长期股权投资初始取得按照取得成本进行初始计量，初始成本包括买价中与取得投资直接相关的费用、税金以及其他必要支出，但不包括应从被投资单位收取的已宣告但尚未发放的现金股利。

后续计量：分别按照成本法和权益法要求进行计量。

二、长期股权投资成本法

（一）长期股权投资成本法概述

1. 长期股权投资成本法的定义及适应范围

（1）长期股权投资成本法的定义。长期股权投资成本法是指长期股权投资按照初始投资成本计价，除追加或收回投资外，长期股权投资账面价值不变。

（2）成本法的适用范围。企业对被投资单位实施控制的长期股权投资，即企业对子公司的长期股权投资应采用成本法核算。

2. 成本法账户设置

"长期股权投资"账户的知识点：①性质；②作用；③结构。

（二）成本法下长期股权投资核算

成本法下长期股权投资的初始取得有以下三点。

（1）初始成本：实际支付的购买价款作为初始投资成本，初始成本包括与取得长期股权投资直接相关的费用、税金及其他必要支出等。

（2）买价中含的股利、利息：作为应收项目处理，不构成长期股权投资的成本。

（3）账务处理如下。

借：长期股权投资

应收股利

贷：银行存款

（三）成本法下长期股权投资的后续计量

（1）现金股利：作为投资收益。

（2）账务处理如下。

借：应收股利

贷：投资收益

【案例 7-2-1】 甲公司于 2018 年 4 月 10 日取得乙公司 55％的股权，准备长期持有，对被投资单位有控制权，成本为 10 000 万元。2019 年 2 月 5 日，乙公司宣告分派现金股利为 80 万元，甲公司按持股比例可取得为 44 万元。乙公司于 2019 年 2 月 12 日实际支付现金股利（原始凭证：证券成交交割单、付款凭证、股利计算表、银行收账通知）。

甲公司应有关账务处理如下。

①甲公司于 2018 年 4 月 10 日取得乙公司 55％的股权时。

借：长期股权投资——乙公司   100 000 000

  贷：银行存款   100 000 000

②2019 年 2 月 5 日，乙公司宣告分派现金股利时。

借：应收股利——乙公司   440 000

  贷：投资收益   440 000

③甲公司于 2019 年 2 月 12 日实际收到现金股利时。

借：银行存款   440 000

  贷：应收股利——乙公司   440 000

三、长期股权投资权益法

（一）长期股权投资权益法概述

1. 长期股权投资权益法的定义及范围

（1）权益法的定义：长期股权投资权益法是指投资取得以初始成本计量后，持有

期间根据投资企业享有被投资企业所有者权益的份额对投资账面价值进行调整的方法。

（2）权益法的适用范围。

①企业对被投资单位实施共同控制的长期股权投资，即对其合营企业的长期股权投资。

②企业对被投资单位有重大影响的长期股权投资，即对其联营企业的长期股权投资。

2. 权益法下账户设置

（1）"长期股权投资"账户应分别对"投资成本""损益调整""其他综合收益""其他权益变动"等进行明细核算。

（2）"其他综合收益"账户：

（3）"资本公积"账户的知识点：①性质；②作用；③结构。

（二）权益法下长期股权投资核算

1. 权益法下长期股权投资的初始取得核算

（1）规定有以下两点。

①初始成本：比照成本法以实际支付的价款作为初始成本，包括相关税费等。

②投资成本与投资时应享有被投资单位可辨认净资产公允价值的差额，按以下两种情况分别调整。

第一，初始投资成本大于投资时应享有被投资单位可辨认净资产公允价值份额的，不对成本进行调整。

第二，初始投资成本小于投资时应享有被投资单位可辨认净资产公允价值份额的，应将其计入取得投资当期的营业外收入，同时调整增加长期股权投资的账面价值。

（2）账务处理。

①初始取得。

借：长期股权投资——成本

　　贷：银行存款

②成本小于投资时应享有被投资单位可辨认净资产公允价值份额。

借：长期股权投资——成本

　　贷：营业外收入

【案例 7-2-2】 甲公司于 2019 年 1 月 2 日取得乙公司 30％的股权，支付价款为 9 200万元。取得投资时被投资单位净资产账面价值为 22 500 万元（假定被投资单位各项可辨认资产、负债的公允价值与其账面价值相同）。在乙公司的生产经营决策过程中，所有股东均按持股比例行使表决权。甲公司在取得乙公司的股权后，派人参与乙公司的生产经营决策。因能够对乙公司施加重大影响，乙公司对该投资应当采用权益法核算（原始凭证：证券成交交割单、银行付款凭证）。

借：长期股权投资——成本　　　　　　　　　　　　　92 000 000

　　贷：银行存款　　　　　　　　　　　　　　　　　　　 92 000 000

注意，长期股权投资的初始投资成本为 9 200 万元，大于取得投资时应享有被投资单位可辨认净资产公允价值的份额 6 750（计算过程为 22 500×30％）万元，该差额不调整长期股权投资的账面价值。

如果取得投资时被投资单位可辨认净资产的公允价值为 36 000 万元，则：

应享有被投资单位可辨认净资产公允价值份额 108 000 000（360 000 000 * 30％＝108 000 000）

取得投资：

借：长期股权投资——成本	92 000 000	
贷：银行存款		92 000 000

初始投资成本 9 200 小于应享有被投资单位可辨认净资产公允价值份额 10 800 之间的差额 1 600 万元。

借：长期股权投资——成本	16 000 000	
贷：营业外收入		16 000 000

注意，乙公司按持股比例 30％ 计算确定应享有 10 800 万元，则初始投资成本 9 200 万元小于应享有被投资单位可辨认净资产公允价值份额 10 800 万元，之间的差额 1 600 万元应计入取得投资当期的营业外收入。

2. 权益法下长期股权投资的后续计量

（1）投资损益的确认：净利润的分享，确认为当期投资收益。

借：长期股权投资——损益调整

　　贷：投资收益

如果是亏损承担，做反向分录。

（2）取得现金股利或利润的处理：冲减长期股权投资的账面价值。

借：应收股利

　　贷：长期股权投资——损益调整

（3）被投资单位除净损益以外其他综合收益和其他权益的变动：确认为"其他综合收益"和"资本公积（其他资本公积）"。

借：长期股权投资——其他综合收益

　　　　　　　　　——其他权益变动

　　贷：资本公积——其他资本公积

　　　　其他综合收益

【案例 7-2-3】甲公司持有乙公司股权为 30％，按照权益法核算，2019 年，乙企业资本公积增加 1 000 万元，另因持有的其他债权投资公允价值的增值 1 400 万元，甲企业按照持股比例 30％分得（原始凭证：其他综合收益和其他权益变动分配表）。

有关账务处理如下。

借：长期股权投资——其他综合收益	3 000 000	
——其他权益变动	4 200 000	
贷：资本公积——其他资本公积		3 000 000
其他综合收益		4 200 000

四、长期股权投资的减值及处置

（一）长期股权投资的减值

1. 长期股权投资的减值的确认

根据《企业会计准则第 8 号——资产减值》有关规定，企业应于期末对长期股权

投资进行减值测试，如果其可收回金额低于账面价值，应计提减值准备。

2. 长期股权投资的减值的核算

（1）账户设置。

"长期股权投资减值准备"账户的知识点：①性质；②作用；③结构。

（2）减值的会计处理。

借：资产减值损失——计提的长期股权投资减值准备
　　贷：长期股权投资减值准备

（二）长期股权投资的处置

借：银行存款
　　长期股权投资减值准备
　　贷：长期股权投资——成本
　　　　　　　　　　——损益调整
　　　　　　　　　　——其他权益变动
　　　　　　　　　　——其他综合收益

　　　　投资收益

同时，还应将原计入资本公积、其他综合收益的部分按比例转入当期损益，处理如下。

借：资本公积——其他资本公积
　　其他综合收益
　　贷：投资收益

【案例 7-2-4】甲企业原持有乙企业 30％的股权，2019 年 12 月 10 日，甲企业决定出售其持有的乙企业股权的 25％，出售时，甲企业对乙企业长期股权投资的账面价值为：投资成本 1 200 万元，损益调整 320 万元，其他权益变动 200 万元，其他综合收益 100 万元，已计提长期股权投资减值准备 80 万元，出售取得价款 480 万元（原始凭证：银行收账通知、长期股权投资处置成本计算表）。甲企业相关账务处理如下。

借：银行存款　　　　　　　　　　　　　　　　　　　4 800 000
　　长期股权投资减值准备　　　　　　　　　　　　　　 200 000
　　贷：长期股权投资——成本　　　　　　　　　　　　　3 000 000
　　　　　　　　　　——损益调整　　　　　　　　　　　 800 000
　　　　　　　　　　——其他权益变动　　　　　　　　　 500 000
　　　　　　　　　　——其他综合收益　　　　　　　　　 250 000
　　　　投资收益　　　　　　　　　　　　　　　　　　　 450 000

同时，还应将原计入资本公积、其他综合收益的部分按比例转入当期损益，处理如下。

借：资本公积——其他资本公积　　　　　　　　　　　　 500 000
　　其他综合收益　　　　　　　　　　　　　　　　　　　 250 000
　　贷：投资收益　　　　　　　　　　　　　　　　　　　 750 000

任务三　债权投资 ※

一、债权投资概述

（一）债权投资的确认

1. 债权投资定义

持有至到期投资是指到期日固定、回收金额固定或可确定，且企业有明确意图和能力持有至到期的非衍生金融资产。

2. 债权投资的确认条件

企业在将金融资产划分为债权投资时，除《企业会计准则第 22 号－金融工具确认和计量》特别规定外，还必须同时满足以下两个条件：

（1）企业管理该金融资产的业务模式是以收取合同现金流量为目标。

（2）该金融资产的合同条款规定，在特定日期产生的现金流量，仅为对本金和以未偿付本金金额为基础的利息支付。

企业应于每个资产负债表日对债权投资的意图和能力进行评价，发生变化的，应将其重分类为其他债权投资资产进行处理。

二、债权投资的核算

（一）账户设置

（1）"债权投资"账户，企业应分别设置"成本""利息调整""应计利息"等进行明细核算。

（2）"债权投资减值准备"账户的知识点：①性质；②作用；③结构。

（二）核算

1. 债权投资的初始计量

借：债权投资——成本　　　　　　　　　　　（面值）

　　应收利息　　　　　　　　　　（包含的已到付息期但尚未支付的利息）

　　　贷：银行存款　　　　　　　　　　　　（支付价款）

　　　　　债权投资——利息调整　　　　　　（差额）

2. 债权投资的利息和期末计量

（1）计息方法：企业应采用实际利率法，按摊余成本和实际利率计算确认利息收入，计入投资收益。

（2）资产负债表日计息处理如下。

借：应计利息　　　　　　　　　　（按票面利率计算确定的应收未收利息）

　　　　　贷：投资收益　　　　　　　　　　　　（摊余成本和实际利率计算确定）
　　　　　　　其他债权投资——利息调整（或借）（差额）

3. 债权投资的处置

　　借：银行存款
　　　　　贷：持有至到期投资——成本、利息调整、应计利息
　　　　　　　投资收益（或借）

4. 债权投资的减值

　　借：资产减值损失——计提的持有至到期投资减值准备
　　　　　贷：债权投资减值准备

　　对持有至到期投资确认减值损失后，如有客观证据表明该金融资产价值已恢复，且客观上与确认该损失后发生的事项有关，原确认的减值损失应当予以转回，计入当期损益。但是，该金融资产转回后的账面价值不应超过假定不计提减值准备情况下该金融资产在转回日的摊余成本。

任务四　其他债权※

一、其他债权投资概述

（一）其他债权投资的确认

　　其他债权投资，是指债权投资中以公允价计量且其变动计入其他综合收益的金融资产，以及除下列各类资产以外的金融资产：（1）贷款和应收款项；（2）债权投资；（3）交易性金融资产。

　　企业在将金融资产划分为其他债权投资时，除《企业会计准则第22号－金融工具确认和计量》特别规定外，还必须同时满足以下两个条件：

　　（1）企业管理该金融资产的业务模式既以收取合同现金流量为目标又以出售该金融资产为目标。

　　（2）该金融资产的合同条款规定，在特定日期产生的现金流量，仅为对本金和以未偿付本金金额为基础的利息支付。

（二）其他债权投资的计量

　　初始计量：应按取得金融资产的公允价值和交易费用作为初始确认金额。
　　后续计量：所有的利得或损失除减值损失或利得和汇兑损益外，均计入其他综合收益；但采用实际利率法计算的该金融资产的利息应当计入当期损益。

二、其他债权投资资产核算

（一）账户设置

　　"其他债权投资"账户的知识点：①性质；②作用；③结构。

企业应分别设置"成本""公允价值变动"等账户进行明细核算,如果可供出售金融资产为债券投资的,则还应设置"利息调整""应计利息"等账户进行明细核算。

(二) 核算

1. 其他债权投资的初始计量

入账价:应按取得金融资产的公允价值和交易费用作为初始确认金额,价款中包含的已到付息期但尚未领取的利息,应单独确认为"应收利益"。

借:其他债权投资——成本

　　应收股利

　贷:银行存款

2. 其他债权投资的现金股利、利息和期末计量

一是资产负债表日,可供出售金融资产计算利息。

借:应收利息　　　　　　　　　(按票面利率计算确定的应收未收利息)

　贷:投资收益　　　　　　　　(按摊余成本和实际利率计算确定的利息收入)

　　　其他债权投资——利息调整(或借)(差额)

二是资产负债表日,其他债权投资分得现金股利。

借:应收利息

　贷:投资收益

另外,属于被投资单位在取得本企业投资前实现净利润的分配额,应作为投资成本的收回,处理如下。

借:应收利息

　贷:其他债权投资——成本

三是其他债权投资期末计量。资产负债表日,可供出售金融资产公允价值高于其账面余额的差额,处理如下。

借:其他债权投资——公允价值变动

　贷:其他综合收益

另外,低于其账面余额的差额,做相反的会计分录。

3. 其他债权投资减值

借:资产减值损失

　贷:其他综合收益(应从所有者权益中转出原计入其他综合收益的累计损失金额)

　　　其他债权投资减值准备(差额)

4. 其他债权投资的处置

借:银行存款　　　　　　　(实际收到的金额)

　　其他综合收益　　　　　　　　(或贷)

　贷:其他债权投资——成本

　　　　　　　　——应计利息

　　　　　　　　——公允价值变动

　　　投资收益　　　　　(差额)

【案例 7-4-1】2×15 年 1 月 1 日,甲公司按面值从债券二级市场购入乙公司发行的

债券 10 000 张，每张面值为 100 元，票面利率为 3%，划分为其他债权投资。

2×15 年 12 月 31 日，该债券的市场价格为每张 100 元。

2×16 年，乙公司因投资决策失误，发生严重财务困难，但仍可支付该债券当年的票面利息。2×16 年 12 月 31 日，该债券的公允价值下降为每张 80 元。ABC 公司预计，如 MNO 公司不采取有关措施，该债券的公允价值预计还将持续下跌。

2×17 年，乙公司调整产品结构并整合其他资源，致使上年发生的财务困难大为好转。2×17 年 12 月 31 日，该债券的公允价值已上升至每张 95 元。

甲公司初始确认该债券时计算确定的债券实际利率为 3%，且不考虑其他因素。

（原始凭证：①证券成交交割单②银行付款凭证③利息计算表④银行收账通知⑤资产减值损失计提表）

则甲公司有关账务处理如下：

（1）2×15 年 1 月 1 日，购入债券时：

借：其他债权投资—成本   1 000 000

  贷：银行存款   1 000 000

（2）2×15 年 12 月 31 日，确认利息、公允价值变动：

借：应收利息   30 000

  贷：投资收益   30 000

收到时

借：银行存款   30 000

  贷：应收利息   30 000

债券的公允价值变动为零，故不作账务处理。

（3）2×16 年 12 月 31 日，确认利息收入及减值损失：

借：应收利息   30 000

  贷：投资收益   30 000

收到时

借：银行存款   30 000

  贷：应收利息   30 000

借：资产减值损失   200 000

  贷：其他债权投资—公允价值变动   200 000

（4）2×17 年 12 月 31 日，确认利息收入及减值损失转回：

应确认的利息收入＝（期初摊余成本 1 000 000－发生的减值损失 200 000）×3%＝24 000（元）

借：应收利息   30 000

  贷：投资收益   24 000

    其他债权投资—利息调整   6 000

收到时

借：银行存款   30 000

  贷：应收利息   30 000

减值损失转回前，该债券的摊余成本＝1 000 000－200 000－6 000＝794 000（元）

2×17 年 12 月 31 日：

该债券的公允价值＝100 000×95＝950 000（元）

应转回的金额＝950 000－794 000＝156 000（元）

借：其他债权投资—公允价值变动　　　　　　　　　　　156 000

贷：资产减值损失　　　　　　　　　　　　　　　　　　　156 000

实训练习

练习题 7-1　单项选择题

（一）要求：将正确答案填入下列各题括号内。

（二）题目。

1. 取得交易性金融资产所发生的相关交易费用应当在发生时计入（　　）。

　　A. 投资收益　　　　　　　　　　　　B. 营业外收入

　　C. 交易性金融资产　　　　　　　　　D. 公允价值变动损益

2. 甲公司决定将生产经营多余资金进行短期股票投资，于 2019 年 6 月 20 日，从二级市场上买进乙公司已宣告但尚未分配现金股利的股票 10000 股，每股成交价格 6.5 元（包含已宣告发放但尚未分派现金股利为 0.5 元），另支付相关交易费用为 1 000 元，增值税 60 元。初始取得成本为（　　）元。

　　A. 65 000　　　　　　　　　　　　　B. 60 000

　　C. 66 000　　　　　　　　　　　　　D. 64 000

3. 企业持有交易性金融资产期间对于被投资单位宣告发放的现金股利或企业在资产负债表日按分期付息、一次还本债券投资的利率计算的利息，应当确认为应收项目，计入"应收股利"或"应收利息"科目，并计入（　　）。

　　A. 投资收益　　　　　　　　　　　　B. 公允价值变动损益

　　C. 交易性金融资产　　　　　　　　　D. 营业外收入

4. 企业出售交易性金融资产时，应当将该金融资产的公允价值与其（　　）之间的差额确认为投资收益。

　　A. 账面价值　　　　　　　　　　　　B. 公允价值

　　C. 初始成本　　　　　　　　　　　　D. 现值

5. 甲公司于 2019 年 3 月 10 日从二级证券市场购入 B 公司股票 10 000 股短期持有，每股价格为 9 元，3 月 31 日，该股票价格上涨至 10 元收盘，4 月 16 日该公司将持有的甲公司股票卖出，每股售价为 12 元。处置时确定的投资收益为（　　）元。

　　A. 90 000　　　　　B. 10 000　　　　　C. 20 000　　　　　D. 30 000

6. 企业在取得其他债权投资时，应按取得金融资产的公允价值和（　　）作为初始确认金额。

　　A. 应收股利　　　　　　　　　　　　B. 购买价

　　C. 应收利息　　　　　　　　　　　　D. 交易费用

7. 资产负债表日，其他债权投资公允价值高于其账面余额的差额，计入（　　）账户。

　　A. 资本公积　　　　　　　　　　　　B. 其他综合收益

　　C. 公允价值变动损益　　　　　　　　D. 银行存款

8. 在实际利率法下，资产负债表日，按债权投资（   ）和实际利率计算确定的利息收入，贷记"投资收益"账户。

    A. 摊余成本　　　　　　　　　　B. 初始成本

    C. 历史成本　　　　　　　　　　D. 公允价值

9. 企业对被投资单位实施共同控制，是指按照合同约定对某项经济活动所共有的控制，仅在与该项经济活动相关的重要财务和经营决策需要分享控制权的投资方一致同意时存在，被投资单位为本企业的（   ）。

    A. 子公司　　　　　　　　　　　B. 合营企业

    C. 联营企业　　　　　　　　　　D. 母公司

10. 在成本法下，长期股权投资初始成本不包括（   ）。

    A. 买价

    B. 相关的费用

    C. 相关的税金

    D. 实际支付的价款中包含的已宣告但尚未发放的现金股利

11. 在成本法下，被投资单位宣告分派的现金股利或利润，投资企业享有的部分，应计入（   ）。

    A. 投资收益　　　　　　　　　　B. 长期股权投资

    C. 公允价值变动损益　　　　　　D. 资本公积

12. 长期股权投资的初始投资成本小于投资时应享有被投资单位可辨认净资产公允价值份额的，应将该部分经济利益流入作为（   ）。

    A. 投资收益　　　　　　　　　　B. 资本公积

    C. 营业外收入　　　　　　　　　D. 冲销投资成本

13. 权益法下，投资企业取得长期股权投资后，应按应享有或应分担被投资单位实现的净利润，做如下分录（   ）。

    A. 借：长期股权投资——损益调整

        贷：投资收益

    B. 借：长期股权投资——损益调整

        贷：营业外收入

    C. 借：应收股利

        贷：投资收益

    D. 借：银行存款

        贷：应收股利

14. 处置部分长期股权投资时，应按该项投资的（   ）确定其处置部分的成本，并按相应比例结转已计提的减值准备和资本公积项目。

    A. 总平均成本　　　　　　　　　B. 总成本

    C. 单位成本　　　　　　　　　　D. 初始成本

15. 处置其他债权投资时，按应从所有者权益中转出的公允价值累计变动并计入（   ）"其他综合收益"账户的金额转入"投资收益"账户。

    A. 资本公积　　　　　　　　　　B. 其他综合收益

    C. 公允价值变动　　　　　　　　D. 营业外收入

练习题 7-2　多项选择题

（一）要求：将正确答案填入下列各题括号内。

（二）题目。

1. 企业取得交易性金融资产时，应当按照该金融资产取得时的公允价值为其初始确认金额，取得交易性金融资产所支付的价款中包含已宣告但尚未发放的现金股利或已到付息期但尚未领取的债券利息的，应当计入（　　　）。

   A. 应收股利　　　　　　　　　　　　B. 应收利息

   C. 交易性金融资产　　　　　　　　　D. 投资收益

2. "交易性金融资产"科目核算企业为交易目的持有的（　　　）。

   A. 债券投资　　　B. 股票投资　　　C. 基金投资　　　D. 外埠存款

3. "交易性金融资产"科目可按交易性金融资产的类别和品种，分别设置（　　　）明细科目进行明细核算。

   A. 成本　　　　　　　　　　　　　　B. 公允价值变动

   C. 投资单位　　　　　　　　　　　　D. 股票基金等名称

4. 资产负债表日，交易性金融资产应当按照公允价值计量，对公允价值与账面余额之间的差额会计处理（　　　）。

   A. 借：交易性金融资产

   　　　贷：公允价值变动损益

   B. 借：公允价值变动损益

   　　　贷：交易性金融资产

   C. 借：交易性金融资产

   　　　贷：投资收益

   D. 借：投资收益

   　　　贷：交易性金融资产

5. 债权投资确认条件为（　　　）。

   A. 企业管理该金融资产的业务模式是以收取合同现金流量为目标

   B. 该金融资产的合同条款规定，在特定日期产生的现金流量，仅为对本金和以未偿付本金金额为基础的利息支付

   C. 符合《企业会计准则第 22 号－金融工具确认和计量》特别规定

   D. 企业管理该金融资产的业务模式既以收取合同现金流量为目标又以出售该金融资产为目标

6. "债权投资"核算企业债权投资的摊余成本，企业应按债权投资的类别和品种，分别设置（　　　）等进行明细核算。

   A. 面值　　　　　B. 利息调整　　　　C. 应计利息　　　　D. 成本

7. 取得债权投资时，应做的会计处理（　　　）。

   A. 借：债权投资——成本

   　　　　应收利息

   　　　贷：银行存款

   　　　　　债权投资——利息调整

   B. 借：债权投资——成本

　　　　应收利息

　　　　债权投资——利息调整

　　　　　贷：银行存款

　　C. 借：应收利息

　　　　债权投资——利息调整

　　　　　贷：投资收益

　　D. 借：应收利息

　　　　投资收益

　　　　　贷：债权投资——利息调整

8. 企业应按其他债权投资的类别和品种，分别设置（　　）等进行明细核算。

　　A. 成本　　　　　　　B. 公允价值变动　　　C. 利息调整　　　　　　D. 应计利息

9. 长期股权投资，是指企业持有的对其（　　）的权益性投资。

　　A. 子公司

　　B. 合营企业

　　C. 联营企业

　　D. 对被投资单位不具有控制、共同控制或重大影响

10. 权益法的适用范围是（　　）的长期股权投资。

　　A. 企业对被投资单位实施共同控制

　　B. 企业对被投资单位不具有控制、共同控制或重大影响，并且在活跃市场中没有报价、公允价值不能可靠计量

　　C. 企业对被投资单位实施控制

　　D. 企业对被投资单位有重大影响

11. 权益法下，核算长期股权投资，应分别设置（　　）明细户进行明细核算。

　　A. 投资成本　　　　　　　　　　　　B. 损益调整

　　C. 其他权益变动　　　　　　　　　　D. 其他综合收益

12. 采用权益法核算的长期股权投资，投资企业自被投资单位取得的现金股利或利润，核算不正确的是（　　）。

　　A. 借：应收股利

　　　　　贷：长期股权投资——损益调整

　　B. 借：应收股利

　　　　　贷：投资收益

　　C. 借：长期股权投资——损益调整

　　　　　贷：投资收益

　　D. 借：银行存款

　　　　　贷：应收股利

13. 权益法核算的长期股权投资，被投资单位除净损益以外所有者权益的其他变动，企业按持股比例计算应享有的份额，可做的会计分录为（　　）。

　　A. 借：长期股权投资——其他权益变动

　　　　　贷：资本公积——其他资本公积

　　B. 借：资本公积——其他资本公积

　　　　　贷：长期股权投资——其他权益变动

C. 借：长期股权投资——其他权益变动

　　　　贷：营业外收入

D. 借：长期股权投资——其他综合收益变动

　　　　贷：其他综合收益

14. 企业处置长期股权投资时，会计处理为（　　　）。

A. 借：银行存款

　　　　长期股权投资减值准备

　　　贷：长期股权投资——成本

　　　　　　　　——损益调整

　　　　　　　　——其他权益变动

　　　　　　　　——其他综合收益

　　　　投资收益

B. 借：资本公积——其他资本公积

　　　贷：营业外收入

C. 借：资本公积——其他资本公积

　　　贷：投资收益

D. 借：其他综合收益

　　　贷：投资收益

15. 长期股权投资初始取得按照取得成本进行初始计量，后续计量分别按照（　　　）进行要求计量。

A. 成本法　　　　　B. 权益法　　　　　C. 公允价值　　　　　D. 现值

练习题 7-3　判断题

（一）要求：在括号处将正确答案打√，错误的答案打×。

（二）题目。

（　　　）1. 交易性金融资产是指企业为了近期内出售而持有的股票、债券、基金等金融资产。

（　　　）2. 企业出售交易性金融资产时，应当将该金融资产的公允价值与其初始入账金额之间的差额确认为投资收益，同时调整公允价值变动损益。

（　　　）3. 实际利率法，是指按照金融资产的实际利率计算其摊余成本及各期利息收入或利息费用的方法。

（　　　）4. 资产负债表日，债权投资为分期付息、一次还本债券投资的，应按票面利率计算确定的应收未收利息，计入应收利息；按债权投资摊余成本和实际利率计算确定的利息收入，计入投资收益。

（　　　）5. 对于已确认减值损失的其他债权投资，在随后会计期间内公允价值已上升且客观上与确认原减值损失事项有关的，原确认的减值损失应当予以转回，计入当期损益。

（　　　）6. 转让金融商品增值税应按照卖出价扣除买入价后的余额作为销售额计算增值税。

（　　）7. 实际利率应在取得债权投资时确定，实际利率与票面利率差别较小的，也可按票面利率计算利息收入，计入投资收益。

（　　）8. 企业应于每个资产负债表日对债权投资的意图和能力进行评价。发生变化的，应将其重分类为交易性金融资产进行处理。

（　　）9. 企业对被投资单位实施控制，是指有权决定一个企业的财务和经营决策，并能据以从该企业的经营活动中获取利益，被投资单位为企业的子公司。

（　　）10. 成本法是指长期股权投资按照初始投资成本计价，除追加或收回投资应调整初始成本，其他情况均不调整。

（　　）11. 长期股权投资初始投资成本大于投资时应享有被投资单位可辨认净资产公允价值的份额，应对长期股权投资的成本进行调整。

（　　）12. 权益法下，投资企业取得长期股权投资后，应按获得的现金股利，确认为当期投资收益。

（　　）13. 长期股权投资采用权益法核算的，对被投资单位除净损益以外所有者权益的其他变动，投资方无权分享。

（　　）14. 长期股权投资减值损失一经确认，在以后会计期间就不得转回。

（　　）15. 企业取得债权投资，取得价格可能等于债券的面值，也可能高于或低于债券的面值，即面值购入、溢价购入、折价购入等。取得时，应按面值借记"债权投资——成本"。

实训题 7-1　交易性金融资产的核算（1）

（一）目的：掌握交易性金融资产——债权投资核算的核算方法。

（二）资料。

甲公司从市场上购入债券作为交易性金融资产，有关情况如下。

（1）2018 年 1 月 1 日购入乙公司债券，共支付价款为 1 025 万元（含债券应该发放的 2017 年下半年的利息），另支付交易费用为 4 万元，增值税 0.24 万。该债券面值为 1 000 万元，于 2017 年 1 月 1 日发行，4 年期，票面利率为 5%，每年 1 月 5 日和 7 月 5 日付息，到期时归还本金和最后一次利息。

（2）该公司 2018 年 1 月 5 日收到该债券 2017 年下半年的利息。

（3）2018 年 6 月 30 日，该债券的公允价值为 990 万元（不含利息）。

（4）2018 年 7 月 5 日，收到该债券 2016 年上半年的利息。

（5）2018 年 12 月 31 日，该债券的公允价值为 980 万元（不含利息）。

（6）2019 年 1 月 5 号，收到该债券 2018 年下半年的利息。

（7）2019 年 3 月 31 日，该公司将该债券以 1 015 万元价格售出，扣除手续费 5 万元后，将收款净额 1 010 万元存入银行。甲公司每年 6 月 30 日和 12 月 31 日对外提供财务报告。

（三）要求。

编制该公司上述经济业务有关的会计分录（答案中金额单位用万元表示）。

解答：

（1）2018 年 1 月 1 日：

（2）2018 年 1 月 5 日：

（3）2018 年 6 月 30 日：

（4）2018 年 7 月 5 日：

（5）2018 年 12 月 31 日：

（6）2019 年 1 月 5 日：

（7）2019 年 3 月 31 日：

实训题 7-2　交易性金融资产的核算（2）

（一）目的：掌握交易性金融资产的核算。

（二）资料。

（1）2018 年 5 月，甲公司以 240 万元购入乙公司股票 30 万股作为交易性金融资产，另支付手续费为 5 万元，增值税 0.3 万。

（2）2018 年 6 月 30 日该股票每股市价为 7.5 元。

（3）2018 年 8 月 10 日，乙公司宣告分派现金股利，每股为 0.20 元，8 月 20 日，甲公司收到分派的现金股利。

（4）2018 年 12 月 31 日，甲公司仍持有该交易性金融资产，期末每股市价为 8.5 元。

（5）2019 年 3 月 5 日以 250 万元出售该交易性金融资产，扣除手续费 1 万元后，实际收到款项 249 万元存入银行。

假定甲公司每年 6 月 30 日和 12 月 31 日对外提供财务报告。

（三）要求。

编制上述经济业务的会计分录（答案中金额单位用万元表示）。

解答：

（1）2018 年 5 月购入时：

（2）2018 年 6 月 30 日：

（3）2018 年 8 月 10 日宣告分派时：

2018 年 8 月 20 日收到股利时：

（4）2018 年 12 月 31 日：

（5）2019 年 3 月 5 日处置时：

实训题 7-3　长期股权投资成本法核算

（一）目的：掌握长期股权投资成本法下的核算。

（二）资料。

甲公司于 2018 年 3 月 10 日取得乙公司 60％的股权，成本为 5 000 万元。2018 年年末，甲公司获利润 2 000 万元。2019 年 1 月 10 日，乙公司宣告分派现金股利为 600 万元，甲公司按持股比例可取得 60 万元。假定甲公司在取得乙公司股权后，对乙公司的财务和经营决策不具有控制、共同控制或重大影响，且该投资不存在活跃的交易市场，公允价值无法可靠取得。乙公司于 2019 年 1 月 15 日实际支付现金股利。

（三）要求。

根据上述资料，编制甲上市公司长期股权投资的会计分录。

解答：

（1）甲公司于 2018 年 3 月 10 日取得乙公司 60％的股权时：

（2）2019 年 2 月 10 日，乙公司宣告分派现金股利时：

（3）甲公司于 2019 年 1 月 15 日实际收到现金股利时：

实训题 7-4　长期股权投资权益法核算 (1)

（一）目的：掌握长期股权投资权益法下的核算。

（二）资料。

（1）2017 年 1 月 2 日，甲上市公司购入乙公司股票 1000 万股，占乙公司有表决权股份的 30%，对乙公司的财务和经营决策具有重大影响，甲公司将其作为长期股权投资核算。每股买入价 10.5 元，每股价格中包含已宣告但尚未发放的现金股利 0.5 元，另外支付相关税费 10 万元。款项均以银行存款支付。当日，乙公司所有者权益的账面价值为 34000 万元（与其公允价值不存在差异）。

（2）2017 年 3 月 15 日，收到乙公司宣告分派的现金股利。

（3）2017 年度，乙公司实现净利润 5000 万元。

（4）2018 年 2 月 15 日，乙公司宣告分派 2016 年度股利，每股分派现金股利 0.20 元。

（5）2018 年 3 月 10 日，收到乙公司分派的 2016 年度的现金股利。

（6）2019 年 1 月 4 日，甲上市公司出售所持有的全部乙公司的股票，共取得价款 11700 万元（不考虑长期股权投资减值准备及相关税费）。

（三）要求。

根据上述资料，编制甲上市公司长期股权投资的会计分录（"长期股权投资"科目要求写出明细科目；答案中的金额单位用万元表示）。

解答：

（1）2017 年 1 月 2 日，甲上市公司购入乙公司股票：

（2）2017 年 3 月 15 日：

（3）2017 年度，乙公司实现净利润：

（4）2018 年 2 月 15 日，乙公司宣告分派 2017 年度股利：

（5）2018 年 3 月 10 日：

（6）2019 年 1 月 4 日：

实训题 7-5　长期股权投资权益法核算（2）

（一）目的：掌握长期股权投资权益法下的核算。

（二）资料。

甲公司 2017—2019 年发生下列与长期股权投资相关的业务：

（1）2017 年 1 月 7 日，购入乙公司有表决权的股票 100 万股，占乙公司股份的 25%，从而对乙公司的财务和经营决策有重大影响。该股票每股买入价为 8 元，其中每股含已宣告分派但尚未领取的现金股利 0.20 元；另外，甲公司在购买股票时还支付相关税费 10000 元，款项均由银行存款支付。假定乙公司 2016 年初可辨认净资产的公允价值为 30000000 元。

（2）2017 年 2 月 15 日，收到乙公司宣告分派的现金股利。

（3）2017 年度，乙公司实现净利润 2000000 元。

（4）2018 年 1 月 6 日，乙公司宣告分派 2016 年度股利，每股分派现金股利 0.10 元。

（5）2018 年 2 月 15 日，甲公司收到乙公司分派的 2016 年度的现金股利。

（6）2018 年度，乙公司发生亏损 200000 元。

（7）2018 年 12 月 31 日，乙公司可辨认净资产公允价值变动使其他综合收益增加 100000

（8）2019 年 1 月 7 日，甲公司出售所持有的乙公司的股票 10 万股，每股销售价格为 10 元（假定不考虑相关税费；甲公司售出部分股票后，仍能对乙公司财务与经营决策产生重大影响）。

（三）要求。

假定不考虑长期投资减值因素，根据上述业务，编制甲公司相关会计分录（"长期股权投资"科目要求写出明细科目及专栏）。

解答：

（1）2017 年 1 月 7 日购入：

（2）2017 年 2 月 15 日，收到乙公司分派的现金股利：

（3）2017 年乙公司实现净利润：

（4）2018 年 1 月 6 日，乙公司宣告分派现金股利：

（5）2018 年 2 月 15 日，甲公司收到乙公司分派的现金股利：

（6）2018 年度，乙公司发生亏损：

（7）2018 年 12 月 31 日，乙公司前综合收益增加 100000 元：

（8）2019 年 1 月 7 日，甲公司出售：

项目八 往来结算岗位核算

本项目知识结构图

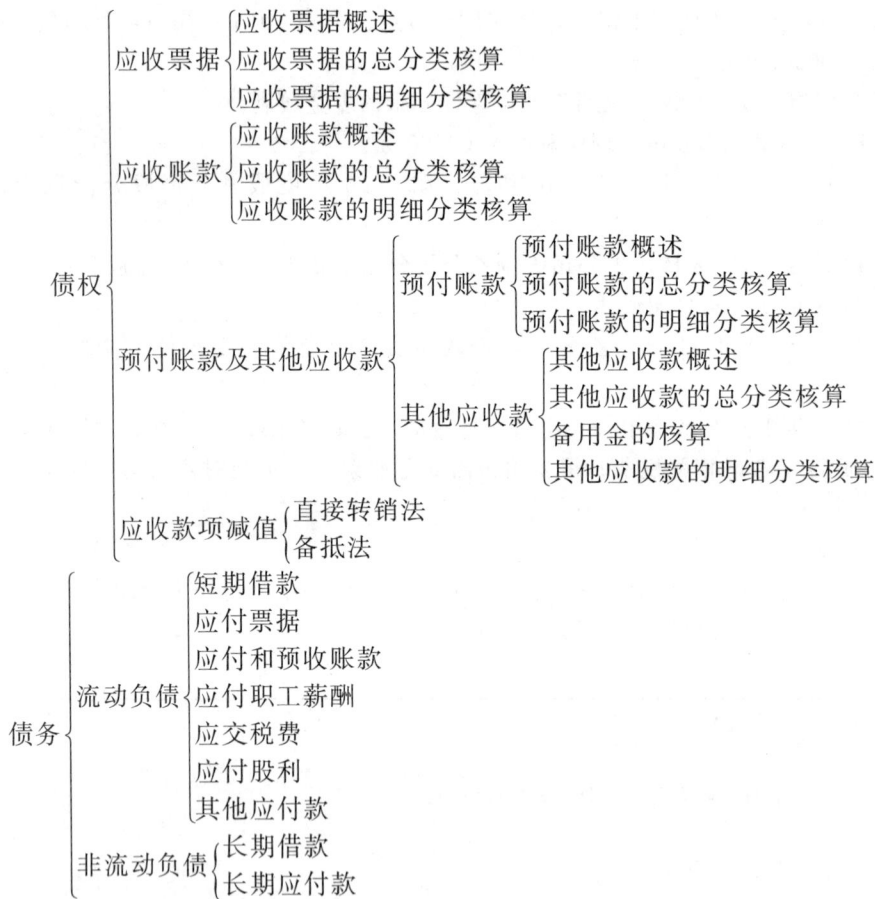

```
        ┌应收票据 ┤应收票据概述
        │        ├应收票据的总分类核算
        │        └应收票据的明细分类核算
        │
        ├应收账款 ┤应收账款概述
        │        ├应收账款的总分类核算
        │        └应收账款的明细分类核算
        │
债权─────┤                      ┌应付账款概述
        │                      ┤预付账款 ┤预付账款的总分类核算
        │                      │        └预付账款的明细分类核算
        │预付账款及其他应收款 ┤
        │                      │        ┌其他应收款概述
        │                      └其他应收款┤其他应收款的总分类核算
        │                               ├备用金的核算
        │                               └其他应收款的明细分类核算
        │
        └应收款项减值 ┤直接转销法
                     └备抵法

        ┌        ┌短期借款
        │        ├应付票据
        │        ├应付和预收账款
        │流动负债 ┤应付职工薪酬
        │        ├应交税费
债务─────┤        ├应付股利
        │        └其他应付款
        │
        └非流动负债┤长期借款
                  └长期应付款
```

本项目重点、难点分析

任务一 应收票据

一、应收票据概述

（一）应收票据的确认

（1）定义：应收票据是指企业持有的还没有到期、尚未兑现的商业票据。

144

（2）分类。

①根据承兑人不同，商业汇票分为商业承兑汇票和银行承兑汇票。

②根据票据是否带息，商业汇票分为带息商业汇票和不带息商业汇票。

（二）应收票据的计量

（1）初始取得：一般按照票面金额予以计量。

（2）持有期间：按应收票据的票面价值和确定的利率计提利息，计提的利息应增加应收票据的账面价值。

（三）应收票据核算的基本要求

应收票据核算的基本要求是：

（1）监督企业认真执行国家有关方针、政策、遵守商业汇票管理制度。

（2）反映和监督企业各种应收票据的取得、收回、贴现等情况，及时收回各种票据，加速企业资金周转。

（3）正确计算应收票据到期值、贴现值和贴现息，准确地反映和监督应收票据贴现的财务费用等情况。

二、应收票据的总分类核算

（一）账户设置

"应收票据"账户的知识点：①性质；②作用；③结构。

（二）应收票据的核算

1. 初始取得的核算

借：应收票据

　　贷：主营业务收入

　　　　应交税费——应交增值税（销项税额）

　　　　应收账款等

2. 到期的核算

借：银行存款

　　贷：应收票据

如果是带息票据到期，处理如下。

借：银行存款

　　贷：应收票据

　　　　财务费用——利息收入

3. 持有期间计息的核算

应收票据利息＝应收票据的票面金额×利率×期限

公式中：利率一般以年利率表示；期限是指票据签发日至到期日的时间间隔，用月或日表示。

在实际生活中，常把一年定为365天。

票据期限按月表示时，应以到期月份中与出票日相同的那一天为到期日；月末签发的票据，无论月份大小，以到期月份月末那一天为到期日。

票据期限按日表示时，应从出票日起按实际天数计算，通常出票日和到期日只能计算其中一天，即"算头不算尾"或"算尾不算头"。

【案例 8-1-1】2019 年 11 月 1 日，甲企业采用商业承兑汇票结算方式销售乙企业产品一批，价款 100 000 元（不含税），增值税税率为 13％。产品已发出，2019 年 11 月 1 日收到乙企业一张 3 个月到期的商业承兑汇票［原始凭证：增值税专用发票（记账联）、银行收账通知、利息计算表］。

①甲企业收到商业汇票时，应根据有关销售合同和承兑的商业汇票编制记账凭证。会计分录如下。

借：应收票据   113 000
    贷：主营业务收入   100 000
        应交税费——应交增值税（销项税额）   13 000

②商业汇票到期，承兑企业如期付款，甲企业应根据"进账单"收款通知联编制收款凭证，会计分录如下。

借：银行存款   113 000
    贷：应收票据   113 000

③上述商业汇票如为带息商业汇票，假定年利率为 10％，收到票据时会计分录同①。2016 年年度终了时，计提票据利息，计算如下。

116 000×10％÷12×2＝1 883.33（元）

借：应收票据   1 883.33
    贷：财务费用   1 883.33

票据到期收回货款，收款本息合计为：

113 000×（1＋10％÷12×3）＝115 825（元）

2008 年 1 月末计提的票据利息为：

113 000×10％÷12×1＝941.67（元）

借：银行存款   115 825
    贷：应收票据   114 883.33
        财务费用   941.67

4. 转让的核算

（1）定义：应收票据转让是指持票人因偿还欠款等原因，将未到期的商业汇票背书转让给其他单位或个人的业务活动。

（2）核算。

借：原材料/库存商品
    应交税金——应交增值税（进项税额）
    贷：应收票据
        财务费用（未提利息）
        银行存款（差额，或借）

5. 贴现的核算

（1）应收票据的贴现概述。

①定义：应收票据的贴现是指企业以未到期应收票据向银行融通资金，银行按票据的应收金额扣除一定期间的贴现利息后，将余额付给企业的行为。

②分类：带追索权贴现和不带追索权贴现两种。

追索权，是指企业在转让应收款项的情况下，接受方在应收款项拒付或逾期支付时，向应收款项转让方索取应收金额的权利。

不带追索权贴现时，票据一经贴现，企业将应收票据上的风险（不可收回账款的可能性）和未来经济利益全部转让给银行，企业贴现所得收入与票据账面价值之间的差额，计入当期损益。

（2）应收票据的贴现计量。

贴现所得＝票据到期值－贴现利息

贴现利息＝票据到期值×贴现率×贴现期

贴现期＝票据期限－企业已持有票据期限

到期值＝面值＋利息

（3）应收票据的贴现账务处理。

①附追索权应收票据贴现，贴现时。

借：银行存款

　　贷：短期借款

　　　　财务费用——利息

②票据到期，当出票人向银行兑付票据和利息时。

借：短期借款

　　贷：应收票据

③票据到期，出票人未能按期支付票据的本金和利息。

借：短期借款　　　　　　　　（本金）

　　其他应收款　　　　　　　（票据所生利息）

　　贷：银行存款

同时，将应收票据转入"应收账款"账户。

借：应收账款

　　贷：应收票据

【案例 8-1-2】 甲工业公司 2019 年 8 月 30 日将一张 6 月 1 日出票期限为 180 天，年利率为 8％，票面金额为 10 000 元的商业汇票，向银行申请贴现，银行年贴现率为 9％。其计算及账务处理如下（原始凭证：银行贴现凭证、银行收账通知、利息计算表）。

①票据到期值＝10 000×（1＋8％×180 天/360 天）＝10 400（元）

②贴现天数＝2＋30＋31＋27＝90（天）

③贴现利息＝10 400×9％×90 天/360 天＝234（元）

④贴现所得＝10 400－234＝10 166（元）

⑤利息收入＝票据贴现所得－票面额＝10 166－10 000＝166（元）

贴现的账务处理如下。

①8 月 30 日贴现时。

借：银行存款　　　　　　　　　　　　　　　　　　　　　　10 166

　　贷：短期借款　　　　　　　　　　　　　　　　　　　　　10 000

财务费用——利息　　　　　　　　　　　　　　　　　　　　166

②11 月 28 日票据到期，当出票人向银行兑付票据和利息时。

借：短期借款　　　　　　　　　　　　　　　　　　　10 000
　　贷：应收票据　　　　　　　　　　　　　　　　　　　　10 000

③11 月 28 日票据到期，如出票人未能按期支付票据的本金和利息，拖欠债务，则企业应承担这笔或有负债，以银行存款偿付给贴现银行。

借：短期借款　　　　　　　　　　　　　　　　　　　10 000
　　其他应收款　　　　　　　　　　　　400（票据所生利息）
　　贷：银行存款　　　　　　　　　　　　　　　　　　　10 400

同时，将应收票据转入"应收账款"账户。

借：应收账款　　　　　　　　　　　　　　　　　　　10 000
　　贷：应收票据　　　　　　　　　　　　　　　　　　　　10 000

（4）不附追索权应收票据贴现。

在会计处理上发生不附追索权应收票据贴现时，按照实际收到的金额借记"银行存款"账户，按照应收票据票面金额贷记"应收票据"，按照票据所生利息和贴现息之间的差额借记或贷记"财务费用"。

三、应收票据的明细分类核算

（1）企业应在"应收票据"总账科目下，按不同的票据种类分别设置明细科目，进行明细分类核算。

（2）为了便于管理和分析各种票据的具体情况，企业还应设置"应收票据备查簿"，逐笔登记每一应收票据。

（3）应收票据到期结清票款或退票后，应在"应收票据备查簿"内逐笔注销。

任务二　应收账款

一、应收账款概述

（一）应收账款的确认

（1）定义：应收账款是指企业在正常的经营过程中因销售商品、产品提供劳务等业务，应向购买单位收取的款项，包括应由购买单位或接受劳务单位负担的税金、代购买垫付的各种运杂费等。

（2）确认时间：应收账款应于收入实现时确认。

（3）范围：

①应收账款是指因销售活动形成的债权，不包括应收职工欠款、应收债务人的利息等其他应收账款。

②应收账款是指流动资产性质的债权，不包括长期债权，如购买的长期债券等。

③应收账款是指本企业应收客户的款项，不包括本企业付出的各类存出保证金，

如投标保证金和租入包装物保证金等。

（二）应收账款计量

（1）初始计量：通常应按实际发生额计价入账。

（2）初始计量影响因素有以下五点。

①应收的合同或协议价款。

②增值税销项税额。

③代垫的费用。

④商业折扣。商业折扣是指企业进行促销，在商品标价上给予的扣除，企业按扣除商业折扣后的实际销售额入账。

⑤现金折扣。现金折扣是指债权人为了鼓励债务人在规定的期限内早日付款，而向债务人提供的按销售价格的一定比率所做的扣除。

现金折扣表达方式：用"折扣率/付款期限"表示，如"2/10，1/20，n/30"。

现金折扣核算方法包括总价法和净价法两种。按照我国《企业会计准则》的规定，应当按总价法确认。

（三）应收账款核算的基本要求

1. 基本要求

（1）反映企业各种应收账款的形成、收回及其增减变化情况，监督企业认真执行国家有关方针、政策和结算制度。

（2）控制应收账款的限额和回收时间，促使企业加强应收款的管理，加速资金周转。

（3）采用坏账准备抵法的企业，应按规定比例或根据实际情况计提坏账准备，并对确认无法收回的坏账按规定经行处理。

2. 原始凭证主要有

（1）销货方销货发票（记账联）。

（2）购货方提货证明（销货发票提货联）。

（3）购货方延期付款的申请书（或赊销合同、欠条等）。

二、应收账款的总分类核算

（一）账户设置

"应收账款"账户的知识点：①性质；②作用；③结构。

（二）应收账款的核算

1. 发生应收账款的核算

借：应收账款

　　贷：主营业务收入

　　　　应交税费——应交增值税（销售税额）

　　　　银行存款（代垫费用）

2. 收回应收账款的核算

借：银行存款

  贷：应收账款

【案例 8-2-1】（1）甲企业 2019 年 11 月 6 日向乙公司销售 A 产品一批，货款 100 000 元，增值税额 13 000 元，货款尚未收到。（原始凭证：①增值税专用发票 ②银行付款凭证 ③银行收账通知 ④商业汇票）企业应根据"销售发票"等有关证明，作如下会计分录：

2019 年 11 月 6 日销售时：

借：应收账款——乙公司   113 000

  贷：主营业务收入   100 000

    应交税费——应交增值税（销售税额）   13 000

（2）2019 年 11 月 6 日上述企业向甲工厂代垫运杂费 3 270 元，代垫费已通过银行支付。应根据银行付款通知，作如下会计分录：

借：应收账款——乙工厂公司   3 270

  贷：银行存款   3 270

（3）承（1）（2）中的条件，假如企业在 2019 年 11 月 14 日收到货款，企业规定的现金折扣条件为："2/10，n/30"，应作如下会计分录：

借：银行存款   113 944.6

  财务费用   2 325.4

  贷：应收账款——乙公司   116 270

（4）2019 年 11 月 14 日，如果向甲公司销售的 A 产品改用商业承兑汇票结算，收到乙公司开出的 3 个月到期，票面金额 116 270 元的商业承兑汇票一张。作如下会计账务处理：

借：应收票据   116 270

  贷：应收账款——乙公司   116 270

三、应收账款的明细分类核算

应收账款应按不同的客户，分别设置明细账。

应收账款明细分类账与应收账款总账区别在于，明细账提供的是明细资料，总账提供的是总括资料。

任务三　预付账款及其他应收款

一、预付账款

（一）预付账款概述

1. 预付账款确认

预付账款是指企业按购销合同规定，预付给供货单位的货款。

2. 预付账款计量

预付账款按实际付出的金额入账，期末，预付账款按历史成本反映。

3. 核算的基本要求

（1）反映企业预付账款的支付及其结算情况。

（2）监督企业遵守有关结算制度。

（3）促使企业合理安排订货，提高资金利用效果。

（二）预付账款的总分类核算

1. 账户设置

"预付账款"账户的知识点：①性质；②作用；③结构。

注意，预付账款情况不多的企业，可以将预付货款直接计入"应付账款"科目的借方，不另设"预付账款"科目，但在编制会计报表时，仍然要将"预付账款"和"应付账款"的金额分开列示。

2. 预付账款的核算

【案例 8-3-1】2019 年 11 月 8 日，乙企业订购丙企业甲产品 60 吨，货款为 60 000 元，增值税为 7 800 元，按订货单合同规定，向供货单位预付 15 000 元的货款（原始凭证：银行付款凭证、增值税专用发票、材料验收单）。

企业应根据购货合同和银行存款付出凭证，账务处理如下。

借：预付账款——丙企业　　　　　　　　　　　　　　　　15 000

　　贷：银行存款　　　　　　　　　　　　　　　　　　　　　　15 000

2019 年 11 月 13 日，企业收甲产品及相关的发票账单，发票账单中列示，甲产品货款为 60 000 元，增值税为 7 800 元。验货入库，不足款通过银行补付。根据发票账单、银行存款付出凭证等，账务处理如下。

借：原材料　　　　　　　　　　　　　　　　　　　　　　60 000

　　应交税费——应交增值税（进项税额）　　　　　　　　7 800

　　贷：预付账款——丙企业　　　　　　　　　　　　　　　15 000

　　　　银行存款　　　　　　　　　　　　　　　　　　　　52 800

（三）预付账款的明细分类核算

企业应按供货单位名称设置明细账，进项预付账款的明细分类核算。

预付账款明细账的性质与其总账的性质相同。

二、其他应收款

（一）其他应收款概述

1. 其他应收款的确认

（1）定义：其他应收款是指企业除应收票据、应收账款、预付账款、应收股利和应收利息以外的其他各种款项。

（2）范围：

①预付给企业内部职能部门、车间和职工的备用款项。

②应收的各种赔款，包括应向过失人和保险公司收取的材料物资等方面的赔偿款项。

③应收的各种罚款。

④应收出租包装物等的租金。

⑤存出的保证金，如包装物押金等。

⑥应向职工个人收取的各种垫付的款项。

⑦应收、暂付上级单位、所属单位的款项。

2. 其他应收款计量

其他应收款应当于实际发生时按照实际发生金额计量。

3. 其他应收款核算的基本要求

（1）企业应健全各项有关管理制度，如对各种罚款，应严格按照国家有关规定，划清责任，凡是应由责任人个人承担的，必须向个人收取，不得列入企业的成本费用。

（2）对于企业遭受的各种损失，必须根据具体情况，确定责任部门和个人，并据以进行相应的账务处理。

（3）对于备用金，应填制备用金领用和报销制度等。

（二）其他应收款的总分类核算

1. 账户设置

"其他应收款"账户的知识点：①性质；②作用；③结构。

2. 核算。

（1）发生

借：其他应收款——某某

    贷：有关科目

（2）收回或转销。

借：银行存款/管理费用等

    贷：其他应收款——某某

（三）其他应收款的明细分类核算

其他应收款按项目分类，并按各债权人设置科目进行明细核算。

任务四　应收款项减值

一、应收款项减值概述

（一）应收款项减值的确认

（1）定义：企业的各种应收款，可能会因为债务人拒付、破产、死亡、逾期无法

归还等原因而无法收回，即使有时收回，也因时间推移过久，而使应收款的价值贬值，即应收款减值。

（2）规定：按照会计准则规定，企业应当在资产负债表日对应收款项的账面价值进行检查，有客观证据表明该应收款项发生减值的，应将该应收款项的账面价值减记至未来现金流量现值，减记的金额确认为应收款项减值损失，并计提相应的坏账准备。

（二）应收款项减值的计量

对应收款减值的计量方法有两种，即直接转销法和备抵法。

我国会计准则规定：企业采用备抵法核算应收款减值；小企业则采用直接转销法。

（1）直接转销法是指在应收款发生减值时将其直接计入当期损益，同时冲销应收款账面价值的方法。

（2）备抵法。

①定义：备抵法是在应收款发生减值之前，每期末采用一定的方法估算可能发生的减值损失，将估算的结果计入当期损益，同时建立坏账准备，待减值损失发生时，冲销已提的坏账准备和应收款的方法。

②计算方法如下。

应计提的坏账准备金额＝应收款项的账面价值－应收款项预计未来现金流量现值

③实际工作作法。

当期实际应计提的坏账准备＝应收款项按一定方法估算应提的坏账准备金额－（或＋）"坏账准备"科目贷方（或借方）余额

估算应提的坏账准备金的方法有应收款余额百分比法、账龄分析法、赊销净额百分比法等。常采用应收款余额百分比法进行。

当期实际应计提的坏账准备＝应收款项账面余额×计提的比例－（或＋）"坏账准备"科目贷方（或借方）余额

二、应收款项减值的核算

（一）直接转销法

发生减值损失时，会计处理如下。

借：信用减值损失

　　贷：应收账款

（二）备抵法

1. 账户设置

"坏账准备"账户的知识点：①性质；②作用；③结构。

2. 应收款减值的具体核算

（1）每期末计提减值损失时。

借：信用减值损失

　　贷：坏账准备

（2）确认无法收回。

借：坏账准备

  贷：应收账款/其他应收款

（3）已确认并转销的应收款项以后收回时。

  借：应收账款/其他应收款等

    贷：坏账准备

同时做如下分录。

  借：银行存款

    贷：应收账款/其他应收款等

或直接做如下分录。

  借：银行存款

    贷：坏账准备

【案例8-4-1】甲公司2016年年末应收账款余额为1 000 000元，因单笔应收账款金额较小，该公司经减值测试后，决定按应收账款余额比例计提坏账准备，确定的比例为3％。2017年8月发生坏账损失为60 000元，其中甲公司为2 0000元，乙公司为40 000元，年末应收账款余额为1 200 000元。2018年7月，上年已核销的乙公司应收账款为40 000元又收回，期末应收账款余额为1 300 000元（原始凭证：应收款减值损失计提表、银行收款凭证）。

该公司会计处理如下。

①2016年年末计提坏账准备：1 000 000×3％＝30 000（元）

  借：信用减值损失   30 000

    贷：坏账准备   30 000

②2017年8月核销坏账。

  借：坏账准备   60 000

    贷：应收账款——甲公司   20 000

        ——乙公司   40 000

③2017年年末计提坏账准备。

按应收账款余额比例计算应计提的坏账准备＝1 200 000×3％ ＝36 000（元）

当期实际应计提的坏账准备＝36 000＋（60 000－3 0000）＝66 000（元）

  借：信用减值损失   66 000

    贷：坏账准备   66 000

④2018年7月收回上年已核销的乙公司账款40 000元。

  借：应收账款——乙公司   40 000

    贷：坏账准备   40 000

同时处理分录如下。

  借：银行存款   40 000

    贷：应收账款——乙公司   40 000

⑤2018年年末，计提坏账准备。

按应收账款余额比例计算应计提的坏账准备＝1 300 000×3％＝39 000（元）

当期实际应计提的坏账准备＝39 000－（66 000＋40 000－30 000）＝－37 000（元）

  借：坏账准备   37 000

    贷：信用减值损失   37 000

将以上坏账损失的核算在坏账准备账户中进行登记。

任务五　应付票据

一、应付票据概述

（1）定义：应付票据是指企业采用商业汇票支付方式，购买材料、商品和接受劳务供应等而开出承兑的商业汇票，商业汇票尚未到期前，构成企业的一项负债。

（2）种类：按照承兑人不同包括银行承兑汇票和商业承兑汇票两种；按是否支付利息分为带息票据和不带息票据等。

二、应付票据的会计处理

（一）账户设置

"应付票据"账户的知识点：①性质；②作用；③结构。

（二）应付票据账务处理

1. 出票

借：在途物资/库存商品/应付账款
　　应交税费——应交增值税（进项税额）
　　　贷：应付票据

2. 到期

支付票据本息时。

借：应付票据
　　财务费用
　　　贷：银行存款

票据到期，企业无力支付票款。

借：应付票据
　　　贷：短期借款——逾期借款　　（银行承兑汇票）
　　　　　应付账款　　　　　　　　（商业承兑汇票）

【案例8-5-1】甲企业为一般纳税企业，2019年4月1日购买商品为60 000元，同时出具一张面值为67 800元，期限为3个月的带息银行承兑汇票，年利率为10%（原始凭证：增值税专用发票、商业汇票、利息计算表）。

账务处理如下。

①4月1日购买商品，出具承兑的商业汇票。

借：库存商品　　　　　　　　　　　　　　　　　　　　　　60 000
　　应交税费——应交增值税（进项税额）　　　　　　　　　 7 800
　　　贷：应付票据　　　　　　　　　　　　　　　　　　　　　　　67 800

②4月30日，计算应付利息为565元（计算过程为69 600×10%/12）。

借：财务费用   565

    贷：应付票据   565

③5月31日，计算应付利息，分录同上。

④6月30日，计算应付利息，分录同上。

⑤7月1日，票据到期支付本息。

借：应付票据   69 495

    贷：银行存款   69 495

⑥若到期时该企业无力支付票款，应做如下会计分录。

借：应付票据   69 495

    贷：短期借款   69 495

任务六　应付账款

一、应付账款概述

（一）应付账款的概念

应付账款是指企业因购买材料、商品和接受劳务供应等应支付给供应者的款项。

（二）应付账款的确认条件

（1）条件：应付账款一般应在与所购买物资所有权相关的主要风险和报酬已经转移，或者所购买的劳务已经接受时确认。

（2）实际工作中：

①在物资和发票账单同时到达的情况下，一般在所购物资验收入库后，再根据发票账单登记入账，确认应付账款。

②在所购物资已经验收入库，但是发票账单未能同时到达的情况，期末应按暂估价入账，待下月初再用红字予以冲回。

二、应付账款的核算

（一）账户设置

"应付账款"账户的知识点：①性质；②作用；③结构。

不单独设置"预付账款"账户的企业，发生的预付账款应在"应付账款"账户的借方反应。

（二）应付账款账务处理

1. 发生时

借：在途物资/原材料/制造费用等

    贷：应付账款

2. 偿还时

借：应付账款

　　贷：银行存款

3. 以商业汇票抵付时

借：应付账款

　　贷：应付票据

4. 无法支付转销时

借：应付账款

　　贷：营业外收入

应付账款支付时享有现金折扣的，折扣的金额冲销"财务费用"账户。

【案例 8-6-1】甲商场于 2019 年 4 月 2 日从乙公司购入一批家电产品并已验收入库。增值税专用发票上列明，该批家电的价款为 50 万元，增值税为 6.5 万元。现金折扣条件为 1/15（计算现金折扣时需要考虑增值税）（原始凭证：增值税专用发票、银行付款凭证）。

①4 月 2 日购入商品时。

借：库存商品　　　　　　　　　　　　　　　　　　　　500 000

　　应交税费——应交增值税（进项税额）　　　　　　　 65 000

　　贷：应付账款——乙公司　　　　　　　　　　　　　　　 565 000

②假如百货商场于 2019 年 4 月 10 日按照扣除现金折扣后的金额，用银行存款付清所欠 B 公司的货款。

借：应付账款——乙公司　　　　　　　　　　　　　　 565 000

　　贷：银行存款　　　　　　　　　　　　　　　　　　　　 559 350

　　　　财务费用　　　　　　　　　　　　　　　　　　　　　 5 650

【案例 8-6-2】根据供电部门的通知，甲企业 2019 年 4 月应支付电费 10 848 元，其中生产车间电费为 6 400 元，企业行政管理部门电费为 3 200 元，增值税为 1 248 元，款项尚未支付（原始凭证：增值税专用发票、电费分配表）。

借：制造费用　　　　　　　　　　　　　　　　　　　　 6 400

　　管理费用　　　　　　　　　　　　　　　　　　　　　 3 200

　　应交税费——应交增值税（进项税额）　　　　　　　 1 248

　　贷：应付账款——××电力公司　　　　　　　　　　　　 10 848

任务七　预收账款、其他应付款及应付股利

一、预收账款

（一）预收账款概述

预收账款是指企业按照购货合同的规定，预先以货币资金或货币等价物支付供应单位的款项。

（二）预收账款的核算

1. 账户设置

"预收账款"账户的账户知识点：①性质；②作用；③结构。

预收货款业务不多的企业，可以不设置"预收账款"科目，其所发生的预收货款，可通过"应收账款"科目核算。

2. 预收账款的会计处理

【案例 8-7-1】 甲企业为一般纳税企业，2019 年 6 月 1 日与乙公司签订供货合同，供货金额为 70 000 元，应纳增值税为 9 100 元。乙公司先付全部货款的 60%，剩余货款交货后付清（原始凭证：银行收账通知、增值税专用发票、银行付款通知）。

①收到乙公司交来预付款 49 140 元。

借：银行存款 47 460

　　贷：预收账款——乙公司 47 460

②按合同规定，10 天后向乙公司发出货物，确认销售实现。

借：预收账款——乙公司 79 100

　　贷：主营业务收入 70 000

　　　　应交税费——应交增值税（销项税额） 9 100

③收到乙公司补付的货款 31 640 元。

借：银行存款 31 640

　　贷：预收账款——乙公司 31 640

④假设甲企业只能供货 30 000 元，该批货物应纳增值税为 3 900 元，企业退回预收款为 13 920 元。

借：预收账款——乙公司 47 460

　　贷：主营业务收入 30 000

　　　　应交税费——应交增值税（销项税额） 3 900

　　　　银行存款 13 560

二、其他应付款

（1）确认：其他应付款是指企业除应付票据、应付账款、预收账款、应付职工薪酬、应付利息、应付股利、应交税费、长期应付款等经营活动以外的其他各项应付、暂收的款项，如应付租入包装物租金、存入保证金等。

（2）账户：企业应设置"其他应付款"账户对其进行核算。

（3）核算。

发生时。

借：管理费用

　　贷：其他应付款

实际支付、退回有关款项时。

借：其他应付款

　　贷：银行存款

三、应付股利

（1）确认：应付股利是指企业经过股东大会，或类似机构决议确定分配给投资者的现金股利或利润。

（2）账户：企业应设置"应付股利"账户核算应付股利的分配情况。

（3）核算。

确认应付给投资者的股利或利润时。

借：利润分配——应付股利

　　贷：应付股利

支付股利或利润时。

借：应付股利

　　贷：银行存款

往来款项中还包括长期应付款。

长期应付款是指企业除长期借款和应付债券以外的其他各种长期应付未付款项，包括应付融资租入固定资产的租赁费、以分期付款方式购入固定资产发生的应付款项等。

实训练习

练习题 8-1　单项选择题

（一）要求： 将正确答案填入下列各题括号内。

（二）题目。

1. 对带息的应收票据，期末按应收票据的票面价值和确定的利率计提的利息应增加应收票据的账面价值，同时冲减（　　　）。

　　A. 管理费用　　　　　　　　　　B. 财务费用

　　C. 营业外支出　　　　　　　　　D. 利息收入

2. 应收职工欠款、应收债务人的利息等应通过（　　　）核算。

　　A. 其他应收账款　　　　　　　　B. 应收账款

　　C. 应收票据　　　　　　　　　　D. 预收账款

3. 现金折扣只有客户在折扣期内支付货款时，作为（　　　）予以确认。

　　A. 管理费用　　　　　　　　　　B. 财务费用

　　C. 销售费用　　　　　　　　　　D. 营业外支出

4. 企业按规定将提取的坏账准备，应计入（　　　）。

　　A. 财务费用　　　　　　　　　　B. 营业外支出

　　C. 资产减值损失　　　　　　　　D. 管理费用

5. 企业年末应收账款余额为 40 万元，"坏账准备"科目年末结账前为借方余额为 10 000 元，该企业按 5% 计提坏账准备，则年末实提的坏账准备为（　　　）元。

　　A. 10 000　　　　　　　　　　　B. 25 000

　　C. 30 000　　　　　　　　　　　D. 15 000

6. 预付账款不多的企业，可以不设置"预付账款"科目，而将发生的预付账款计

入（　　）核算。

A. "应付账款"的借方　　　　　　B. "应付账款"的贷方

C. "预收账款"的借方　　　　　　D. "应收账款"的贷方

7. 按照规定，我国核算应收款减值应采用的方法为（　　）。

A. 直接转销法　　　　　　　　　　B. 备抵法

C. 应收账款余额百分比法　　　　　D. 账龄分析法

8. 备抵法下，坏账损失核算的业务包括计提、发生及发生又收回等核算，下列不属于坏账损失核算之列的为（　　）。

A. 借：资产减值损失

　　贷：坏账准备

B. 借：坏账准备

　　贷：应收账款

C. 借：应收账款

　　贷：坏账准备

同时结转银行存款。

借：银行存款

　　贷：应收账款

D. 借：资产减值损失

　　贷：银行存款

9. 当期实际应计提的坏账准备金额与下列哪些因素无关（　　）。

A. 应收款项账面价值　　　　　　B. 坏账计提比例

C. "坏账准备"科目余额　　　　　D. 债权人经济状况

10. 估算应提的坏账准备金的方法不包括（　　）。

A. 应收款余额百分比法　　　　　B. 账龄分析法

C. 赊销净额百分比法　　　　　　D. 备抵法

11. 采用预收货款方式销售物时，对收到的购货单位补付的货款，应当（　　）。

A. 贷记预付账款　　　　　　　　B. 贷记应收账款

C. 借记预付账款　　　　　　　　D. 贷记预收账款

12. 下列项目中，不通过应付账款科目核算的是（　　）。

A. 应付货物的采购价款　　　　　B. 应付销货企业代垫的运杂费

C. 应付货物负担的进项税额　　　D. 应付押金

13. 下列项目中，不属于其他应付款核算的内容是（　　）。

A. 应付租金　　　　　　　　　　B. 应补付的货款

C. 存入的保证金　　　　　　　　D. 应付赔偿款

14. 商业承兑汇票到期无法偿付时，承兑企业应当进行的处理是（　　）。

A. 转作其他应付款　　　　　　　B. 转作应付账款

C. 转作短期借款　　　　　　　　D. 不进行账务处理

15. 无法支付的应付账款，经批准转销应计入的账户是（　　）。

A. 营业外收入　　　　　　　　　B. 其他业务收入

C. 资本公积　　　　　　　　　　D. 盈余公积

练习题 8-2 多项选择题

（一）要求：将正确答案填入下列各题括号内。

（二）题目。

1. 商业汇票按照承兑人不同，分为（ ）。
   - A. 商业承兑汇票
   - B. 银行承兑汇票
   - C. 带息汇票
   - D. 不带息汇票

2. 应收账款核算范围的有（ ）。
   - A. 应收销货款
   - B. 应收职工欠款、债务人的利息
   - C. 应收代垫运输费用
   - D. 应收增值税销项税额

3. 现金折扣一般符号"折扣率/付款期限"表示，以下表示正确的有（ ）。
   - A. 2/10，1/20，n/30
   - B. 1/10，2/20，n/30
   - C. 10/2，20/1，30/n
   - D. 1/15，n/30

4. 存在现金折扣的情况下，应收账款入账价值的确认方法有（ ）。
   - A. 总价法
   - B. 净价法
   - C. 应收账款余额百分比法
   - D. 账龄分析法

5. 应收票据的期限，下列说法正确的（ ）。
   - A. 票据期限按月表示时，应以到期月份中与出票日相同的那一天为到期日
   - B. 月末签发的票据，无论月份大小，以到期月份月末那一天为到期日
   - C. 票据期限按日表示时，应从出票日起按实际天数计算，通常出票日和到期日只能计算其中一天，即"算头不算尾"或"算尾不算头"
   - D. 常把一年定为 365 天

6. 企业按购货合同规定采用预付货款方式购入货物，下列会计处理可能发生的有（ ）。
   - A. 借：预付账款
         贷：银行存款
   - B. 借：原材料
         应交税费——应交增值税（进项税额）
         贷：预付账款——丙企业
         银行存款
   - C. 借：银行存款
         贷：预付账款
   - D. 借：原材料
         应交税费——应交增值税（进项税额）
         银行存款
         贷：预付账款

7. 其他应收款是指应收票据、应收账款和预付账款以外，企业应收、暂付其他单位和个人的各种款项，它包括（ ）。
   - A. 预付给企业内部职能部门、车间和职工的备用款项

B. 应收的各种赔款、应收的各种罚款

C. 存出的保证金，如包装物押金

D. 应收货款劳务款

8. 备用金的结算分（　　　）。

    A. 一次报销制　　　　　　　　　　B. 定额备用金制

    C. 应计制　　　　　　　　　　　　D. 实收实付制

9. 一次报销制下，备用金核算应包括（　　　）。

    A. 借：其他应收款

          贷：库存现金

    B. 借：管理费用

          库存现金

          贷：其他应收款

    C. 借：管理费用

          贷：其他应收款

             库存现金

    D. 借：其他应收款

          贷：管理费用

             库存现金

10. 发生应收款减值的原因有（　　　）。

    A. 拒付　　　　　B. 破产　　　　　C. 债务方经济危机　　D. 死亡

11. 下列项目中可通过"应付账款"科目核算的有（　　　）。

    A. 预付的货款　　　　　　　　　　B. 应付的劳务款

    C. 应付的货款　　　　　　　　　　D. 应付的股利

12. 应收票据的贴现是指应收票据尚未到期前，企业为了融通资金，贴附一定利息转让票据给银行而取得票款的行为。贴现所得与下列哪些因素有关（　　　）。

    A. 票据利息　　　　　　　　　　　B. 贴现利息

    C. 票据到期值　　　　　　　　　　D. 票据期限

13. 在备抵法下，企业在对应收款项减值损失进行会计核算时，应当设置"坏账准备"账户，该账户贷方登记（　　　）内容。

    A. 计提的坏账　　　　　　　　　　B. 发生的坏账

    C. 收回的坏账　　　　　　　　　　D. 多提冲回的坏账

14. 应付账款一般应在与所购买物资所有权相关的主要风险和报酬已经转移，或者所购买的劳务已经接受时确认。在实际工作中确认（　　　）。

    A. 在物资和发票账单同时到达的情况下，一般在所购物资验收入库后，再根据发票账单登记入账，确认应付账款

    B. 在所购物资已经验收入库，但是发票账单未能同时到达的情况，期末应按暂估价入账，待下月初再用红字予以冲回

    C. 在物资和发票账单同时到达的情况下，直接根据发票账单登记入账，确认应付账款

    D. 在所购物资已经验收入库，但是发票账单未能同时到达的情况，不做任何账务处理

15. 应收账款初始计量通常应按实际发生额计价入账。实际发生额包括（　　　）。

A. 销售货物或提供劳务应收的合同或协议价款

B. 增值税销项税额

C. 代垫的包装费、运杂费等

D. 商业折扣和现金折扣

练习题 8-3　判断题

（一）要求：在括号处将正确答案打√，错误的答案打×。

（二）题目。

（　　）1. 商业折扣是指企业进行促销，在商品标价上给予的扣除。

（　　）2. 带追索权贴现时，贴现企业因背书而在法律上负有连带偿债责任，这种责任可能发生，也可能不发生；可能是部分的，也可能是全部的。

（　　）3. 在会计处理上发生附追索权应收票据贴现时，可设置"短期借款"科目，等票据到期，当付款人向贴现银行付清票款后，再将"短期借款"账户转销。

（　　）4. "应收账款"科目核算企业因销售产品、材料、提供劳务、职工借款等业务，应向购货单位或本单位职工个人收取的款项。

（　　）5. 企业坏账准备的计提方法和计提比例由企业自行确定，提取方法一经确定，不能随意变更。

（　　）6. 预付账款情况不多的企业，可以将预付货款直接计入"应付账款"科目的借方，不另设"预付账款"科目，但在编制会计报表时，应将"预付账款"和"应付账款"的金额分开列示。

（　　）7. 企业应收的各种赔款，应收的各种罚款应通过应收账款核算。

（　　）8. 董事会或类似机构通过的利润分配方案中拟分配的现金股利和利润，不作账务处理，但应在附注中披露。

（　　）9. 实际工作中，应付账款的入账时间，如果在物资和发票账单同时到达的情况下，一般在所购物资验收入库后，再根据发票账单登记入账，确认应付账款。

（　　）10. 在备抵法下，企业当设置"坏账准备"科目核算应收款项的坏账准备的计提和转销等情况。

（　　）11. 确实无法支付的应付账款应予转销，计入"营业外收入"。

（　　）12. 按照会计准则规定，企业应当在资产负债表日对应收款项的账面价值进行检查，有客观证据表明该应收款项发生减值的，应将该应收款项的账面价值减记至未来现金流量现值，减记的金额确认为应收款项减值损失，并计提相应的坏账准备。

（　　）13. 企业在折扣期内付款享受的现金折扣应增加当期的财务费用。

（　　）14. 如果票据到期，企业无力支付票款，如为商业承兑汇票，转入"短期借款"账户。

（　　）15. 董事会或类似机构通过的利润分配方案中拟分配的现金股利和利润，不做账务处理，但应在附注中披露。

实训题 8-1 坏账损失的核算

（一）目的：掌握坏账损失的核算。

（二）资料。

2019 年 1 月 1 日，甲企业应收账款余额为 3 000 万元，坏账准备余额为 150 万元。2019 年度，甲企业发生如下相关业务。

（1）销售商品一批，增值税专用发票上注明的价款为 5 000 万元，增值税额为 800 万元，货款尚未收到。

（2）因客户乙破产，该客户所欠货款 10 万元不能收回，确认为坏账损失。

（3）收回上年度已转销为坏账损失的应收账款 8 万元并存入银行。

（4）收到丙客户以前所欠的货款为 4 000 万元并存入银行。

（5）2019 年 12 月 31 日，甲公司对应收账款进行减值测试，确定按 5％计提坏账准备。

（三）要求。

（1）编制 2019 年度确认坏账损失的会计分录。

（2）编制收到上年度已转销为坏账损失的应收账款的会计分录。

（3）计算 2019 年年末"坏账准备"账户余额。

（4）编制 2019 年年末计提坏账准备的会计分录（答案中的金额单位用万元表示）。

解答：

（1）2019 年度确认坏账损失的会计分录：

（2）收到上年度已转销为坏账损失的应收账款的会计分录。

（3）计算 2019 年年末"坏账准备"科目余额：

（4）编制 2019 年年末计提坏账准备的会计分录。

实训题 8-2 应收账款的核算

（一）目的：掌握应收款现金折扣的核算。

（二）资料。

甲公司为增值税一般纳税企业，适用的增值税税率为 13％。2019 年 5 月 1 日，向乙公司销售某商品为 1 000 件，每件标价为 2 200 元，实际售价为 2 000 元（售价中不含增值税额），已开出增值税专用发票，商品已交付给乙公司。为了及早收回货款，甲公司在合同中规定的现金折扣条件为：2/10，1/20，n/30。假定现金折扣时不考虑增值税。

（三）要求。

（1）编制甲公司销售商品时的会计分录（"应交税费"科目要求写出明细科目及专栏）。

（2）根据以下假定，分别编制甲公司收到款项时的会计分录。

①乙公司在 5 月 8 日按合同规定付款，甲公司收到款项并存入银行。

②乙公司在 5 月 19 日按合同规定付款，甲公司收到款项并存入银行。

③乙公司在 5 月 29 日按合同规定付款，甲公司收到款项并存入银行。

（答案中的金额单位用万元表示）

解答：

```
(1) 甲公司在 5 月 8 日：



(2) 甲公司在 5 月 19 日：



(3) 甲公司在 5 月 29 日：



```

实训题 8-3　应付票据的核算

（一）目的：掌握练习带息和不带息商业汇票的核算。

（二）资料。

1. 甲企业 2019 年 10 月购入 A 材料一批，货款为 30 000 元，增值税为 5 100 元，当日签发并承兑一张为期 3 个月、面额为 33 900 元的不带息商业承兑汇票结算，材料已验收入库。

2. 甲企业 2019 年 11 月 1 日购入 C 材料一批，增值税专用发票上注明的价款为 60 000 元，增值税为 7 800 元，同时出具一张为期 3 个月、票面利率为 6％、面额为 67 800 元的带息银行承兑汇票。C 材料已运达企业并验收入库；在办理银行承兑汇票时，以银行存款支付承兑手续费 600 元。

（三）要求。

1. 根据资料 1，做出该企业购入材料、到期支付票款、到期企业暂无力支付票款的会计处理。

2. 根据资料 2，做出该企业支付承兑手续费、购入材料、计提各月应付利息、到期支付票款的会计处理。

解答：

```
1. 根据资料 1
(1) 购入材料入库，签发并承兑汇票时：



```

（2）到期支付票款时：

（3）若票据到期企业暂无力支付票款时：

2. 根据资料 2

（1）支付承兑手续费：

（2）购入材料入库，交付银行承兑汇票时：

（3）11 月、12 月、1 月月末计提各月应付利息：

（4）2 月 1 日到期支付票款时：

实训题 8-4　应付账款和预收账款的核算

（一）目的：掌握应付账款的核算。

（二）资料。

1. 甲企业 2019 年 6 月 8 日购进 C 材料一批，增值税专用发票上注明的价款为 20 000 元，增值税为 2 600 元，对方代垫运费为 1 000 元，增值税 90 元。C 材料已运到并验收入库，但款项尚未支付。材料按实际成本核算。付款条件为 2/10，n/30，折扣按含增值税款计算。6 月 10 日，上述款项通过银行支付。

2. 甲企业 2019 年 6 月 16 日收到北方公司预付 A 产品的货款为 30 000 元，已存入银行。6 月 20 日向北方公司发出 A 产品为 80 件，价款为 30 400 元，增值税款为 3 952 元，计 34 352 元。差额款为 5 264 元收到，并存入银行。

（三）要求。

1. 根据资料 1，做出该企业购入材料、计提各月应付利息、到期支付票款的会计处理。

2. 根据资料 2，做出该企业收到预收款、销售产品、收到补付款的会计处理。

解答：

1. 根据资料 1

（1）购入：

（2）计提利息：

（3）到期支付：

2. 根据资料 2

（1）收到预收款：

（2）销售产品：

（3）收到补付款：

项目九 职工薪酬岗位核算

职工薪酬认知 { 应付职工薪酬概述
应付职工薪酬的计量 }

职工薪酬的核算 { 账户设置
应付职工薪酬的账务处理 { 短期职工薪酬货币性薪酬的核算
设定提存计划职工薪酬核算 } }

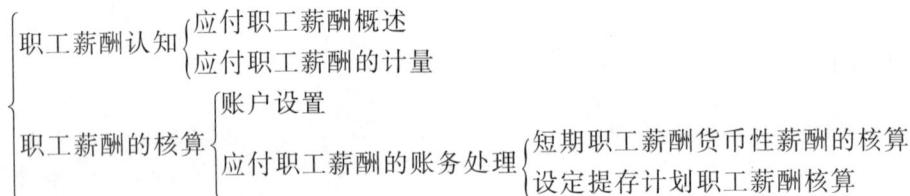

● 本项目重点、难点分析 ●

任务一 职工薪酬认知

一、职工薪酬概述

（一）职工薪酬的确认

（1）定义：职工薪酬是指企业为获得职工提供的服务或解除劳动关系而给予职工各种形式的报酬或补偿。

（2）"职工"的内涵包括三类人员。

①与企业订立劳动合同的所有人员，含全职、兼职和临时职工。

②未与企业订立劳动合同但由企业正式任命的企业治理层和管理层人员。

③在企业的计划和控制下，虽未与企业订立劳动合同或未由其正式任命，但为其提供与职工类似服务的人员。

（二）职工薪酬的主要内容

1. 短期薪酬

（1）确认：短期薪酬是指企业在职工提供相关服务的年度报告期间结束后12个月内需要全部予以支付的职工薪酬，因解除与职工的劳动关系给予的补偿除外。

（2）短期薪酬内容：

①职工工资、奖金、津贴和补贴，指按国家统计局《关于职工工资总额组成的规定》，构成工资总额的计时工资、计件工资、支付给职工的超额劳动报酬和增收节支的劳动报酬、为了补偿职工特殊或额外的劳动消耗和因其他特殊原因支付给职工的津贴，

以及为了保证职工工资水平不受物价影响支付给职工的物价补贴等。

②职工福利费，指企业向职工提供的生活困难补助、丧葬补助、抚恤补助、职工异地安家费、防暑降温费等福利开支，以及按国家规定开支的其他职工福利支出。

③社会保险，指"医疗保险费""工伤保险费""生育保险费"三种社会保险。

④住房公积金，指企业按照国家规定的基准和比例计算，向住房公积金管理机构缴存的住房公积金。

⑤工会经费和职工教育经费，指企业为了改善职工文化生活、提高职工业务素质用于开展工会活动和职工教育及职业技能培训，根据国家规定的基准和比例，从成本费用中提取的金额。

⑥短期带薪缺勤，指企业支付职工的缺勤期间的报酬，包括年休假、病假、短期伤残、婚嫁、产假、丧假、探亲假等。

⑦利润分享计划，指企业与职工达成的基于利润或其他经营成果提供薪酬的协议。

⑧非货币性福利，指企业以产品、商品发放给职工作为福利，以及提供给职工无偿使用的自有的或租赁的资产。如提供给企业高级管理人员免费使用的住房、汽车等。

⑨其他短期薪酬，除以上薪酬之外的其他为获取职工服务而给予的短期薪酬。

2. 离职后福利

企业为获得职工提供的服务而在职工退休或与企业解除劳动关系后，提供的各种形式的报酬和福利，短期薪酬和辞退福利除外。

3. 辞退福利

辞退福利是指企业在职工劳动合同到期之前解除与职工的劳动合同关系，或者为鼓励职工自愿接受裁减而给予职工的补偿。通常采取解除劳动合同关系时一次性支付补偿方式。

4. 其他长期职工福利

其他长期职工福利是指除短期职工薪酬、离职后福利、辞退福利之外所有的职工薪酬。包括长期带薪缺勤、长期残疾福利、长期利润分享计划等。

二、应付职工薪酬的计量

（一）货币性职工薪酬

（1）没有明确规定计提基础和计提比例的，企业应当根据历史经验数据和自身实际情况计算确定应付职工薪酬金额。资产负债表日，对实际发生金额与预计金额的差额，结合政策变动，下个会计期间进行调整。

（2）有明确计提基础和计提比例的，按照国家规定标准和比例计提。如社会保险费、住房公积金、工会经费（工资总额的 2％）和职工教育经费（工资总额的 2.5％）等。

（二）非货币性福利

（1）以自己生产的产品和外购商品作为福利，以产品商品的公允价计量。

（2）无偿向职工提供自有或租赁固定资产，以每期计提的折旧费或应支付租金计量。

政策新动态

时间：2014 年。

内容：《企业会计准则第 9 号——职工薪酬》应用指南（2014）。

《企业会计准则第 9 号——职工薪酬》明确界定了职工和职工薪酬的含义，规范了职工薪酬的确认、计量和相关信息的披露要求。

本准则规定，职工薪酬应当分类为短期薪酬、离职后福利、辞退福利和其他长期职工福利。企业应当严格按照本准则的规定，根据职工薪酬的性质，对职工薪酬进行合理分类，作为职工薪酬会计处理的基础。

任务二　职工薪酬的具体核算

一、账户设置

"应付职工薪酬"账户的知识点：①性质；②作用；③结构；明细账户设置。

明细账户："应付职工薪酬——工资、奖金、津贴和补贴"

　　　　　　　　　——职工福利费

　　　　　　　　　——非货币性福利

　　　　　　　　　——社会保险费

　　　　　　　　　——住房公积金

　　　　　　　　　——工会经费和职工教育经费

　　　　　　　　　——短期带薪缺勤

　　　　　　　　　——利润分享计划

　　　　　　　　　——设定提存计划

　　　　　　　　　——设定受益计划义务

　　　　　　　　　——辞退福利

二、应付职工薪酬的账务处理

（一）短期职工薪酬的核算

1. 货币性薪酬的核算

1）工资、奖金、津贴和补贴

企业应在职工为其提供服务的会计期间，将应付的职工的工资、奖金、津贴和补贴等短期薪酬确认为负债，并根据职工提供服务的受益对象，分别不同情况情况处理为当期的成本费用。

（1）分配时：根据编制的"工资费用分配表"中"应发金额"

借：生产成本

　　制造费用

管理费用

销售费用

　　　　贷：应付职工薪酬——工资、奖金、津贴和补贴

（2）支付时同时结转代扣款：

根据编制的"工资费用分配表"中"实发金额"栏合计金额，通过开户银行或从开户银行提现发给职工。

　　借：应付职工薪酬——工资、奖金、津贴和补贴

　　　　贷：银行存款

　　　　　　应交税费——应交个人所得税

　　　　　　应付职工薪酬——社会保险费

　　　　　　　　　　　　——住房公积金

【案例9-2-1】2019年7月，甲应付工资总额为462 000元，工资费用分配汇总表中列示的产品生产人员工资为320 000元，车间管理人员工资为70 000元，企业行政管理人员工资为60 400元，销售人员工资为11 600元（原始凭证：工资结算汇总表，如表9-2-1所示）。

甲企业分配工资的有关账务处理如下。

　　借：生产成本——基本生产成本　　　　　　　　　　　　320 000

　　　　制造费用　　　　　　　　　　　　　　　　　　　　70 000

　　　　管理费用　　　　　　　　　　　　　　　　　　　　60 400

　　　　销售费用　　　　　　　　　　　　　　　　　　　　11 600

　　　　贷：应付职工薪酬——工资、奖金、津贴和补贴　　　462 000

【案例9-2-2】接【案例9-2-1】2019年7月，甲企业根据"工资结算汇总表"结算本月应付职工工资总额462 000元，代扣款总额44 350元。其中：代扣个人所得税27 720元，社会保险费11 550，住房公积金5 080元，实发工资417 650元。（原始凭证：①工资结算汇总表②银行付款凭证）

甲企业发放工资结转代扣款会计处理如下：

　　借：应付职工薪酬——工资、奖金、津贴和补贴　　　　　462 000

　　　　贷：银行存款　　　　　　　　　　　　　　　　　　417 650

　　　　　　应交税费——应交个人所得税　　　　　　　　　27 720

　　　　　　应付职工薪酬——社会保险费　　　　　　　　　11 550

　　　　　　　　　　　　——住房公积金　　　　　　　　　5 080

附件：案例9-2-1-1

表9-2-1　工资结算汇总表

2019年07月31日　　　　　　　　　　　　　　　　　　单位：元

部门	应发工资			待扣款项				实发工资
	标准工资	奖金、津贴、补贴	应付工资	个人所得税	社保	公积金	合计	
生产人员	288 000	32 000	320 000	19 200	8 000	3 520	30 720	289 280
车间管理	63 000	7 000	70 000	4 200	1 750	770	6 720	63 280
行政管理	54 360	60 400	60 400	3 624	1 510	663	5 797	54 603

部门	应发工资			待扣款项				实发工资
	标准工资	奖金、津贴、补贴	应付工资	个人所得税	社保	公积金	合计	
销售部门	10 440	1 160	11 600	696	290	127	1 113	10 487
……	415 800	46 200	462 000	27 720	11 550	5 080	44 350	417 650

会计主管：李明　　　　　　　　　　　　　制表人：张进

2）职工福利费以及按照国家规定计提标准的职工薪酬

对于职工福利费，如食堂补贴等，按照新会计准则要求，不再计提，以实际发生额据实列支计入当期损益或资产成本。

国家规定计提标准的职工薪酬，如社会保险费（医疗保险费、工伤保险费、生育保险费等）、住房公积金、工会经费、职工教育经费等，企业应在其提供服务期间，根据规定的计提基础和比例计算确定应付职工薪酬金额，按照受益对象计入当期损益或相关资产成本。

期末，企业根据计提数或据实列支数

借：生产成本

　　制造费用

　　管理费用

　　销售费用

　　贷：应付职工薪酬——社会保险费

　　　　　　　　　　——住房公积金

　　　　　　　　　　——职工福利费

　　　　　　　　　　——工会经费

　　　　　　　　　　——职工教育经费

【案例 9-2-3】 根据国家规定的计提标准结合企业实际情况，甲企业 2019 年 7 月应向社会保险经办机构缴纳职工社会保险（医疗保险、工伤保险、生育保险）和职工福利费等计算如表 9-2-2 所示。（原始凭证：社会保险费及福利费计算表）

甲企业的有关会计处理如下。

借：生产成本——基本生产成本　　　　　　　　　　　152 000

　　制造费用　　　　　　　　　　　　　　　　　　　 33 250

　　管理费用　　　　　　　　　　　　　　　　　　　 28 690

　　销售费用　　　　　　　　　　　　　　　　　　　　5 510

　　贷：应付职工薪酬——社会保险费　　　　　　　　110 880

　　　　　　　　　　——住房公积金　　　　　　　　 46 200

　　　　　　　　　　——职工福利费　　　　　　　　 46 200

　　　　　　　　　　——工会经费和职工教育经费——工会经费　　　9 240

　　　　　　　　　　——工会经费和职工教育经费——职工教育经费　6 930

附件：案例 9-2-3-1

表 9-2-2　甲公司社会保险费及福利费计算表　　　　　　　　单位：元

项目	计提基数	社会保险（医疗保险、工伤保险、生育保险）（24%）	公积金（10%）	福利费实际发生额	工会经费（2%）	职工教育费（1.5%）	合计
生产人员	320 000	76 800	32 000	32 000	6 400	4 800	152 000
车间管理人员	70 000	16 800	7 000	7 000	1 400	1 050	33 250
行政管理人员	60 400	14 496	6 040	6 040	1 208	906	28 690
销售人员	11 600	2 784	1 160	1 160	232	174	5 510
合计	462 000	110 880	46 200	46 200	9 240	6 930	219 450

3）短期带薪缺勤

对于职工的带薪缺勤，企业应当根据其性质，以及职工应享有的权利，分为累积带薪缺勤和非累积带薪缺勤两类。

（1）累积带薪缺勤：累积带薪缺勤，是指带薪权利可以结转到下期的带薪缺勤，本期尚未用完的带薪缺勤权利可以在未来期间使用。

确认时：

借：管理费用

　　贷：应付职工薪酬——带薪缺勤——短期带薪缺勤——累积带薪缺勤

【案例 9-2-4】企业共有职工 1000 人，从 2018 年 1 月 1 日起，该企业实行累积带薪缺勤制度，规定每个职工每年可以享受 5 个工作日的带薪休假，未使用的年休假只能向后结转一个公历年度，超过一年未使用的作废，职工离开企业也无权获得现金支付。职工休年休假时，首先可使用当年可享受的权利，再从上年结转的权利中扣除。2018 年 12 月末，企业预计 2019 年有 920 名职工享受不超过 5 天的带薪缺勤，另 80 名职工将平均享受 7 天的年休假。假如这 80 名职工都是总部管理人员，每天企业平均工资为 350 元，不考虑其他相关税费。

2018 年末，甲企业应预计累积未使用的带薪缺勤权利而导致的预期支付金额为：

$80 \times (7-5) \times 350 = 56\ 000$（元）

2018 年末，甲企业会计处理为：

借：管理费用　　　　　　　　　　　　　　　　　　　56 000

　　贷：应付职工薪酬——带薪缺勤——短期带薪缺勤——累积带薪缺勤

　　　　　　　　　　　　　　　　　　　　　　　　　56 000

（2）非累积带薪缺勤：非累积带薪缺勤，是指带薪权利不能结转到下期的带薪缺勤，本期尚未用完的带薪缺勤权利将予以取消，并且职工离开企业时也无权获得现金支付。企业职工的婚假、产假、丧假、探亲假、病假等期间的工资薪酬通常属于非累积的带薪缺勤。

一般情况下，与非累积带薪缺勤权利相关的薪酬已经包括在企业每期向职工发放的工资等薪酬中，因此，不必做另外的相关账务处理。

（二）非货币性薪酬的核算

1. 以自产产品为福利发放职工，向职工提供非货币性福利

（1）月末按照公允价分配进成本费用时。

借：生产成本

　　制造费用

　　管理费用

　　销售费用

　　贷：应付职工薪酬——非货币性福利

（2）实际发放时，产品视同销售。

借：应付职工薪酬——非货币性福利

　　贷：主营业务收入

　　　　应交税费——应交增值税（销项税额）

借：主营业务成本

　　贷：库存商品

2. 以外购的产品为福利发职工

（1）期末按照购入的公允价分配计入当期费用时。

借：生产成本/制造费用/管理费用/销售费用

　　贷：应付职工薪酬——非货币性福利

（2）购买产品支付货款时。

借：应付职工薪酬——非货币性福利

　　贷：银行存款

3. 以固定资产提供服务的

（1）自有的，将折旧费确认为职工薪酬。

期末处理如下。

借：生产成本/制造费用/管理费用/销售费用

　　贷：应付职工薪酬——非货币性福利

同时结转应付职工薪酬。

借：应付职工薪酬——非货币性福利

　　贷：累计折旧

（2）租入的，以租金作为薪酬。

期末处理如下。

借：生产成本/制造费用/管理费用/销售费用

　　贷：应付职工薪酬——非货币性福利

支付租金时处理如下。

借：应付职工薪酬——非货币性福利

　　贷：银行存款

【案例 9-2-5】2019 年 12 月，甲公司以其生产的每台成本为 900 元的电暖器作为福利发放给公司每名职工。甲公司共有职工 200 名，其中 150 名为直接参加生产的职工，车间管理人员为 4 人，30 名为总部管理人员，销售人员 16 人。该型号的电暖器市场销

售为每台 1 000 元，甲公司适用的增值税税率为 13%（原始凭证：非货币性薪酬分配表）。

①甲公司的有关账务处理如下。

借：生产成本　　　　　　　　　　　　　　　　　　　169 500
　　制造费用　　　　　　　　　　　　　　　　　　　　 4 520
　　管理费用　　　　　　　　　　　　　　　　　　　　33 900
　　销售费用　　　　　　　　　　　　　　　　　　　　18 080
　　　贷：应付职工薪酬——非货币性福利　　　　　　　　　　226 000

本例中，应确认的应付职工薪酬＝200×1 000×13%＋200×1 000
　　　　　　　　　　　　　　＝226 000（元）

其中，

应计入"生产成本"的金额＝150×1000×（1＋13%）＝169 500（元）

应计入"制造费用"的金额＝4×1000×（1＋13%）＝4 520（元）

应计入"管理费用"的金额＝30×1000×（1＋13%）＝33 900（元）

应计入"销售费用"的金额＝16×1000×（1＋13%）＝18 080（元）

②甲公司向职工发放电暖器作为福利，同时要根据相关税收规定，视同销售计算增值税销项税额（原始凭证：增值税专用发票、成本计算表）。

甲公司的有关会计处理如下。

借：应付职工薪酬——非货币性福利　　　　　　　　　226 000
　　　贷：主营业务收入　　　　　　　　　　　　　　　　　　200 000
　　　　　应交税费——应交增值税（销项税额）　　　　　　　 26 000
借：主营业务成本　　　　　　　　　　　　　　　　　180 000
　　　贷：库存商品——电暖器　　　　　　　　　　　　　　　180 000

【案例 9-2-6】2019 年，甲公司为总部各部门经理级别以上职工提供汽车免费使用，同时为副总裁以上高级管理人员每人租赁一套住房。甲公司总部共有部门经理以上职工为 30 名，每人提供一辆桑塔纳汽车免费使用，假定每辆汽车每月计提折旧为 1 100 元；该公司共有副总裁以上高级管理人员为 6 名，公司为其每人租赁一套面积为 180 平方米带有家具和电器的公寓，月租金为每套为 5 000 元（原始凭证：非货币性福利费分配表）。

甲公司的有关会计处理如下。

借：管理费用　　　　　　　　　　　　　　　　　　　30 000
　　　贷：应付职工薪酬——非货币性福利　　　　　　　　　　 30 000
借：应付职工薪酬——非货币性福利　　　　　　　　　33 000
　　　贷：累计折旧　　　　　　　　　　　　　　　　　　　　 33 000

提供企业拥有的汽车职工使用的非货币性福利＝30×1 100＝33 000（元）

租赁住房供职工使用的非货币性福利＝6×5 000＝30 000（元）

（三）设定提存计划的职工薪酬的核算

对于设定提存计划的职工薪酬，如职工基本养老保险等，企业应当根据资产负债表日为换取职工在会计期间应向独立主体缴存的提存金，确认为职工薪酬，并计入当期损益或相关资产成本。账务处理为：

借：生产成本

制造费用

管理费用

销售费用

在建工程

贷：应付职工薪酬——设定提存计划

【案例 9-2-7】接【案例 9-2-1】，甲公司根据当地政府规定，按工资总额的 12% 计提基本养老保险金总额为 55 440 元，具体如表 9-2-3 所示。（附件：基本养老保险计提表）

附件：业务 9-2-7-1

表 9-2-3　基本养老保险计提表

项　目	计提基数（工资）	计提比例	金　额
生产人员	320 000		38 400
车间管理人员	70 000		8 400
行政管理人员	60 400		7 248
销售人员	11 600		1 392
合计	462 000	（12%）	55 440

账务处理为：

借：生产成本　　　　　　　　　　　　　　　　　　　　38 400

制造费用　　　　　　　　　　　　　　　　　　　　8 400

管理费用　　　　　　　　　　　　　　　　　　　　7 248

销售费用　　　　　　　　　　　　　　　　　　　　1 392

贷：应付职工薪酬——设定提存计划——基本养老保险　　55 440

实训练习

练习题 9-1　单项选择题

（一）要求：在每小题的 4 个备选答案中，选出 1 个正确答案，并将正确答案的序号填在题干后的括号内。

（二）题目。

1. 下列内容不属于短期职工薪酬（　　　）。

　　A. 职工工资　　　　　　　　　　　B. 职工福利费

　　C. 离职福利　　　　　　　　　　　D. 非货币性福利

2. 下列社会保险属于离职后福利的有（　　　）。

　　A. 养老保险　　　　　　　　　　　B. 医疗保险

　　C. 工伤保险　　　　　　　　　　　D. 生育保险

3.《中华人民共和国企业所得税法实施条例》第四十二条规定，除国务院财政、税务主管部门另有规定外，企业发生的职工教育经费支出，不超过工资薪金总额（　　　）的部分，准予扣除。

    A. 2%   B. 2.5%   C. 1.5%   D. 14%

4. 以自己生产的产品和外购商品作为福利，以产品商品的（　　）计量职工薪酬。

    A. 公允价   B. 成本价

    C. 不含税售价   D. 可变现净值

5. 甲公司 2016 年年末，以其生产的每台成本为 800 元的电饭煲作为福利发放给公司每名职工，企业生产人员 200 名，该型号的电饭煲市场销售为每台 1 000 元，甲公司适用的增值税税率为 13%，应计入生产成本的金额为（　　）元。

    A. 160 000   B. 200 000   C. 226 000   D. 180 800

6. 自行建造固定资产和自行研究开发无形资产过程中发生的职工薪酬，处理意见（　　）。

    A. 计入固定资产成本

    B. 计入无形资产成本

    C. 不计入资产成本

    D. 能否计入固定资产或无形资产成本，取决于相关资产的成本确定原则

7. 非正常消耗的直接生产人员和直接提供劳务人员的职工薪酬，应在发生时确认为当期损益，计入（　　）。

    A. 生产成本   B. 制造费用

    C. 管理费用   D. 营业外支出

8. 下列薪酬，不应该根据职工提供服务的受益对象计入成本费用的是（　　）。

    A. 医疗保险费，工伤保险费和生育保险费等社会保险费

    B. 非货币性福利

    C. 住房公积金

    D. 解除与职工的劳动合同关系给予的补偿

9. 以自产产品为福利发放职工，向职工提供非货币性福利，应通过（　　）进行核算。

    A. 应付职工薪酬——短期薪酬

    B. 应付职工薪酬——职工福利费

    C. 应付职工薪酬——非货币性福利

    D. 应付职工薪酬——其他职工薪酬

10. 以固定资产提供服务的，如为租入的，以租金作为薪酬，支付租金时，应（　　）。

    A. 借：应付职工薪酬——非货币性福利

        贷：银行存款

    B. 借：生产成本等

        贷：应付职工薪酬——非货币性福利

    C. 借：应付职工薪酬——职工福利

        贷：银行存款

    D. 借：生产成本等

        贷：应付职工薪酬——职工福利费

练习题 9-2 多项选择题

（一）要求：在每小题 4 个备选答案中选出 2～4 个正确答案，并将正确答案的序号填入题中的括号内。

（二）题目。

1. 下列属于短期职工薪酬的内容有（　　　）。
   A. 职工工资
   B. 非货币性福利
   C. 短期带薪缺勤
   D. 离职福利

2. "应付职工薪酬"账户下设（　　　）等明细户。
   A. 带薪缺勤
   B. 工资、奖金、津贴和补贴
   C. 辞退福利
   D. 工会经费和职工教育经费

3. 职工薪酬中"职工"，是指（　　　）。
   A. 企业订立劳动合同的所有人员，但不含临时职工
   B. 未与企业订立劳动合同但由企业正式任命的企业治理层和管理层人员
   C. 在企业的计划和控制下，虽未与企业订立劳动合同或未由其正式任命，但为其提供与职工类似服务的人员
   D. 企业订立劳动合同的所有人员，含全职、兼职和临时职工

4. 无偿向职工提供自有或租赁固定资产，职工薪酬以每期计提的（　　　）或应（　　　）计量。
   A. 折旧费
   B. 支付租金
   C. 大修理费
   D. 小修理费

5. 2019 年，甲公司为总部各部门经理级别以上职工每人提供一辆马自达汽车免费使用，总部共有部门经理以上职工为 30 名，每辆汽车每月计提折旧为 1 500 元，甲公司账务处理包括（　　　）。
   A. 借：管理费用　　　　　　　　　　　　　　　　45 000
   　　　贷：应付职工薪酬——非货币性福利　　　　　　　45 000
   B. 借：应付职工薪酬——非货币性福利　　　　　　45 000
   　　　贷：累计折旧　　　　　　　　　　　　　　　　45 000
   C. 借：制造费用　　　　　　　　　　　　　　　　45 000
   　　　贷：应付职工薪酬——非货币性福利　　　　　　　45 000
   D. 借：累计折旧　　　　　　　　　　　　　　　　45 000
   　　　贷：应付职工薪酬——非货币性福利　　　　　　　45 000

6. 下列薪酬，应该根据职工提供服务的受益对象计入成本费用的是（　　　）。
   A. 工会经费和职工教育经费
   B. 非货币性福利
   C. 医疗保险费，工伤保险费和生育保险费等社会保险费
   D. 辞退福利

7. 非货币性福利包括（　　　）。
   A. 以企业自产的产品作为福利发给职工
   B. 以外购商品作为福利发放给职工
   C. 提供给职工无偿使用的自有的资产

D. 提供给职工无偿使用的租赁的资产

8. 短期薪酬中"三险"是指（　　　　）。

　　A. 养老保险　　　　　　　　　　B. 工伤保险费

　　C. 生育保险费　　　　　　　　　　D. 医疗保险费

9. 分配职工薪酬，应计入的账户是（　　　　）。

　　A. 生产成本　　　　　　　　　　B. 制造费用

　　C. 营业外支出　　　　　　　　　　D. 管理费用

10. 职工薪酬，应计入当期损益的有（　　　　）。

　　A. 销售费用　　　　　　　　　　B. 制造费用

　　C. 研发支出　　　　　　　　　　D. 管理费用

练习题 9-3　判断题

（一）要求：下列每小题说法中正确的在题干后的括号内写"√"，错误的在题干后的括号内写"×"。

（二）题目。

（　　）1. 企业应付给因解除与职工的劳务关系给予的补偿不应通过"应付职工薪酬"账户核算。

（　　）2. 以自己生产的产品作为福利，以产品的公允价计量职工薪酬，以外购的商品作为福利，以商品的成本价计量职工薪酬。

（　　）3. 未与企业订立劳动合同但由企业正式任命的企业管理层人员，尽管这些成员可能不是本企业员工，未与企业订立劳动合同，但对其发放的津贴、补贴等仍属于职工薪酬。

（　　）4. 企业职工，是指与企业订立劳动合同的所有人员，含全职、兼职，不包括临时职工。

（　　）5. 医疗保险费、工伤保险费和生育保险费等社会保险费属于短期薪酬，养老保险、失业保险等属于离职后福利。

（　　）6. 短期带薪缺勤，是指企业支付职工的缺勤期间的报酬，包括年休假、病假、短期伤残、婚嫁、产假、丧假、探亲假等。

（　　）7. 离职后福利是指企业在职工劳动合同到期之前解除与职工的劳动合同关系，或者为鼓励职工自愿接受裁减而给予职工的补偿。

（　　）8. 按照职工薪酬准则规定，没有明确规定计提基础和计提比例的，企业应当根据历史经验数据和自身实际情况计算确定应付职工薪酬金额。资产负债表日，对实际发生金额与预计金额的差额，结合政策变动，下个会计期间进行调整。

（　　）9. 企业因解除与职工的劳动关系给予的补偿，应根据职工提供服务的受益对象确定职工薪酬。

（　　）10. 职工薪酬有明确计提基础和计提比例的，按照国家规定标准和比例计提。工会经费时按照工资总额 2.5% 比例计提。

实训题 9-1　货币性职工薪酬——工资的核算

（一）目的： 掌握货币性职工薪酬分配、支付的核算。

（二）资料。

2019 年 12 月甲公司财会部门编制工资计算表。

工资结算汇总表

2019 年 12 月 31 日　　　　　　　　　　　　　　　　　　　单位：元

部门	应发工资			待扣款项				实发工资
	标准工资	奖金、津贴、补贴	应付工资	个人所得税	社保	公积金	合计	
生产人员	500 000	60 000	560 000	16 800	14 000	12 200	43 000	517 000
车间管理	120 000	14 000	134 000	4 020	3 350	2 680	10 050	123 950
行政管理	100 000	12 000	112 000	3 360	2 800	2 240	8 400	103 600
销售部门	20 000	2 400	22 400	670	560	440	1 670	20 730
……	840 000	88 400	828 400	24 850	20 710	17 568	63 120	765 280

会计主管：李明　　　　　　　　　　　制表人：张进

（三）要求。

1. 根据上表做该公司分配工资的账务处理（原始凭证：工资结算汇总表）。

2. 企业开出支票支付工资，做企业发放工资结转代扣款会计处理（原始凭证：工资结算汇总表、银行付款凭证）。

解答：

1. 分配工资：

2. 发放工资并结转代扣款：

实训题 9-2　货币性职工薪酬——社会保险费等的核算

（一）目的： 掌握社会保险、职工福利费、工会经费、职工教育经费等货币性职工薪酬的核算。

（二）资料。

2019 年 12 月，甲企业根据国家规定的计提标准结合企业实际情况，应向社会保险经办机构缴纳职工基本养老保险费和职工福利费等（原始凭证：社会保险费及福利费计算表）。

甲公司社会保险费及福利费计算表　　　　　　　　单位：元

项目	计提基数	社会保险（24%）	公积金（10%）	福利费实际发生额	工会经费（2%）	职工教育费（2.5%）	合计
生产人员	560 000	134 400	56 000	56 000	11 200	14 000	271 600
车间管理人员	134 000	32 160	13 400	13 400	2 680	3 350	64 990
行政管理人员	112 000	26 880	11 200	11 200	2 240	2 800	54 320
销售人员	22 400	5 376	2 240	2 240	448	560	10 864
合计	828 400	198 816	82 840	82 840	16 568	20 710	401 774

（三）要求。

根据上表资料，做社会保险、职工福利费、工会经费、职工教育经费等分配的账务处理。

解答：

实训题 9-3　非货币性职工薪酬的核算（1）

（一）目的：掌握非货币性福利——发放产品商品的核算。

（二）资料。

甲公司为一家空调生产企业，共有职工 200 名。200 名职工中：160 名为直接参加生产的职工，25 名为总部管理人员，8 名为车间管理人员，7 名为销售人员。2018 年 12 月该公司以其生产的成本为 2 000 元的空调和外购的每台不含税价格为 500 元的微波炉作为福利发放给公司每名职工。该型号空调的不含税售价为每台 3 000 元，适用的增值税税率为 13%；该公司购买的微波炉也开具了增值税专用发票，增值税税率为 13%。

（三）要求。

根据以上资料编制非货币性福利的相关会计分录。

（1）空调：

（2）微波炉：

实训题 9-4　非货币性职工薪酬的核算（2）

（一）目的：掌握非货币性职工薪酬——提供资产服务的核算。

（二）资料。

2019 年，甲公司为总部部门经理级别以上职工每人提供一辆马自达汽车免费使用，该公司总部共有部门经理以上职工 30 名，每辆马自达汽车每月计提折旧为 1 500 元；该公司还为其 8 名副总裁以上高级管理人员每人租赁一套公寓免费使用，月租金为每套 6 000 元（上述人员发生的费用无法认定受益对象）。

（三）要求。

根据以上资料编制非货币性福利的相关会计分录。

解答：

项目十　税收岗位核算

本项目知识结构图

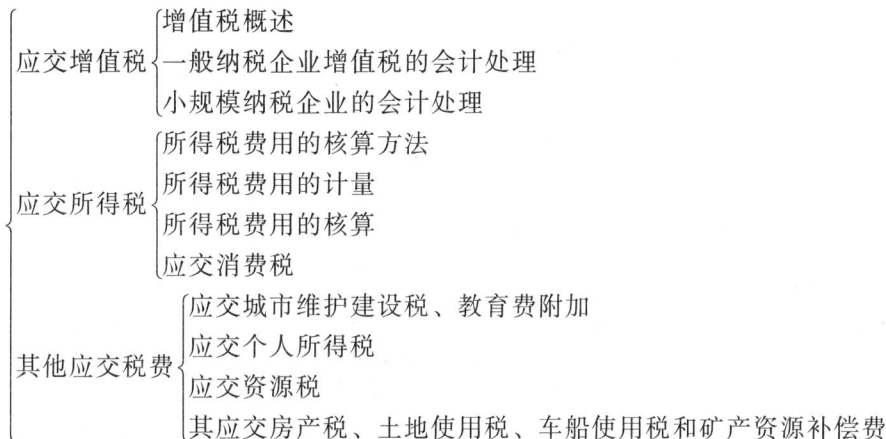

应交增值税　{ 增值税概述
一般纳税企业增值税的会计处理
小规模纳税企业的会计处理 }

应交所得税　{ 所得税费用的核算方法
所得税费用的计量
所得税费用的核算
应交消费税 }

其他应交税费　{ 应交城市维护建设税、教育费附加
应交个人所得税
应交资源税
其应交房产税、土地使用税、车船使用税和矿产资源补偿费 }

本项目重点、难点分析

应交税费是指企业必须按照国家规定履行纳税义务，对其经营所得依法缴纳的各种税费。

企业应设置"应交税费"账户进行核算，但印花税、耕地占用税、契税是不需要预计应交数的税金，不需通过"应交税费"账户核算。

任务一　应交增值税

一、增值税概述

（一）增值税定义及增值税征收范围

1. 增值税定义

增值税是以商品（含应税劳务、应税行为）在流转过程中实现的增值额为计税依据而征收的一种流转税。按照我国现行增值税制度的规定，在我国境内销售货物、加工修理修配劳务、提供应税服务、转让无形资产，销售不动产等过程中产生的增值额而征收的一种流转税。

2. 增值税征收范围

第一，销售货物，包括所有有形动产的所有权的转让。

第二，提供应税劳务，包括有偿提供加工、修理修配劳务。

第三，销售服务、无形资产、不动产。

销售服务是指有偿提供交通运输、研发和技术服务、信息技术服务、文化创意服务、物流辅助服务、有形动产租赁服务、鉴证咨询服务、邮政服务、金融服务等。

（二）增值税的纳税人及增值税税率和征收率

1. 增值税的纳税人

按照纳税人的经营规模及会计核算的健全程度，增值税纳税人分为以下两类。

（1）一般纳税人。

（2）小规模纳税人。

2. 增值税税率和征收率

一般纳税人增值税税率分三档税率：13％、9％、6％。小规模纳税人按照3％征收率征收，如表10-1-1所示。

政策新动态

时间：2019年4月1日

内容：税收政策变化

财政部、国家税务总局、海关总署等三部门发布《关于深化增值税改革有关政策的公告》。其中，一般纳税人原税率为16％的调整为13％，原税率为10％的调整为9％等，新政从2019年4月1日起执行。

1. 发生增值税应税销售行为或者进口货物

原适用16％税率的，税率调整为13％；　原适用10％税率的，税率调整为9％。

2. 购进农产品

原适用10％扣除率的，扣除率调整为9％。

3. 购进用于生产或者委托加工13％税率货物的农产品，按照10％的扣除率计算进项税额

原适用13％除率的，税率调整为10％。

4. 出口货物劳务

原适用16％税率且出口退税率为16％的，出口退税率调整为13％。

5. 出口货物、跨境应税行为

原适用10％税率且出口退税率为10％的，出口退税率调整为9％。

表 10-1-1　2019 最新增值税税率表

自 2018 年 5 月 1 日起，我国增值税税率调整为 16％、10％、6％三档，调整后的最新税率表如下：

2019 最新增值税税率表（2019 年 4 月 1 日后）

简易计税		征收率
小规模纳税人以及允许适用简易计税方式计税的一般纳税人	小规模纳税人销售货物或者加工、修理修配劳务，销售应税服务、无形资产；一般纳税人发生按规定适用或者可以选择适用简易计税方法计税的特定应税行为，但适用 5％征收率的除外。	3％
	销售不动产；符合条件的经营租赁不动产（土地使用权）；转让营改增前取得的土地使用权；房地产开发企业销售、出租自行开发的房地产老项目；符合条件的不动产融资租赁；选择差额纳税的劳务派遣、安全保护服务；一般纳税人提供人力资源外包服务。	5％
	个人出租住房，按照 5％的征收率减按 1.5％计算应纳税额	5％减按 1.5％
	纳税人销售旧货；小规模纳税人（不含其它个人）以及符合规定情形的一般纳税人销售自己使用过的固定资产，可依 3％征收率减按 2％征收增值税。	3％减按 2％
原增值税项目		税率
一般纳税人	销售或者进口货物（另有列举的货物除外）；销售劳务	13％
	销售或者进口： 　　1. 粮食等农产品食用植物油、食用； 2. 自来水、暖气、冷气、热水、煤气、石油液化气、天然气、二甲醚、沼气、居民用煤炭制品； 3. 图书、报纸、杂志、音像制品、电子出版物； 4. 饲料、化肥、农药、农机、农膜； 5. 国务院规定的其他货物	10％
	购进农产品进项税额扣除率	扣除率
	对增值税一般纳税人购进农产品，原适用 10％扣除率的，扣除率调整为 9％	9％
	对增值税一般纳税人购进用于生产或者委托加工 13％税率货物的农产品，按照 10％扣除率计算进项税额	10％
	营改增项目	税率
	交通运输服务	陆路运输服务、水路运输服务、航空运输服务（含航天运输服务）和管道服务、无运输工具承运业务	9％
	邮政服务	邮政普遍服务、邮政特殊服务、其他邮政服务	9％

一般纳税人	电信服务	基础电信服务	9％
		增值电信服务	6％
	建筑服务	工程服务、安装服务、修缮服务、装饰服务和其他建筑服务	9％
	销售不动产	转让建筑物、构筑物等不动产所有权	9％
	金融服务	贷款服务、直接收费金融服务、保险服务和金融商品转让	6％
	现代服务业	研发和技术服务	6％
		信息技术服务	
		文化创意服务	
		物流辅助服务	
		鉴证咨询服务	
		广播影视服务	
		商务辅助服务	
		其他现代服务	
		有形动产租赁服务	13％
		不动产租赁服务	9％
	生活服务	文化体育服务	6％
		教育医疗服务	
		旅游娱乐服务	
		餐饮住宿服务	
		居民日常服务	
		其他生活服务	
	销售无形资产	转让技术、商标、著作权、商誉、自然资源和其他权益性无形资产使用权或所有权	6％
		转让土地使用权	9％
纳税人	出口货物、服务、无形资产		税率
	纳税人出口货物（国务院另有规定的除外）		零税率
	境内单位和个人跨境销售国务院定范围内的务、无形资产		零税率
	销售货物、劳务，提供的跨境应税行为，符合免税条件的		免税
	境内的单位和个人销售适用增值税零税率的服务或无形资产的，可以放弃适用增值税零税率，选择免税或按规定缴纳增值税放弃适用增值税零税率后，36个月内不得再申请适用增值税零税率		

（三）应交增值税的计算

（1）一般纳税人：应纳增值税额＝销项税额－进项税额

1）"销项税额"：销售额×增值税率。

2）"当期进项税额"：下列进项税额准予从销项税额中抵扣：（1）从销售方取得的增值税专用发票上注明的增值税；（2）从海关进口增值税专用缴款书上注明的增值税额；（3）购进农产品，除取得增值税专用发票或海关进口增值税专用缴款书外，如用于生产税率为10％的产品，按照农产品的收购发票或者销售发票注明的买价和9％的扣除率计算进项税额；如用于生产税率为13％的产品，按照农产品的收购发票或者销售发票注明的买价和10％的扣除率计算进项税额；（4）从境外单位或个人购进服务、无形资产、不动产，从税务机关或者是扣缴义务人的解缴税款的完税凭证上注明的增值税额；（5）一般纳税人支付的道路、桥、闸通行费，凭取得的通行发票上注明的收费金额和规定的计算方法计算的增值税作为可抵扣增值税进项税额。

因当期销项税额小于当期进项税额不足抵扣时，其不足部分可以结转至下期继续抵扣。

（2）小规模纳税人：应纳增值税额＝不含税销售额×征收率不含税销售额＝含税销售额／（1＋征收率）。

小规模纳税人不得抵扣进项税额。

二、一般纳税企业增值税的会计处理

（一）账户设置

"应交税费——应交增值税"
　　　　——未交增值税
　　　　——预交增值税
　　　　——待抵扣进项税额
　　　　——待认证进项税额
　　　　——待转销项税额
　　　　——简易计税
　　　　——代扣代交增值税
　　　　——转让金融商品应交增值税
　　　　——增值税留抵扣税额

（1）"应交增值税"明细账内，应设置"进项税额""销项税额抵减""已交税金""减免税款""出口抵减内销产品应纳税额""转出未交增值税""减免税款""销项税额""出口退税""进项税额转出""转出多交增值税"等专栏。

①"进项税额"专栏，记录一般纳税人购进货物、加工修理修配劳务、服务、无形资产或不动产而支付或负担的、准予从当期销项税额中抵扣的增值税额。

②"销项税额抵减"专栏，记录一般纳税人按照现行增值税制度规定因扣减销售额而减少的销项税额。

③"已交税金"专栏，记录一般纳税人当月已交纳的应交增值税额。

④"转出未交增值税"专栏，记录一般纳税人月度终了转出当月应交未交的增值

税额。

⑤"转出多交增值税"专栏，记录一般纳税人月度终了转出当月多交的增值税额。

⑥"减免税款"专栏，记录一般纳税人按现行增值税制度规定准予减免的增值税额。

⑦"出口抵减内销产品应纳税额"专栏，记录实行"免、抵、退"办法的一般纳税人按规定计算的出口货物的进项税抵减内销产品的应纳税额。

⑧"销项税额"专栏，记录一般纳税人销售货物、加工修理修配劳务、服务、无形资产或不动产应收取的增值税额。

⑨"出口退税"专栏，记录一般纳税人出口货物、加工修理修配劳务、服务、无形资产按规定退回的增值税额。

⑩"进项税额转出"专栏，记录一般纳税人购进货物、加工修理修配劳务、服务、无形资产或不动产等发生非正常损失以及其他原因而不应从销项税额中抵扣、按规定转出的进项税额。

(2)"未交增值税"明细科目，核算一般纳税人月度终了从"应交增值税"或"预交增值税"明细科目转入当月应交未交、多交或预缴的增值税额，以及当月缴纳以前期间未交的增值税额。

(3)"预交增值税"明细科目，核算一般纳税人转让不动产、提供不动产经营租赁服务、提供建筑服务、采用预收款方式销售自行开发的房地产项目等，以及其他按现行增值税制度规定应预缴的增值税额。

(4)"待抵扣进项税额"明细科目，核算一般纳税人已取得增值税扣税凭证并经税务关认证，按照现行增值税制度规定准予以后期间从销项税额中抵扣的进项税额。包括一般纳税人自2016年5月1日后取得并按固定资产核算的不动产或者2016年5月1日后取得的不动产在建工程，按现行增值税制度规定准予以后期间从销项税额中抵扣的进项税额；实行纳税辅导期管理的一般纳税人取得的尚未交叉稽核比对的增值税扣税凭证上注明或计算的进项税额。

(5)"待认证进项税额"明细科目，核算一般纳税人由于未经税务机关认证而不得从当期销项税额中抵扣的进项税额。包括一般纳税人已取得增值税扣税凭证、按照现行增值税制度规定准予从销项税额中抵扣，但尚未经税务机关认证的进项税额；一般纳税人已申请稽核但尚未取得稽核相符结果的海关缴款书进项税额。

(6)"待转销项税额"明细科目，核算一般纳税人销售货物、加工修理修配劳务、服务、无形资产或不动产，已确认相关收入（或利得）但尚未发生增值税纳税义务而需于以后期间确认为销项税额的增值税额。

(7)"增值税留抵税额"明细科目，核算兼有销售服务、无形资产或者不动产的原增值税一般纳税人，截至纳入营改增试点之日前的增值税期末留抵税额按照现行增值税制度规定不得从销售服务、无形资产或不动产的销项税额中抵扣的增值税留抵税额。

(8)"简易计税"明细科目，核算一般纳税人采用简易计税方法发生的增值税计提、扣减、预缴、缴纳等业务。

(9)"转让金融商品应交增值税"明细科目，核算增值税纳税人转让金融商品发生的增值税额。

(10)"代扣代交增值税"明细科目，核算纳税人购进在境内未设经营机构的境外单位或个人在境内的应税行为代扣代缴的增值税。

（二）一般纳税人增值税账务处理

1. 一般纳税人"应交税费——应交增值税"的具体核算

（1）"进项税额"的核算

①依据。

①从销售方取得的增值税专用发票上注明的增值税；②从海关进口增值税专用缴款书上注明的增值税额；③购进农产品，除取得增值税专用发票或海关进口增值税专用缴款书外，如用于生产税率为10%的产品，按照农产品的收购发票或者销售发票注明的买价和9%的扣除率计算进项税额；如用于生产税率为13%的产品，按照农产品的收购发票或者销售发票注明的买价和10%的扣除率计算进项税额；④从境外单位或个人购进服务、无形资产、不动产，从税务机关或者是扣缴义务人的解缴税款的完税凭证上注明的增值税额；⑤一般纳税人支付的道路、桥、闸通行费，凭取得的通行发票上注明的收费金额和规定的计算方法计算的增值税作为可抵扣增值税进项税额。

（2）核算。

借：在途物资/原材料

　　应交税费——应交增值税（进项税额）

　　贷：应付账款/应付票据/银行存款等。

【案例 10-1-1】 2019 年 11 月 2 日，甲企业购入免税农产品一批，总价款为 32 700 元，规定扣除率为 9%，货物尚未到达，货款已用银行存款支付。A 商场采用实际进价进行商品日常核算［原始凭证：增值税专用发票（发票联）、银行付款凭证］。

会计账务处理如下。

借：库存商品　　　　　　　　　　　　　　　　　　　　　　　30 000

　　应交税费——应交增值税（进项税额）　　　　　　　　　　　2 700

　　贷：银行存款　　　　　　　　　　　　　　　　　　　　　　32 700

2. "销项税额"的核算

（1）依据：销货增值税专用发票（记账联）。

（2）核算。

①一般销售。

借：应收账款/应收票据/银行存款等

　　贷：主营业务收入

　　　　应交税费——应交增值税（销项税额）

【案例 10-1-2】 2019 年 11 月 3 日，甲企业销售商品一批，价款为 100 000 元，按规定应收取增值税额为 13 000 元，提货单和增值税专用发票已交给买方，款项尚未收到。［原始凭证：增值税专用发票（记账联）］。

会计账务处理如下。

借：应收账款　　　　　　　　　　　　　　　　　　　　　　　113 000

　　贷：主营业务收入　　　　　　　　　　　　　　　　　　　　100 000

　　　　应交税费——应交增值税（销项税额）　　　　　　　　　 13 000

②视同销售业务。企业将自产或委托加工的货物用于非应税项目，作为投资、集体福利消费，赠送他人等。

借：长期股权投资/应付职工薪酬/营业外支出等

　　贷：主营业务收入

　　　　应交税费——应交增值税（销项税额）。

借：主营业务成本

　　贷：库存商品

【案例 10-1-3】 2019 年 11 月 5 日，甲企业将自产的 01 号产成品作为福利发放职工。该批产品的成本为 200 000 元，计税价格为 300 000 元，增值税税率为 13％。[原始凭证：增值税专用发票（记账联）、成本计算单]。

企业的会计处理如下。

借：应付职工薪酬——非货币性福利　　　　　　　　　　　　　339 000

　　贷：主营业务收入　　　　　　　　　　　　　　　　　　　300 000

　　　　应交税费——应交增值税（销项税额）　　　　　　　　　39 000

借：主营业务成本　　　　　　　　　　　　　　　　　　　　　200 000

　　贷：库存商品　　　　　　　　　　　　　　　　　　　　　200 000

3."进项税额转出"的核算

（1）依据。

①企业购进的货物、在产品、产成品等发生非正常损失。

②购进货物改变其用途等。

（2）核算。

借：待处理财产损益/应付职工薪酬等

　　贷：应交税费——应交增值税（进项税额转出）

【案例 10-1-4】 2019 年 11 月，甲企业因意外火灾毁损一批库存材料，有关增值税专用发票确认的成本为 40 000 元，增值税额为 5 200 元（原始凭证：财产物质盘点报告单）。

会计账务处理如下。

借：待处理财产损益——待处理流动资产损益　　　　　　　　　45 200

　　贷：原材料　　　　　　　　　　　　　　　　　　　　　　40 000

　　　　应交税费—应交增值税（进项税额转出）　　　　　　　 5 200

4."已交税金"的核算

1）依据：增值税缴税凭证

2）核算：

借：应交税费—应交增值税（已交税金）

　　贷：银行存款

【案例 10-1-5】 2019 年 6 月 30 日，甲企业当月发生增值税销项税 550 000 元，进项增值税为 420 000 元，进项税额转出增值税 50 000 元，甲公司本月应交增值税计算为并上交情况如下（原始凭证：①增值税计算表）

应交增值税＝550 000＋50 000－420 000＝180 000

当月实际缴纳 150 000

会计处理如下：

借：应交税费—应交增值税（已交增值税）　　　　　　　　　150 000

　　贷：银行存款　　　　　　　　　　　　　　　　　　　　150 000

5. "出口退税"的核算

（1）依据：凭出口报关单证等有关凭证，向税务机关申报出口退税。

（2）核算。

借：其他应收款

　　贷：应交税费——应交增值税（出口退税）

收到退税款时。

借：银行存款

　　贷：其他应收款

6. "转出未交增值税""转出多交增值税"的核算

（1）期末将"应交税费——应交增值税"明细户贷方余额结转时。

借：应交税费——应交增值税——转出未交增值税

　　贷：应交税费——未交增值税

（2）期末将"应交税费——应交增值税"明细户借方余额结转时。

借：应交税费——未交增值税

　　贷：应交税费——应交增值税——转出多交增值税

【案例 10-1-6】接【案例 10-1-5】2019 年 6 月 30 日，甲企业当月将未交纳的增值税 30000 元转账（原始凭证：①增值税计算表）

会计处理如下：

借：应交税费－应交增值税（转出未交增值税）　　　　　　　　30 000

　　贷：应交税费－未交增值税　　　　　　　　　　　　　　　　30 000

三、小规模纳税企业的会计处理

（1）处理规定：小规模纳税企业需要按照销售额的一定比例缴纳增值税，不享有进项税额的抵扣权，其购进货物和接受应税劳务时支付的增值税，直接计入有关货物和劳务的成本。

（2）账户设置。

小规模纳税人发生的业务相对一般纳税人而言比较简单，只需在"应交税费"科目下设置"应交增值税""转让金融商品应交增值税""代扣代交增值税"三个二级明细科目，减轻小规模纳税人的核算压力。

"应交税费——应交增值税"账户，不需要在"应交增值税"明细账户中设置专栏。

（3）核算。

借：银行存款

　　贷：主营业务收入

　　　　应交税费——应交增值税

任务二　应交所得税

一、所得税费用的核算方法

按照 2006 年 2 月发布的《企业会计准则》的有关规定，企业应按资产负债表债务

法核算所得税。

二、所得税费用的计量

所得税费用＝当期应交所得税＋递延所得税费用

（一）当期应交所得税

1. 公式

应交所得税＝应税所得额×所得税税率

应税所得额＝利润总额＋/－纳税调整项目

2. 纳税调整项目

（1）纳税调增额项目。

①计入当期损益但税法规定不允许扣除的项目的金额：税收的滞纳金；罚金；罚款支出；非公益性捐赠支出等。

②计入当期损益超过税法规定扣除标准的金额：职工福利费；工会经费；职工教育经费；业务招待费；公益性捐赠支出；广告费；业务宣传费等。

按照税法规定，职工福利费、工会经费、职工教育经费开支额不应当超过的比例分别是职工工资总额的14％、2％、2.5％；业务招待费可按发生额的60％税前扣除，但不得超过当年营业收入的5‰等。

（2）纳税调减额：纳税调减额主要包括以下三点。

①购国债的利息支出。

②弥补企业五年内的亏损。

③治理"三废"收入等。

【案例10-2-1】甲企业2019年利润总额为500万元，所得税税率为25％，有以下纳税调整项目：当年工资薪酬为100万元，开支的职工福利费为18万元，工会经费为3万元，职工教育经费为4.5万元（按照税法规定，职工福利费、工会经费、职工教育经费开支额不应当超过的比例分别是职工工资薪酬的14％、2％、2.5％）；企业违反税法规定的罚款5万元；在营业外支出中有税收的滞纳金罚款为10万元；购国债利息收入为2万元。假定无其他纳税调整因素。甲企业的应交所得税计算如下。

纳税调整项目＝（180 000－1 000 000×14％）＋（30 000－1 000 000×2％）＋（45 000－1 000 000×2.5％）＋50 000＋100 000－20 000＝200 000（元）

应税所得额＝5 000 000＋200 000＝5 200 000（元）

应交所得税＝5 200 000×25％＝1 300 000（元）

（二）递延所得税费用

递延所得税费用＝递延所得税负债的增加额－递延所得税资产的增加额

其中，增加额是指期末数减期初数。

三、所得税费用的核算

（一）账户设置

（1）"所得税费用"账户。

（2）"递延所得税资产"账户。

（3）"递延所得税负债"账户。

（4）账户知识点：①性质；②作用；③结构。

（二）所得税费用的账务处理

（1）企业期末计提所得税费用时。

借：所得税费用

　　递延所得税资产

　　　贷：应交税费——应交所得税

　　　　递延所得税负债

如果"递延所得税资产"和"递延所得税负债"为减少额，应贷记"递延所得税资产"或借记"递延所得税负债"。

（2）期末结转所得税费用。

借：本年利润

　　　贷：所得税费用

【案例 10-2-2】甲公司 2019 年 12 月利润总额为 930 万元，公司违反税法规定被罚款为 100 万元，购国债利息收入为 30 万元，企业所得税税率为 25％，甲企业递延所得税资产年初数为 150 万元，年末数为 160 万元；递延所得税负债年初数为 120 万元，年末数为 260 万元。要求：计算甲企业 2019 年应交所得税、递延所得税、所得税费用；进行所得税账务处理（原始凭证：应交所得税计算表、递延所得税计算表）。

2019 年甲企业所得税计算如下。

应交所得税 ＝（930＋100－30）×25％＝250（万元）

递延所得税 ＝（260－120）－（160－150）＝130（万元）

所得税费用 ＝250＋130＝380（万元）

甲公司 2019 年账务处理如下。

借：所得税费用　　　　　　　　　　　　　　　　3 800 000

　　递延所得税资产　　　　　　　　　　　　　　　 100 000

　　　贷：应交税费——应交所得税　　　　　　　　　　 2 500 000

　　　　递延所得税负债　　　　　　　　　　　　　　　 1 400 000

任务三　其他应交税费

一、应交消费税

（一）消费税的概述

（1）定义：消费税是指在我国境内生产、委托加工和进口应税消费品的单位和个人，按其流转额缴纳的一种税。

（2）计算方法：从价定率；从量定额。

（二）消费税核算

1. 账户设置

"应交税费——应交消费税"账户的知识点：①性质；②作用；③结构。

2. 核算

（1）销售需要交纳消费税的物资。

借：税金及附加

　　贷：应交税费——应交消费税

（2）自产自用及作为投资的应税消费品。

借：长期股权投资/在建工程/应付职工薪酬

　　贷：应交税费——应交消费税

（3）委托加工应税消费品：一般由受托方代收代缴税款。

①企业委托加工物资收回后，直接用于销售的，委托方应将代收代缴的消费税计入委托加工物资的成本。

借：委托加工物资

　　贷：应付账款/银行存款

②如委托加工物资收回后用于连续生产应税消费品，按规定准予抵扣的。

借：应交税费——应交消费税

　　贷：应付账款/银行存款

【案例 10-3-1】2019 年 11 月 12 日，甲企业委托乙企业代为加工一批应税消费品，甲企业的材料成本为 40 000 元，加工费为 8 000 元，增值税为 1 040 元，由乙企业代收代缴的消费税为 3 200 元（不考虑增值税）。材料已经加工完成，并由甲企业收回验收入库，加工费尚未支付。甲企业采用实际成本法进行原材料的核算（原始凭证：发料单、增值税专用发票、材料、验收单、消费税计算表）。

甲企业收回的委托加工物资用于继续生产应税消费品，其会计处理如下。

①发出材料加工。

借：委托加工物资　　　　　　　　　　　　　　　　　　　　40 000

　　贷：原材料　　　　　　　　　　　　　　　　　　　　　　　40 000

②支付加工费、增值税、消费税。

借：委托加工物资　　　　　　　　　　　　　　　　　　　　8 000

　　应交税费——应交消费税　　　　　　　　　　　　　　　3 200

　　　　　　　——应交增值税（进项税额）　　　　　　　　1 040

　　贷：银行存款　　　　　　　　　　　　　　　　　　　　　12 240

③加工消费品收回。

借：原材料　　　　　　　　　　　　　　　　　　　　　　　48 000

　　贷：委托加工物资　　　　　　　　　　　　　　　　　　　48 000

如果甲企业收回的委托加工物资直接用于对外销售，其会计处理如下。

①发出材料加工。

借：委托加工物资　　　　　　　　　　　　　　　　　　　　40 000

　　贷：原材料　　　　　　　　　　　　　　　　　　　　　　40 000

②支付加工费、增值税、消费税。

借：委托加工物资　　　　　　　　　　　　　　　　　　　　　11 200
　　应交税费——应交增值税（进项税额）　　　　　　　　　　1 040
　　　贷：银行存款　　　　　　　　　　　　　　　　　　　　　　　　12 240

③加工消费品收回。

借：原材料　　　　　　　　　　　　　　　　　　　　　　　　51 200
　　　贷：委托加工物资　　　　　　　　　　　　　　　　　　　　　　51 200

乙企业对应收取的委托加工物资代收代缴消费税的会计处理如下。

借：应收账款　　　　　　　　　　　　　　　　　　　　　　　　3 200
　　　贷：应交税费——应交消费税　　　　　　　　　　　　　　　　　3 200

二、应交城市维护建设税、教育费附加

（一）应交城市维护建设税、教育费附加概述

（1）定义：城市维护建设税和教育费附加以增值税、消费税为计税依据进行征收，其纳税人为缴纳增值税、消费税的单位和个人。

（2）税率：城市维护建设税教育费附加税率因纳税人所在地不同为1%～7%；教育费附加缴纳比率一般为3%。

（3）计算。

应纳税费＝（应交增值税＋应交消费税）×适用税（费）率

（二）应交城市维护建设税、教育费附加的核算

（1）"应交税费——应交城市维护建设税（应交教育费附加）"账户的知识点：①性质；②作用；③结构。

（2）核算。

借：税金及附加
　　　贷：应交税费——应交城市维护建设税
　　　　　　　　　　——应交教育费附加

实际缴纳处理如下。

借：应交税费——应交城市维护建设税
　　　　　　　——应交教育费附加
　　　贷：银行存款

【案例10-3-2】甲企业2019年12月实际应上缴增值税为516 000元，消费税为241 000元。该企业适用的城市维护建设税税率为7%，教育费附加缴纳比率为3%计提城市维护建设税、教育附加费（原始凭证：交税费计算表、银行付款凭证）。

①应交的城市维护建设税＝（516 000＋241 000）×7%
　　　　　　　　　　　　　＝52 990（元）

应缴纳的教育费附加＝（516 000＋241 000）×3%
　　　　　　　　　　＝22 710（元）

借：税金及附加　　　　　　　　　　　　　　　　　　　　　　75 700
　　　贷：应交税费——应交城市维护建设税　　　　　　　　　　　　52 990

——应交教育费附加	22 710

②用银行存款交款时。

借：应交税费——应交城市维护建设税　　　　　　　　52 990
　　　　　——教育费附加　　　　　　　　　　　　　22 710
　　贷：银行存款　　　　　　　　　　　　　　　　　　75 700

三、应交个人所得税

（一）应交个人所得税概述

（1）定义：个人所得税是指以个人取得的各项所得为征税对象所征收的一种税。

（2）纳税义务人。

①居民纳税义务人：居民纳税义务人负有完全纳税的义务，必须就其来源于中国境内、境外的全部所得缴纳个人所得税。

②非居民纳税义务人：而非居民纳税义务人仅就其来源于中国境内的所得，缴纳个人所得税。

（二）应交个人所得税核算

1. 应交个人所得税计算

应纳税所得额＝个人综合所得－社会保险费（个人缴纳部分）－新增专项附加扣除项目（子女教育支出、继续教育支出、大病医疗支出、住房贷款利息和住房租金以及赡养老人支出）－起征点

应纳税额＝应纳税所得额×税率－速算扣除数

政策新动态

变动时间：2019 年 1 月 1 日

内容：

（1）2018 年 6 月 19 日，十三届全国人大常委会第三次会议召开，个人所得税免征额拟调至 5000 元。

（2）2018 年 8 月 27 日十三届全国人大常委会第五次会议再次审议个人所得税法修正案草案，草案维持一审时"综合所得包括工资薪金所得，劳务报酬所得，稿酬所得，特许权使用费所得，减除费用标准从 3500 元提高至 5000 元"的规定，同时个人所得税税率及级数保持不变，扩大 3%、10%、20% 三档低税率的级距。新增了专项附加扣除项目，包括：子女教育支出、继续教育支出、大病医疗支出、住房贷款利息和住房租金以及赡养老人支出等（2019 年 1 月 1 日后扣除），并于 2018 年 10 月 1 日起过渡施行，2019 年 1 月 1 日起正式施行。2018 年 10 月 20 日至 11 月 4 日再次向社会公开征求意见，并据此对办法进行修改完善。

（3）专项附件具体扣除额

1）子女教育专项附加扣除：纳税人子女在全日制学历教育阶段（包括义务教育、高中阶段教育、高等教育）的支出，以及子女年满3岁至小学入学前处于学前教育阶段的支出，纳税人可选择由夫妻一方按每孩每月1000元扣除，也可选择夫妻双方分别按每孩每月500元扣除。

2）继续教育专项附加扣除：纳税人接受学历（学位）继续教育的支出，在规定期间可按每月400元定额扣除，但同一学历继续教育的扣除期不能超过48个月。接受技术人员和专业技术人员职业资格继续教育的支出，在取得相关证书的当年按3600元定额扣除。

3）大病医疗专项附加扣除：纳税人在一个纳税年度内发生的自负医药费用超过1.5万元部分，可在每年8万元限额内据实扣除。

4）住房贷款利息专项附加扣除：纳税人本人或配偶发生的首套住房贷款利息支出，可按每月1000元标准定额扣除。但扣除的最长期限不超过20年

5）住房租金专项附加扣除：住房租金根据纳税人承租住房所在城市的不同，按每月800元、1100元、1500元标准定额扣除。

6）赡养老人专项附加扣除：纳税人赡养60岁（含）以上父母的，按照每月2000元标准定额扣除，其中，独生子女按每人每月2000元标准扣除，非独生子女与其兄弟姐妹分摊每月2000元的扣除额度。

2. 应交个人所得税账务处理

①计提时。

借：应付职工薪酬——工资、奖金、津贴、补贴

　　贷：应交税费——应交个人所得税

②实际上交时。

借：应交税费——应交个人所得税

　　贷：银行存款

【案例10-3-3】2019年10月份职工刘红税前工资12000元，他需要缴纳各项社会保险金1100元，住房租金1000元，核算其应交个人所得税以及税后工资。

应纳税所得额＝12000－1100－1000－5000＝4900元

应交个人所得税 ＝ 应纳税所得额×税率 － 速算扣除数 ＝ 4900×10％－210＝280元

实发工资＝应发工资－各项社会保险金－住房租金－个人所得税＝ 12000 －1100－1000－380 ＝ 9520 元

（参照工资税率表10-3-2表，含税部分超过3000元至12,000元的部分，则适用税率10％，速算扣除数为210）

①计算提取时。

借：应付职工薪酬——工资奖金津贴补贴　　　　　　　　　　　　280

　　贷：应交税费——应交个人所得税　　　　　　　　　　　　　　　280

②实际上交时。

借：应交税费——应交个人所得税　　　　　　　　　　　　　　　280

贷：银行存款　　　　　　　　　　　　　　　　　　　280

附件：业务 10-3-4-1

表 10-3-1　个人所得税税率表

2019 年 1 月 1 日起正式施行

级数	应纳税所得额 （含税）	应纳税所得额 （不含税）	税率（%）	速算扣除数
1	不超过 3，000 元的部分	不超过 2，910 元的部分	3	0
2	超过 3，000 元至 12，000 元的部分	超过 2，910 元至 11，010 元的部分	10	210
3	超过 12，000 元至 25，000 元的部分	超过 11，010 元至 21，410 元的部分	20	1410
4	超过 25，000 元至 35，000 元的部分	超过 21，410 元至 28，910 元的部分	25	2660
5	超过 35，000 元至 55，000 元的部分	超过 28，910 元至 42，910 元的部分	30	4410
6	超过 55，000 元至 80，000 元的部分	超过 42，910 元至 59，160 元的部分	35	7160
7	超过 80，000 元的部分	超过 59，160 元的部分	45	15160

说明：

1. 本表含税级距中应纳税所得额，是指综合所得金额 － 各项社会保险金 － 新增专项附加扣除项目 － 起征点 5000 元的余额。

2. 本表按照新个税法修正案税率推算 。

四、应交资源税

（一）资源税概述

（1）定义。资源税是以各种应税自然资源为课税对象、为了调节资源级差收入并体现国有资源有偿使用而征收的一种税。

（2）计算。

应纳税额＝课税数量×适用单位税额

（二）资源税的核算

（1）账户设置："税金及附加"。

（2）核算。

借：税金及附加

　　贷：应交税费——应交资源税

五、应交房产税、土地使用税、车船使用税和矿产资源补偿费

分录处理如下。

借：税金及附加

贷：应交税费——应交房产税

——应交土地使用税

——应交车船使用税

——应交矿产资源补偿费

实训练习

练习题 10-1　单项选择题

（一）要求：在每小题的 **4** 个备选答案中，选出 **1** 个正确答案，并将正确答案的序号填在题干后的括号内。

（二）题目。

1. 甲企业为增值税一般纳税人，2019 年实际已交纳税金情况如下：增值税为 850 万元，消费税为 150 万元，城市维护建设税为 70 万元，车船使用税为 0.5 万元，印花税为 1.5 万元，所得税为 120 万元。上述各项税金应计入"应交税费"科目借方的金额是（　　）万元。

A. 1 190 元　　　　B. 1 190.5 元　　　　C. 1 191.5 元　　　　D. 117 900 元

2. 委托加工应纳消费税产品收回后用于继续加工生产应税消费税产品时，应将受托方代扣代缴的消费税计入（　　）。

A. 应交税费　　　　　　　　　B. 生产成本

C. 委托加工物质　　　　　　　D. 主营业务成本

3. 月末终了，企业将本月应交而未交的增值税进行结转时，应借记（　　）。

A. 应交税费——未交增值税

B. 应交税费——应交增值税（进项税额转出）

C. 应交税金费——应交增值税（已交税金）

D. 应交税费——应交增值税（转出未交增值税）

4. 甲企业以银行存款交纳本月增值税 10000 元。应当编制的会计分录是（　　）。

A. 借：应交税费——应交增值税（已交税金）　　　　10 000

贷：银行存款　　　　　　　　　　　　　　　　　　10 000

B. 借：应交税费——应交增值税（销项税额）　　　　10 000

贷：银行存款　　　　　　　　　　　　　　　　　　10 000

C. 借：应交税费——未交税金　　　　　　　　　　　10 000

贷：银行存款　　　　　　　　　　　　　　　　　　10 000

D. 借：应交税费——预交增值税　　　　　　　　　　10 000

贷：银行存款　　　　　　　　　　　　　　　　　　10 000

5. 小规模纳税企业本期购入原材料并验收入库，取得增值税专用发票记载原材料价格为 22 500 元，增值税为 3 825 元，该企业当期产品销售价（含增值税，扣

除率 3%) 72 100 元，则该企业当期应该交纳的增值税为（　　）元。

    A. 70 000   B. 2 163   C. 4 326   D. 2 100

6. 甲企业为一般纳税人，委托乙单位加工 A 材料发出原材料价款为 20 000 元，支付加工费 10 000 元，取得的增值税专用发票上注明增值税额为 1 300 元，由受托方代收代缴的消费税为 1 000 元，材料已加工完毕验收入库，款项均已支付。委托方收回后的 A 材料用于继续生产应税消费品，该 A 材料收回时的成本为（　　）元。

    A. 30 000   B. 31 000   C. 32 700   D. 2 270

7. 从 2019 年 1 月 1 日起：生产型企业的一般纳税人增值税税率为（　　）。

    A. 17%   B. 13%   C. 9%   D. 6%

8. 甲企业 2019 年利润总额为 200 万元，所得税税率 25%，有以下纳税调整项目：当年工资薪酬为 100 万元，开支的职工福利费为 20 万元，工会经费为 4 万元，职工教育经费为 5 万元，（按照税法规定，职工福利费、工会经费、职工教育经费开支额不应当超过的比例分别是职工工资薪酬的 14%、2%、2.5%）；企业违反税法规定的罚款为 5 万元。无其他纳税调整因素。甲企业的应税所得额为（　　）万元。

    A. 215.5   B. 200   C. 210.5   D. 53.875

9. 2018 年 8 月 27 日十三届全国人大常委会第五次会议再次审议个人所得税法修正案草案，根据规定，个人所得税起征点 3 500 元提高至（　　）元，于 2018 年 10 月 1 日起过渡施行，2019 年 1 月 1 日起正式施行。

    A. 4 800   B. 5 000

    C. 3 500   D. 3 000

10. 企业销售需要交纳消费税的物资应交的消费税，应借记（　　）账户，贷记"应交税费——应交消费税"科目。

    A. 管理费用   B. 销售费用

    C. 税金及附加   D. 主营业务成本

练习题 10-2　多项选择题

（一）要求：在每小题 4 个备选答案中选出 2～4 个正确答案，并将正确答案的序号填入题中的括号内。

（二）题目。

1. "应交税费——应交增值税"明细分类账户的贷方反映的内容有（　　）。

    A. 进项税额   B. 销项税额

    C. 进项税额转出   D. 转出多交增值税

2. 下列与一般纳税企业增值税有关的业务，哪些应作为增值税进项税额转出处理（　　）。

    A. 材料改变用途用于非税项目   B. 非常损失造成的存货盘亏

    C. 工程项目领用本企业产品   D. 以产品对外投资

3. 企业在"应交税费——应交增值税"科目借方设置的专栏有（　　）等。

    A. 销项税额   B. 进项税额转出

    C. 进项税额   D. 已交税金

4. 企业自产自用的应税矿产品应交资源税，不应计入（　　）账户。

A. 制造费用　　　　　　　　　　　B. 生产成本

C. 主营业务成本　　　　　　　　　D. 税金及附加

5. 根据最新税法规定，将增值税税率由四档减至（　　）三档。

A. 13%　　　　B. 9%　　　　C. 6%　　　　D. 12%

6. 根据资产负债表债务法，企业的所得税费用包括（　　）两部分。

A. 当期应交所得税　　　　　　　　B. 递延所得税

C. 应税所得额　　　　　　　　　　D. 所得税费用

7. 企业城市维护建设税和教育费附加以为（　　）计税依据进行征收。

A. 增值税　　　　　　　　　　　　B. 消费税

C. 所得税　　　　　　　　　　　　D. 资源税

8. 2019 年 10 月，职工刘雷在税前工资为 11 500 元，他需要缴纳各项社会保险金为 1 000 元，住房租金 300，他的个人所得税计算不正确的是（　　）元。

A. 310　　　　B. 520　　　　C. 5 200　　　　D. 11 500

9. 递延所得税费用与下列哪些因素有关（　　）。

A. 递延所得税负债的增加额　　　　B. 递延所得税资产的增加额

C. 递延所得税负债的减少额　　　　D. 递延所得税负债的减少额

10. 下列哪些内容引起应交所得税纳税调增（　　）

A. 职工福利费　　　　　　　　　　B. 工会经费

C. 弥补企业五年内的亏损　　　　　D. 税收的滞纳金、罚金

练习题 10-3　判断题

（一）要求：下列每小题说法中正确的在题干后的括号内写"√"，错误的在题干后的括号内写"×"。

（二）题目。

（　　）1. 企业购进货物用于非应税项目时，支付的增值税应计入货物的采购成本。

（　　）2. 计提增值税、消费税和印花税均应通过"应交税费"账户。

（　　）3. 企业计提的职工个人所得税应计入"应付职工薪酬"账户的借方。

（　　）4. 资源税是对在我国境内开采矿产品或者生产盐的单位和个人征收的税。

（　　）5. 纳税人取得不动产或者不动产在建工程的进项税额不再分 2 年抵扣，可自 2019 年 4 月税款所属期起从销项税额中抵扣。

（　　）6. "递延所得税资产"账户核算企业因可抵扣暂时性差异对所得税的影响金额。该账户借方登记本期的递延所得税资产较上期递延所得税资产的增加数，贷方登记本期的递延所得税资产较上期递延所得税资产的减少数，期末余额一般在借方，反应递延所得税资产净增加数。

（　　）7. 业务招待费可按发生额的 60% 税前扣除，但不得超过当年营业收入的 5%。

（　　）8. 小规模纳税企业只需要在"应交税费"账户下设置"应交增值税"明细账户，不需要在"应交增值税"明细账户中设置专栏。

（　　）9. 企业购入免征增值税货物，按照增值税暂行条例的规定，一般不能够抵扣增值税销项税额，但是对于购入的免税农产品，可以根据"专用发票"按照买价和

规定的扣除率（9％）计算进项税额，并准予从销项税额中抵扣。

（　　）10. 一般纳税人增值税计算是销项税额减进项税额，因当期销项税额小于当期进项税额不足抵扣时，其不足部分可以结转至下期继续抵扣。

实训题 10-1　一般纳税人增值税的核算

（一）目的：掌握一般纳税人增值税的核算。

（二）资料。

甲公司为增值税一般纳税人，适用的增值税税率为 13％，材料采用实际成本进行日常核算。该公司 2019 年 11 月 30 日"应交税费——应交增值税"科目借方余额为 4 万元，该借方余额均可用下月的销项税额抵扣。12 月发生如下涉及增值税的经济业务。

（1）购买原材料一批，增值税专用发票上注明价款为 60 万元，增值税额为 7.8 万元，公司已开出商业承兑汇票。该原材料已验收入库。

（2）企业对外销售原材料一批。该批原材料的成本为 36 万元，计税价格为 41 万元，应交纳的增值税额为 5.33 万元。

（3）销售产品一批，销售价格为 20 万元（不含增值税额），增值税为 2.6 万元，实际成本为 16 万元，提货单和增值税专用发票已交购货方，货款尚未收到。该销售符合收入确认条件。

（4）建仓库的在建工程领用原材料一批，该批原材料实际成本为 30 万元，应由该批原材料负担的增值税额为 3.9 万元。

（5）因意外火灾毁损原材料一批，该批原材料的实际成本为 10 万元，增值税额为 1.3 万元。

（6）用银行存款缴纳本月增值税 1 万元。

（三）要求。

（1）编制上述经济业务相关的会计分录（"应交税费"科目要求写出明细科目及专栏名称）。

（2）计算甲公司 12 月发生的销项税额、应交增值税额和应交未交的增值税额。

解答：

1.

2.

3.

4.

5.

6.

7.1)

2)

3)

4)

实训题 10-2　小规模纳税人增值税的核算

（一）目的：掌握小规模纳税人增值税的核算。

（二）资料。

乙企业为小规模纳税企业，2019 年 12 月发生下列业务。

1. 购入材料一批，取得的专用发票中注明货款为 20 000 元，增值税 2 600 元，款项以银行存款支付，材料已验收入库（该企业按实际成本计价核算）。

2. 销售产品一批，所开出的普通发票中注明的货款（含税）为 41 200 元，增值税征收率为 3%，款项已存入银行。

3. 计算乙企业本月应交增值税，并做上交的账务处理。

（三）要求。

根据以上资料编制小规模纳税企业的相关会计分录。

解答：

1. 购入：

2. 销售：

3. 计算上交：

实训题 10-3 所得税的核算

（一）目的：掌握所得税的核算。

（二）资料。

甲企业 2019 年利润总额为 600 万元，所得税税率为 25%。有以下纳税调整项目：当年工资薪酬为 150 万元，开支的职工福利费为 25 万元，工会经费为 5 万元，职工教育经费为 5.75 万元。（按照税法规定，职工福利费、工会经费、职工教育经费开支额不应当超过的比例分别是职工工资薪酬的 14%、2%、2.5%）；企业违反税法规定的罚款 5 万元；购国债利息收入为 2 万元。甲企业递延所得税资产年初数为 150 万元，年末数为 180 万元；递延所得税负债年初数为 140 万元，年末数为 260 万元，无其他纳税调整因素。

（三）要求。

1. 计算当年应税所得额。

2. 计算当年应交所得税。

3. 计算当年所得税费用。

4. 做计提所得税、结转所得税、上交所得税核算。

解答：

---

1. 计算当年应税所得额：

2. 计算当年应交所得税：

3. 计算当年所得税费用：

4. （1）做计提所得税核算：

（2）结转所得税核算：

（3）上交所得税核算：

实训题 10-4　应交消费税的核算

（一）目的：掌握消费税的核算。

（二）资料。

甲企业为增值税一般纳税人，2019 年 11 月发生如下与消费税有关业务。

1. 甲企业销售应税消费品一批，不含增值税的价款为 200 000 元，增值税税率为 13%，消费税率为 10%，货已发出，价税款已收存银行。

2. 甲企业委托外单位代为加工一批应交消费税的材料，该企业的材料成本为 1 000 000 元，加工费为 200 000 元，增值税为 26 000 元，由外单位代收代交的消费税为 80 000 元。材料已经加工完成，并由该企业收回验收入库，加工费银行存款支付。该企业采用实际成本法进行原材料的核算。

（三）要求。

1. 做销售消费品、计算应交消费税时的会计处理。

2. 做出委托加工物资在下列两种情况下账务处理。

（1）该企业收回的委托加工物资用于继续生产应税消费品，全部账务处理。

（2）该企业收回的委托加工物资直接用于对外销售，全部账务处理。

解答：

1.
（1）销售时：

（2）计提消费税：

2.
（1）收回的委托加工物资用于继续生产应税消费品：

（2）收回的委托加工物资直接用于对外销售：

实训题 10-5　城市维护建设税、教育附加费和资源税的核算

（一）目的：掌握城市维护建设税、资源税的核算。

（二）资料。

甲企业为增值税一般纳税人，2019 年 11 月发生如下与城市维护建设税、资源税有关业务。

1. 甲企业本期实际应上交增值税为 559 000 元，消费税为 241 000 元，该企业适用的城市维护建设税税率为 7%，教育附加费征收率为 3%。

2. 甲企业将自产的资源税应税矿产品 500 吨用于企业的产品生产，对外销售某种资源税应税矿产品为 2 000 吨，每吨应交资源税为 5 元。

（三）要求。

1. 根据资料 1，做出该企业有关城市维护建设税、教育附加费计提上交的会计处理。

2. 根据资料 2，做出该企业有关资源税的会计处理。

解答：

---

1. 城市维护建设税

（1）计提：

（2）上交：

2. 教育费附加

（1）计提：

（2）上交：

3. 资源税

（1）计提：

（2）上交：

实训题 10-6 应交个人所得税的核算

（一）目的：掌握个人所得税的核算。

（二）资料。

2019 年 12 月份，甲企业职工刘宏税前工资 15 000 元，他需要缴纳各项社会保险金 1 000 元。税人本人首套住房贷款利息支出 500 元。根据最新个人所得税征收政策，个人所得税起征点为 5000 元，含税级距超过 3，000 元至 12，000 元的部分，则适用税率 10％，速算扣除数为 210 元。

（三）要求。

1. 计算。

（1）刘宏当期应纳税所得额。

（2）刘宏当期应交个人所得税。

（3）实发工资。

2. 账务处理。

（1）计提个人所得税。

（2）上交个人所得税。

解答：

1. 计算

（1）刘宏当期应纳税所得额：

（2）刘宏当期应交个人所得税：

（3）刘宏当期实发工资：

2. 账务处理

（1）计提所得税：

（2）上交所得税：

项目十一　财务成果岗位核算

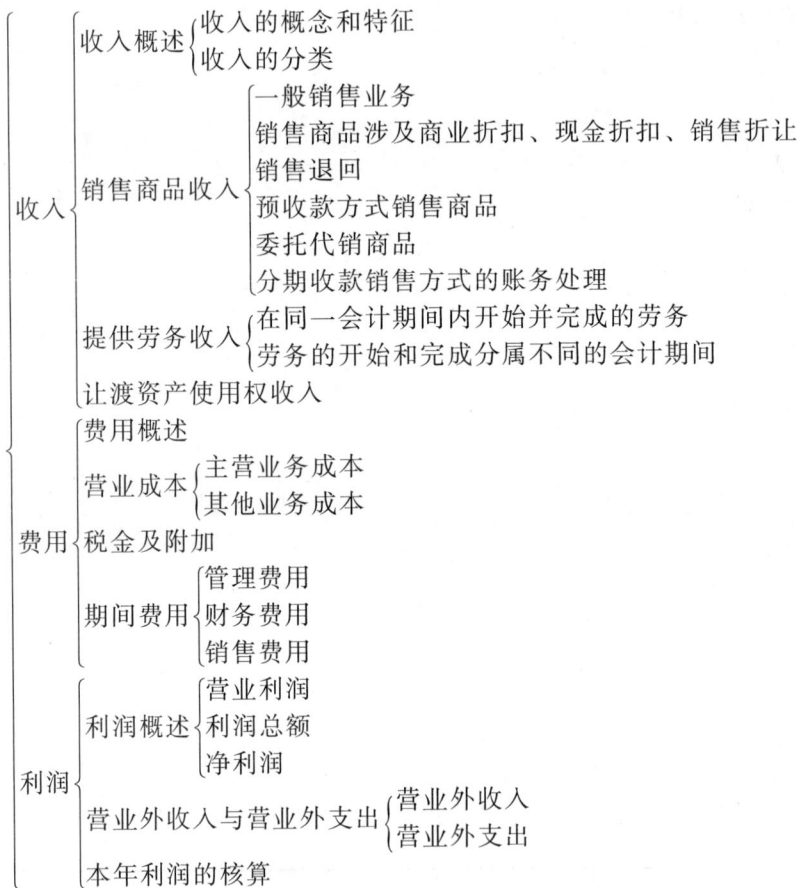

本项目重点、难点分析

任务一　收入

一、收入的概述

（一）收入的确认

收入是指企业在日常活动中形成的、会导致所有者权益增加的、与所有者投入资

本无关的经济利益的总流入。其中："日常活动"，是指企业为完成其经营目标所从事的经常性活动以及与之相关的活动。

收入确认应遵循的基本原则是：确认收入的方式应当反映其向客户转让商品或提供服务的模式，收入的金额应当反映企业因转让商品或提供服务而预期有权收取的对价金额。通过收入确认和计量能进一步如实地反映企业的生产经营成果，准确核算企业实现的损益。

（二）收入确认的原则

企业应当在履行了合同中的履约义务，即在客户取得相关商品控制权时确认收入。取得商品控制权包括三个要素：

第一，客户必须拥有现时权利，能够主导该商品的使用并从中获得几乎全部经济利益。

第二，客户有能力主导该商品的使用。

第三，客户能够获得商品几乎全部的经济利益。

需要说明的是，本项目所称的客户是指与企业订立合同以向该企业购买其日常活动产出的商品并支付对价的一方。所称的商品包括商品和服务。

（三）收入确认的前提条件

（1）合同各方已批准该合同并承诺将履行各自义务；

（2）该合同明确了合同各方与所转让商品相关的权利和义务；

（3）该合同有明确的与所转让商品相关的支付条款；

（4）该合同具有商业实质，即履行该合同将改变企业未来现金流量的风险、时间分布或金额；

（5）企业因向客户转让商品而有权取得的对价很可能收回。

（四）收入确认和计量的步骤

根据《企业会计准则第14号——收入》（2018），收入确认和计量大致分为五步：

第一步，识别与客户订立的合同。企业与客户之间的合同一经签订，企业即享有从客户取得与转移商品和服务对价的权利，同时负有向客户转移商品和服务的履约义务。

第二步，识别合同中的单项履约义务。履约义务是指合同中企业向客户转让可明确区分商品或服务的承诺。企业应当将向客户转让可明确区分商品（或者商品的组合）的承诺以及向客户转让一系列实质相同且转让模式相同的、可明确区分商品的承诺作为单项履约义务。

第三步，确定交易价格。交易价格是指企业因向客户转让商品而预期有权收取的对价金额，不包括企业代第三方收取的款项（如增值税）以及企业预期将退还给客户的款项。

第四步，将交易价格分摊至各单项履约义务。当合同中包含两项或多项履约义务时，需要将交易价格分摊至各单项履约义务，分摊的方法是在合同开始日，按照各单项履约义务所承诺商品的单独售价（企业向客户单独销售商品的价格）的相对比例，将交易价格分摊至各单项履约义务。

第五步，履行各单项履约义务时确认收入。当企业将商品转移给客户，客户取得了相关商品的控制权，意味着企业履行了合同履约义务，此时，企业应确认收入。

收入确认和计量五个步骤中，第一步、第二步和第五步主要与收入的确认有关，第三步和第四步主要与收入的计量有关。

需要说明的是，一般而言，确认和计量任何一项合同收入应考虑全部的五个步骤。但履行某些合同义务确认收入不一定都经过五个步骤。

二、收入核算会计账户的设置

1. "主营业务收入"账户
2. "其他业务收入"账户
3. "主营业务成本"账户
4. "其他业务成本"账户
5. "合同取得成本"账户
6. "合同履约成本"账户
7. "合同资产"账户
8. "合同负债"账户

此外，企业发生减值的，还应当设置"合同履约成本减值准备"、"合同取得成本减值准备"、"合同资产减值准备"等账户进行核算。

每个账户应介绍知识点：（1）性质（2）核算内容（3）结构

三、履行履约义务确认收入的账务处理

（一）在某一时点履行履约义务确认收入

1. 收入确认时点：企业应当在客户取得相关商品控制权时点确认收入。
2. 在判断控制权是否转移时，企业应当综合考虑下列迹象：
（1）企业就该商品享有现时收款权利，即客户就该商品负有现时付款义务
（2）企业已将该商品的法定所有权转移给客户。
（3）企业已将该商品实物转移给客户。
（4）企业已将该商品所有权上的主要风险和报酬转移给客户。
（5）客户已接受该商品。
（6）其他表明客户已取得商品控制权的迹象。
3. 核算
1）一般销售商品业务收入的账务处理
借：银行存款/应收账款/应收票据
　　贷：主营业务收入
　　　　应交税费—应交增值税（销项税额）

【案例 11-1-1】甲公司为增值税一般纳税人，2019 年 10 月 2 日，甲公司向乙公司销售商品一批，开具的增值税专用发票上注明售价为 800 000 元，增值税税额为 104 000 元；甲公司收到乙公司开出的期限为 3 个月不带息银行承兑汇票一张，票面金额为 904 000 元，甲公司以银行存款支付代垫运费，增值税专用发票上注明运输费 4 000 元，

增值税税额为 360 元，所垫运费尚未收到；该批商品成本为 640 000 元；乙公司收到商品并验收入库。

甲公司已经收到乙公司开出的不带息银行承兑汇票，客户乙公司收到商品并验收入库，因此，该项销售商品为单项履约义务且属于在某一时点履行的履约义务。甲公司账务处理为：

（1）确认收入时：

借：应收票据　　　　　　　　　　　　　　　　　904 000
　　贷：主营业务收入　　　　　　　　　　　　　　　800 000
　　　　应交税费—应交增值税（销项税额）　　　　104 000
借：主营业务成本　　　　　　　　　　　　　　　640 000
　　贷：库存商品　　　　　　　　　　　　　　　　640 000

（2）代垫运费时：

借：应收账款　　　　　　　　　　　　　　　　　　4 360
　　贷：银行存款　　　　　　　　　　　　　　　　　4 360

2）已经发出商品但不能确认收入的账务处理

发出商品时，企业不应确认收入：

借：发出商品
　　贷：库存商品

收到货款或取得收取货款权利时，确认收入：

借：银行存款/应收账款
　　贷：主营业务收入
　　　　应交税费—应交增值税（销项税额）

同时结转已销商品成本：

借：主营业务成本
　　贷：发出商品

【案例 11-1-2】甲公司与乙公司均为增值税一般纳税人。2019 年 10 月 3 日，甲公司与乙公司签订委托代销合同，甲公司委托乙公司销售 A 商品 2000 件，A 商品已经发出，每件商品成本为 70 元。合同约定乙公司应按每件 100 元对外销售，甲公司按不含增值税的销售价格的 10％向乙公司支付手续费。除这些商品在乙公司存放期间内由于乙公司的责任发生毁损或丢失外，在 A 商品对外销售之前，乙公司没有义务向甲公司支付货款。乙公司不承担包销责任，没有售出的 A 商品须退回给甲公司，同时，甲公司也有权要求收回 A 商品或将其销售给其他的客户。至 2019 年 10 月 30 日，乙公司实际对外销售 800 件，开出的增值税专用发票上注明的销售价款为 80 000 元，增值税税额为 10 400 元。（原始凭证：①增值税专用发票（记账联）②商品出库单③银行收账通知④费用计算表）

（1）2019 年 10 月 10 日，甲公司按合同约定发出商品时，应编制如下会计分录：

借：发出商品—乙公司　　　　　　　　　　　　140 000
　　贷：库存商品—A 商品　　　　　　　　　　　140 000

（2）2019 年 10 月 30 日，甲公司收到乙公司开具的代销清单时，应编制如下会计分录：

借：应收账款　　　　　　　　　　　　　　　　　90 400

　　　　贷：主营业务收入　　　　　　　　　　　　　　　　　　　　80 000

　　　　　　应交税费—应交增值税（销项税额）　　　　　　　　　10 400

　　借：主营业务成本　　　　　　　　　　　　　　　　　　　　56 000

　　　　贷：发出商品　　　　　　　　　　　　　　　　　　　　　56 000

　　借：销售费用　　　　　　　　　　　　　　　　　　　　　　8 000

　　　　应交税费—应交增值税（进项税额）　　　　　　　　　　　480

　　　　贷：应收账款　　　　　　　　　　　　　　　　　　　　　8 480

　　（3）收到乙公司支付的货款时：

　　借：银行存款　　　　　　　　　　　　　　　　　　　　　81 920

　　　　贷：应收账款　　　　　　　　　　　　　　　　　　　　81 920

　　3）商业折扣、现金折扣和销售退回的账务处理

　　（1）商业折扣。

　　商业折扣：是指企业为促进商品销售而在商品标价上给予的价格扣除。

　　处理：企业销售商品涉及商业折扣的，应当按照折扣后的金额确认销售商品收入的金额，商品销售中发生的商业折扣，会计处理中不进行反映。

　　【案例 11-1-3】甲公司生产的 B 产品，在企业商品价目表中标明的不含税价格为 100 元/件 。该企业的销售政策规定，一次购买该种商品 1 000 件以上的，给予 10％的商业折扣。2019 年 10 月 10 日，甲公司销售给丙公司 B 产品 8000 件，该企业适用的增值税税率为 13％。（原始凭证：①增值税专用发票（记账联））

　　该企业该项销售业务的会计处理如下：

　　借：应收账款—丙公司　　　　　　　　　　　　　　　　　813 600

　　　　贷：主营业务收入　　　　　　　　　　　　　　　　　　720 000

　　　　　　应交税费—应交增值税（销项税额）　　　　　　　　93 600

　　应确认的收入＝8000×100×（1－10％）＝720 000（元）

　　应交的增值税额＝720 000×13％＝93 600（元）

　　应收账款＝720 000＋93 600＝813 600（元）

　　（2）现金折扣。

　　现金折扣：是指债权人在销售商品后，为了尽早的收回货款，鼓励债务人在规定的期限内付款而向债务人提供的债务扣除。

　　现金折扣一般表达方式："折扣率/付款期限"。

　　核算的方法：有总价法和净价法两种，我国采用总价法核算。

　　注意点：在计算现金折扣时，还应注意销售方是按不包含增值税的价款提供现金折扣，还是按包含增值税的价款提供现金折扣，两种情况下购买方享有的折扣金额不同。这主要取决于购销双方的商定。

　　【案例 11-1-4】接例【案例 11-1-3】，假设甲公司为了尽早收回货款，在销售合同中规定现金折扣条件为"2/10，1/20，n/30"，丙公司在 10 月 18 将款项结清。假定在计算现金折扣时考虑增值税。（原始凭证：①银行收账通知②现金折扣计算表）

　　企业在 10 月 18 日收到货款时应编制如下会计账务处理：

　　借：银行存款　　　　　　　　　　　　　　　　　　　　797 328

　　　　财务费用　　　　　　　　　　　　　　　　　　　　16 272

　　　　贷：应收账款—丙企业　　　　　　　　　　　　　　　813 600

现金折扣 ＝ 813 600×2％＝16 272

收回净额 ＝ 813 600－16 272＝797 328

如果丙公司在 10 月 27 将款项结清。则企业在收到货款时应编制如下会计处理：

借：银行存款　　　　　　　　　　　　　　　　　　　805 464

　　财务费用　　　　　　　　　　　　　　　　　　　　8 136

　　　贷：应收账款—丙企业　　　　　　　　　　　　　　813 600

现金折扣 ＝ 813 600×1％＝8 136

收回净额 ＝ 813 600－8 136＝ 805 464

如果丙公司于 10 月 30 日付款，则甲公司在收到货款时编制的会计处理如下：

借：银行存款　　　　　　　　　　　　　　　　　　　813 600

　　　贷：应收账款—丙企业　　　　　　　　　　　　　　813 600

（3）销售退回

销售退回：是指企业售出的商品由于质量、品种不符合要求等原因而发生的退货。

账务处理：第一，冲销收入；第二，冲销成本，商品验收入库

如该项销售退回已发生现金折扣，应同时调整相关财务费用的金额。

【案例 11-1-5】甲公司 2019 年 10 月 26 日，销售 01 产品 5000 件，单位售价 100 元，单位成本 80 元。由于质量原因，该批产品于 2019 年 11 月 5 日退回 2000 件。该产品的增值税税率为 13％，假如销售退回应退回的增值税已取得相关的证明，商品的销售价款均已收到。（原始凭证：①增值税专用发票（记账联）（红字）②商品入库单 ③银行收账通知）

则 2019 年 11 月商品退回时甲公司应进行如下账务处理：

（1）冲减销售收入及相关增值税

借：主营业务收入　　　　　　　　　　　　　　　　　200 000

　　应交税费—应交增值税（销项税额）　　　　　　　　26 000

　　　贷：银行存款　　　　　　　　　　　　　　　　　　226 000

（2）冲减退回产品成本

借：库存商品 —01 号　　　　　　　　　　　　　　　160 000

　　　贷：主营业务成本—01 号　　　　　　　　　　　　　160 000

【案例 11-1-6】甲公司在 2019 年 10 月 18 日向乙公司销售商品一批，开出增值税专用发票，注明售价 100 000 元，增值税 13 000 元，该批商品的成本 62 000 元，为及早的收回货款，甲公司与乙公司约定的现金折扣条件为"2/10，1/20，n/30"。乙公司在 2019 年 10 月 26 日支付货款。2019 年 11 月 6 日，该批商品因质量问题，乙公司退回。甲公司当日支付退货款。现金折扣时未考虑增值税。

甲公司的会计处理如下：

1）在 2019 年 10 月 18 日向乙公司销售商品时：（原始凭证：①增值税专用发票（记账联）②商品出库单 ③ 商品成本计算表）

借：应收账款—乙公司　　　　　　　　　　　　　　　113 000

　　　贷：主营业务收入　　　　　　　　　　　　　　　　100 000

　　　　　应交税费—应交增值税（销项税额）　　　　　　 13 000

借：主营业务成本　　　　　　　　　　　　　　　　　 62 000

　　　贷：库存商品　　　　　　　　　　　　　　　　　　 62 000

2）2019 年 10 月 26 日收到支付的货款（原始凭证：① 银行收账通知②现金折扣计算表）

借：银行存款　　　　　　　　　　　　　　　　　　　　111 000
　　财务费用　　　　　　　　　　　　　　　　　　　　　2 000
　　　贷：应收账款—乙公司　　　　　　　　　　　　　　　　　113 000

3）2019 年 11 月 6 日乙公司退回（原始凭证：①增值税专用发票（记账联）（红字）②商品入库单③银行通知付款凭证 ）

借：主营业务收入　　　　　　　　　　　　　　　　　　100 000
　　应交税费—应交增值税（销项税额）　　　　　　　　　13 000
　　　贷：银行存款　　　　　　　　　　　　　　　　　　　　111 000
　　　　　财务费用　　　　　　　　　　　　　　　　　　　　　2 000

借：库存商品　　　　　　　　　　　　　　　　　　　　　62 000
　　　贷：主营业务成本　　　　　　　　　　　　　　　　　　　62 000

4. 销售材料等存货的账务处理

企业销售原材料、包装物等存货取得收入的确认和计量原则比照商品销售。

销售收入作为其他业务收入，结转的相关成本作为其他业务成本

【**案例 11-1-7**】2019 年 10 月，甲公司销售给乙公司一批原材料，开出的增值税专用发票上注明的售价为 50 000 元，增值税税额为 65 000 元，款项已由银行收妥，乙公司收到原材料并验收入库。该批原材料的实际成本为 30 000 元。（原始凭证：①增值税专用发票（记账联）②材料出库单 ③ 材料成本计算表④银行收账通知）

甲公司会计处理如下：

（1）取得原材料销售收入：

借：银行存款　　　　　　　　　　　　　　　　　　　　　56 500
　　　贷：其他业务收入　　　　　　　　　　　　　　　　　　　50 000
　　　　　应交税费—应交增值税（销项税额）　　　　　　　　　6 500

（2）结转已销原材料的实际成本：

借：其他业务成本　　　　　　　　　　　　　　　　　　　30 000
　　　贷：原材料　　　　　　　　　　　　　　　　　　　　　　30 000

（二）在某一时段内履行履约义务确认收入

1. 对在某一时段内履行履约义务确认收入条件

1）收入确认时间：企业应当在该段时间内按照履约进度确认收入，履约进度不能合理确定的除外。

2）收入确认条件：满足下列条件之一的，属于在某一时段内履行的履约义务：

①客户在企业履约的同时即取得并消耗企业履约所带来的经济利益。

②客户能够控制企业履约过程中在建的商品。

③企业履约过程中所产出的商品具有不可替代用途，且该企业在整个合同期间内有权就累计至今已完成的履约部分收取款项。

3）履约进度：

第一，产出指标确定的履约进度：采用实际测量的完工进度；评估已实现的结果；

时间进度；已完工或交付的产品等产出指标。

第二，投入指标确定的履约进度：采用投入的材料数量、花费的人工工时、机器工时、发生的成本和时间进度等投入指标确定恰当的履约进度。

2. 对在某一时段内履行履约义务确认收入的核算方法

当期收入＝同的交易价格总额×履约进度－以前会计期间累计已确认的收入

【案例 11-1-8】（1）2019 年 12 月 1 日，甲公司与乙公司签订一项为期 3 个月的装修合同，装修服务适用增值税税率为 9％。合同约定装修价款为 1 000 000 元，增值税税额为 90 000 元，装修费用每月末按完工进度支付。2019 年 12 月 31 日，经专业测量师测量后，确定该项劳务的完工程度为 25％；乙公司按完工进度支付价款及相应的增值税款。截止 2019 年 12 月 31 日，甲公司为完成该合同累计发生劳务成本 200 000 元（均为装修人员薪酬），估计还将发生劳务成本 600 000 元。甲公司为增值税一般纳税人。

该装修服务构成单项履约义务，并属于在某一时段内履行的履约义务，甲公司按照实际测量的完工进度确定履约进度。

2019 年 12 月 31 日，甲公司账务处理：

1）2019 年 12 月为完成该合同累计发生人工劳务成本 200 000 元

借：合同履约成本 200 000

　　贷：应付职工薪酬—工资奖金津贴补贴 200 000

2）2019 年 12 月 31 日，甲公司按照实际测量的完工进度确定履约进度，确认劳务收入并结转劳务成本：

劳务收入＝1 000 000 × 25％ －0 ＝250 000（元）

借：银行存款 272 500

　　贷：主营业务收入 250 000

　　　　应交税费—应交增值税（销项税额） 22 500

借：主营业务成本 200 000

　　贷：合同履约成本 200 000

（2）2020 年 1 月 31 日，经专业测量师测量后，确定该项劳务的完工程度为 70％；乙公司按完工进度支付价款同时支付对应的增值税款。2020 年 1 月，为完成该合同发生劳务成本 360 000 元（均为装修人员薪酬），为完成该合同估计还将发生劳务成本 240 000 元。

2020 年 1 月 31 日，甲公司账务处理：

1）2020 年 1 月，实际发生劳务成本 360 000 元：

借：合同履约成本 360 000

　　贷：应付职工薪酬—工资奖金津贴补贴 360 000

2）2020 年 1 月 31 日确认劳务收入并结转劳务成本：

2020 年 1 月 31 日确认的劳务收入＝1 000 000×70％ －250 000 ＝ 450 000（元）

借：银行存款 490 500

　　贷：主营业务收入 450 000

　　　　应交税费—应交增值税（销项税额） 40 500

借：主营业务成本 360 000

　　贷：合同履约成本 360 000

（3）2020 年 2 月 28 日，装修完工；乙公司验收合格，按完工进度支付价款同时支付对应的增值税款。2020 年 2 月，为完成该合同发生劳务成本 240 000 元（均为装修人员薪酬）。

2020 年 2 月，甲公司账务处理：

1）2020 年 2 月实际发生劳务成本 240 000 元：

借：合同履约成本 240 000

　　贷：应付职工薪酬－工资奖金津贴补贴 240 000

2）2020 年 2 月 28 日确认劳务收入并结转劳务成本：

2020 年 2 月 28 日确认的劳务收入＝1 000 000－250 000－450 000＝300 000（元）

借：银行存款 327 000

　　贷：主营业务收入 300 000

　　　　应交税费－应交增值税（销项税额） 27 000

借：主营业务成本 240 000

　　贷：合同履约成本 240 000

【案例 11-1-9】甲公司经营一家健身俱乐部。2019 年 9 月 1 日，A 客户与甲公司签订合同，成为甲公司的会员，并向甲公司支付一年期会员费 6000 元（不含税价），可在未来的 12 个月内在该俱乐部健身，且没有次数的限制。该业务适用的增值税税率为 6%。

分析：客户在会籍期间可随时来俱乐部健身，且没有次数限制，客户已使用俱乐部健身的次数不会影响其未来继续使用的次数，甲公司在该合同下的履约义务是承诺随时准备在客户需要时为其提供健身服务，因此，该履约义务属于在某一时段内履行的履约义务，并且该履约义务在会员的会籍期间内随时间的流逝而被履行。因此，甲公司按照直线法确认收入，每月应当确认的收入为 500 元（6 000÷12）。

甲公司账务处理：

（1）2019 年 9 月 1 日收到会员费时：

借：银行存款 6 000

　　贷：合同负债 6 000

本业务中，客户签订合同时支付了合同对价，可在未来的 12 个月内在该俱乐部进行健身消费，且没有次数的限制。企业在向客户转让商品之前已经产生一项负债，即合同负债。

（2）2019 年 9 月 30 日确认收入，开具增值税专用发票并收到税款时：

借：合同负债 500

　　银行存款 30

　　贷：主营业务收入 500

　　　　应交税费－应交增值税（销项税额） 30

2019 年 10 月至 2020 年 8 月，每月确认收入同上。

当履约进度不能合理确定时，企业已经发生的成本预计能够得到补偿的，应当按照已经发生的成本金额确认收入，直到履约进度能够合理确定为止。

四、合同成本

合同成本主要包括：合同取得成本和合同履约成本。

（一）合同取得成本

1. 合同取得成本的确认：

是指企业为取得合同发生的预期能够收回的增量成本。

增量成本：是指企业不取得合同就不会发生的成本，也就是企业发生的与合同直接相关，但又不是所签订合同的对象或内容本身所直接发生的费用。例如，销售佣金等。

2. 合同取得成本的计量

1）企业取得合同发生的增量成本已经确认为资产的，应当采用与该资产相关的商品收入确认相同的基础进行摊销，计入当期损益。

2）摊销期限不超过一年的合同成本，可以在发生时计入当期损益。

【案例 11-1-10】2019 年 9 月，甲咨询公司通过竞标赢得一个服务期为 5 年的客户，该客户每年末支付不含税咨询费 1 800 000 元，增值税率 6%。为取得与该客户的合同，甲公司聘请外部律师进行尽职调查支付相关费用 18 000 元，为投标而发生的差旅费 12 000 元，支付销售人员佣金 60 000 元。甲公司预期这些支出未来均能够收回。此外，甲公司根据其年度销售目标、整体盈利情况及个人业绩等，向销售部门经理支付年度奖金 15 000 元。

分析：佣金属于取得合同发生的增量成本，应当将其作为合同取得成本确认为一项资产；律师费、为投标发生的差旅费、支付的年度奖金不属于增量成本，应当于发生时直接计入当期损益。

甲公司账务处理为：

（1）支付相关费用：

借：管理费用　　　　　　　　　　　　　　　　　　　　　　　30 000
　　合同取得成本　　　　　　　　　　　　　　　　　　　　　60 000
　　销售费用　　　　　　　　　　　　　　　　　　　　　　　15 000
　　　贷：银行存款　　　　　　　　　　　　　　　　　　　　　　105 000

（2）每月确认服务收入，摊销销售佣金：

服务收入＝1 800 000÷12＝150 000（元）

销售佣金摊销额 60 000÷5÷12＝1000（元）

借：应收账款　　　　　　　　　　　　　　　　　　　　　　　159 000
　　　贷：主营业务收入　　　　　　　　　　　　　　　　　　　　150 000
　　　　　应交税费—应交增值税（销项税额）　　　　　　　　　　 9 000

借：销售费用　　　　　　　　　　　　　　　　　　　　　　　 1000
　　　贷：合同取得成本　　　　　　　　　　　　　　　　　　　　　1000

（二）合同履约成本

1. 合同履约成本的确认：

1）含义：合同履约成本指企业为履行当前或预期取得的合同所发生的，属于《企

业会计准则第 14 号—收入》（2018）规范范围，并且按照该准则应当确认为一项资产的成本。

2）确认条件：

（1）该成本与一份当前或预期取得的合同直接相关。具体包括：与合同直接相关的成本。如直接人工、直接材料、制造费用或类似费用等；明确由客户承担的成本以及仅因该合同而发生的其他成本。如支付给分包商的成本、机械使用费、设计和技术援助费用等

（2）该成本增加了企业未来用于履行履约义务的资源。

（3）该成本预期能够收回。

2. 合同履约成本的计量

1）发生时，企业应当将其计入当期损益的合同履约成本。

内容：（1）企业承担的管理费用；

（2）非正常消耗的直接材料直接人工和制造费用；

（3）与履约义务中已履行部分相关的支出；

（4）无法在尚未履行的与已履行的履约义务之间区分的相关支出。

核算：

发生时：

借：合同履约成本

　　贷：银行存款/应付职工薪酬/原材料

进行摊销时：

借：主营业务成本/其他业务成本

　　贷：合同履约成本

涉及增值税的，还应进行相应的处理。

【案例 11-1-11】甲公司经营一家自有酒店，2019 年 9 月，甲公司计提与酒店经营直接相关的酒店、客房以及客房内的设备家具等折旧 140 000 元，酒店土地使用权摊销费用 85 000 元。经计算，当月确认房费、餐饮等服务含税收入 636 000 元，全部存入银行。增值税率为 6%。

分析：甲公司经营酒店主要是通过提供客房服务赚取收入，而客房服务的提供直接依赖于酒店物业（包含土地）以及家具等相关资产，这些资产折旧和摊销属于甲公司为履行与客户的合同而发生的合同履约成本。已确认的合同履约成本在收入确认时予以摊销，计入营业成本。

甲公司账务处理为：

（1）确认资产的折旧费摊销费时：

借：合同履约成本　　　　　　　　　　　　　　　　　　　225 000

　　贷：累计折旧　　　　　　　　　　　　　　　　　　　　140 000

　　　　累计摊销　　　　　　　　　　　　　　　　　　　　　85 000

（2）12 月确认酒店服务收入并摊销合同履约成本：

借：银行存款　　　　　　　　　　　　　　　　　　　　　636 000

　　贷：主营业务收入　　　　　　　　　　　　　　　　　　600 000

　　　　应交税费—应交增值税（销项税额）　　　　　　　　 36 000

借：主营业务成本　　　　　　　　　　　　　　　　　　　225 000

贷：合同履约成本　　　　　　　　　　　　　225 000

任务二　费用

一、费用概述

(一) 费用的确认

1. 概念及特征

(1) 费用的定义：费用是指企业在日常活动中发生的、会导致所有者权益减少的、与向所有者分配利润无关的经济利益的总流出。

(2) 费用的基本特征。

①费用最终会导致企业资源的减少。

②费用最终会导致企业所有者权益的减少。

2. 费用的确认条件

(1) 经济利益很可能流出企业。

(2) 流出的经济利益能够可靠地计量。

(二) 费用的分类

按照与收入的关系费用分为成本费用和期间费用两种。

1. 成本费用

(1) 定义：成本费用是指企业为生产产品、提供劳务等发生的可归属于产品成本、劳务成本的费用。

(2) 内容：成本费用包括主营业务成本、其他业务成本、税金及附加等。

2. 期间费用

(1) 定义：期间费用是指企业日常活动中发生的不能计入特定核算对象的成本，而应当计入当期损益的费用。

(2) 内容：期间费用包括管理费用、财务费用、销售费用等。

二、营业成本

营业成本是指企业为生产产品、提供劳务等发生的可归属于产品成本、劳务成本等的费用。营业成本包括主营业务成本、其他业务成本等。

(一) 主营业务成本

(1) 内容：主营业务成本是企业为销售商品、提供劳务等经营性活动所发生的成本。

(2) 核算。

"主营业务成本"账户的知识点：①性质；②作用；③结构。

销售商品确认收入处理如下。

借：银行存款

　　贷：主营业务收入

　　　　应交税费——应交增值税（销项税额）

结转成本时处理如下。

借：主营业务成本

　　贷：库存商品

月末结转损益处理如下。

借：本年利润

　　贷：主营业务成本

（二）其他业务成本

（1）定义：其他业务成本是指企业确认的除主营业务活动以外的其他经营活动所发生的支出。

（2）内容。

①销售材料的成本。

②出租固定资产的折旧额；出租无形资产的摊销额；出租包装物的成本或摊销额。

③提供非工业性劳务的耗费等。

（3）"其他业务成本"账户的知识点：①性质；②作用；③结构。

【案例11-2-1】甲公司2019年10月2日以经营租赁方式向乙公司出租设备一台，租期6个月，每月收取租金为15 000元，增值税税率为13%，该设备每月计提的折旧金额为10 000元。假定不考虑其他因素［原始凭证：增值税专用发票（记账联）、银行收账通知、折旧计算表］。

甲公司相关账务处理如下。

①每月收取租金，确认租金收入时。

借：银行存款　　　　　　　　　　　　　　　　　　　　　16 950

　　贷：其他业务收入　　　　　　　　　　　　　　　　　　　15 000

　　　　应缴税费——应交增值税（销项税额）　　　　　　　　2 400

②每月计提出租设备折旧时。

借：其他业务成本　　　　　　　　　　　　　　　　　　　10 000

　　贷：累计折旧　　　　　　　　　　　　　　　　　　　　　10 000

【案例11-2-2】甲公司为一般纳税人，增值税税率为13%。2018年10月11日销售一批原材料给乙公司，开出的增值税专用发票上注明的售价为100 000元，增值税税额为13 000元，款项已由银行收妥。该批原材料的实际成本为65 000元［原始凭证：增值税专用发票（记账联）、银行收账通知、材料计算表］。

甲公司会计处理如下。

①10月11日取得原材料销售收入。

借：银行存款　　　　　　　　　　　　　　　　　　　　　113 000

　　贷：其他业务收入　　　　　　　　　　　　　　　　　　　100 000

　　　　应交税费——应交增值税（销项税额）　　　　　　　　13 000

②结转已销原材料的实际成本。

借：其他业务成本　　　　　　　　　　　　　　　　　　65 000
　　　贷：原材料　　　　　　　　　　　　　　　　　　　　　65 000
③月末结转损益时。
借：本年利润　　　　　　　　　　　　　　　　　　　　65 000
　　　贷：其他业务成本　　　　　　　　　　　　　　　　　　65 000

三、税金及附加

（1）定义：税金及附加是指企业经营活动中发生的消费税、城市维护建设税、资源税和教育费附加及企业按规定缴纳的房产税、车船使用税、土地使用税、印花税等。

（2）核算。

"税金及附加"账户的知识点：①性质；②作用；③结构。

计提税金时。

借：税金及附加
　　　贷：应交税费

期末结转时。

借：本年利润
　　　贷：税金及附加

【案例11-2-3】甲企业2019年实际应上缴增值税312 000元，消费税188 000元。该企业适用的城市维护建设税税率为7%，教育费附加费缴纳比率为3%（原始凭证：城市维护建设税、教育费附加计算表）。

应交的城市维护建设税＝（312 000＋188 000）×7%＝35 000（元）

应缴纳的教育费附加＝（312 000＋188 000）×3%＝15 000（元）

借：税金及附加　　　　　　　　　　　　　　　　　　　50 000
　　　贷：应交税费——应交城市维护建设税　　　　　　　　　35 000
　　　　　　　　　　——应交教育费附加　　　　　　　　　　15 000

四、期间费用

期间费用是企业日常活动中发生的不能计入特定对象的，应当在发生当期计入损益的费用。包括管理费用、财务费用、销售费用等。

（一）管理费用

1. 管理费用的概述

（1）定义：管理费用是指企业为组织和管理企业生产经营活动所发生的各项费用。

（2）内容。

①企业在筹建期间内发生的开办费。

②企业的董事会和行政管理部门在企业的经营管理中发生的，或者应当由企业统一负担的各项费用。

③用于企业直接管理之外的费用，包括董事会费、咨询费、诉讼费等。

④提供生产技术条件的费用，包括绿化费、排污费、研究费用、无形资产的摊销、固定资产修理费。

⑤业务招待费。

⑥其他管理费用。

2. 管理费用的核算

(1)"管理费用"账户的知识点：①性质；②作用；③结构。

(2)核算。

企业发生时。

借：管理费用

　　贷：有关科目

月终全部转入"本年利润"。

借：本年利润

　　贷：管理费用

(二)财务费用

1. 财务费用的概述

(1)定义：财务费用是指企业为筹集生产经营所需资金而发生的筹资费用。

(2)内容：

①利息支出。

②相关手续费。

③其他财务费用。

2. 财务费用的核算

(1)"财务费用"账户的知识点：①性质；②作用；③结构。

(2)核算。

①发生。

借：财务费用

　　贷：有关科目

②期末。

借：本年利润

　　贷：财务费用

(三)销售费用

1. 销售费用的概述

(1)定义：销售费用是指企业在销售商品和材料、提供工业性劳务的过程中发生的各项费用及专设销售机构的经费。

(2)内容：

①产品自销费用。

②产品促销与售后费用。

③销售部门的费用。

④委托代销费用。

⑤销售部门固定资产日常修理费用和大修理费用等后续支出。

2. 销售费用的核算

（1）"销售费用"账户的知识点：①性质；②作用；③结构。

（2）核算。

发生时。

借：销售费用

　　贷：有关科目

月终。

借：本年利润

　　贷：销售费用

任务三　利润

一、利润概述

（一）利润的确认

（1）定义：利润是企业在一定会计期间的经营成果。

（2）内容：

①收入减去费用后的净额。

②直接计入当期利润的利得或损失。

（二）利润构成

1. 营业利润

营业利润＝营业收入－营业成本－税金及附加－销售费用－管理费用－研发费用－财务费用＋其他收益＋投资收益（或减投资损失）＋公允价值变动收益（或减公允价值变动损失）－信用减值损失－资产减值损失＋资产处置收益（减资产处置损。）

2. 利润总额

利润总额＝营业利润＋营业外收收入－营业外支出

3. 净利润

净利润＝利润总额－所得税费用

二、营业外收入与营业外支出

（一）营业外收入

1. 营业外收入概述

（1）定义：营业外收入是指企业发生的与生产经营无直接关系的各项收入。

（2）内容：主要包括非流动资产报废毁损收益、债务重组利得、与企业日常活动

无关的政府补助、盘盈利得、捐赠利得等。

2. 营业外收入账务处理

（1）"营业外收入"账户的知识点：①性质；②作用；③结构。

（2）核算。

①发生时。

借：有关科目

　　贷：营业外收入

②期末结转。

借：营业外收入

　　贷：本年利润

【案例 11-3-1】 2019 年 12 月，甲企业将拥有的一项非专利技术出售，取得收入 80 000 元，增值税为 4 800 元存入银行。该专利权账面金额为 200 000 元，累计摊销为 150 000 元，已计提减值准备 10000 元（原始凭证：无形资产处置表、增值税专用发票、银行收账通知）。

账务处理如下。

借：银行存款	84 800
无形资产减值准备	10 000
累计摊销	150 000
贷：无形资产	200 000
应交税费——应交增值税（销项税额）	4 800
营业外收入	40 000

【案例 11-3-2】 2019 年 12 月，甲企业当期营业外收入发生总额为 85 000 元，期末结转营业外收入。

借：营业外收入	85 000
贷：本年利润	85 000

3. 政府补助

（1）政府补助的概述。

①定义：政府补助是指企业从政府无偿取得的货币性资产或非货币性资产，但不包括政府对企业投入的资本。

②政府补助的主要形式：一是财政拨款；二是财政贴息；三是税收返还；四是无偿给与非货币性资产。

③政府补助的分类：与资产相关的政府补助；与收益均相关的政府补助两种。

（2）政府补助的核算。

①方法：政府补助核算方法有两种，总额法和净额法。

总额法是在确认政府补助时将其全额确认为收益，而不是作为相关资产账面价值或费用的扣减。

净额法是将政府补助确认为对相关资产账面价值或费用的扣减。

通常情况下，对同类或类似政府补助只能选择一种方法，同时，企业对该业务应当一贯运用该方法，不得随意变更。

②处理规定：

1）与企业日常活动相关的政府补助（若政府补助的成本费用是营业利润之中的项目，或该补助与日常销售等经营行为密切相关如增值税即征即退等，企业选择总额法对其进行核算），应当按照经济实质，计入其他收益或冲减相关成本费用；

2）与企业日常活动无关的政府补助，计入营业外收支。

③与资产相关的政府补助的核算

1）与资产相关的政府补助是指企业取得的用于购建或以其他方式形成长期资产（固定资产或无形资产）的政府补助。

2）核算方法：

①总额法，即按照补助资金的金额

借：银行存款

　　贷：递延收益

分摊：如果先收到政府补助，再购建长期资产，则应当在开始对相关资产计提折旧或摊销时，开始对递延收益分期计入损益。即：

借：递延收益

　　贷：其他收益

　　　　营业外收入

如果是先开始购建长期资产，再取得政府补助，则应当在相关资产的剩余寿命内合理、系统分摊递延收益计入损益。

寿命结束时，或提前被处置，尚未摊销完的递延收益应当一次性转入资产处置当前的损益，不再予以递延。

②净额法，即按照补助资金的金额冲减相关资产账面价值，按照扣减后的资产价值对资产计提折旧或摊销。

【案例 11-3-3】2×10 年 2 月，甲企业需购置一台生产用环保设备，按相关规定向有关部门提出补助 300 万元的申请。2×10 年 3 月 1 日，政府批准了甲企业的申请并拨付给甲企业 300 万元财政拨款（同日到账）。2×10 年 4 月 26 日，甲企业购入不需安装的环保设备，实际成本为 480 万元，增值税 76.8 万元，预计使用寿命 10 年，采用直线法计提折旧（假设无残值）。2×18 年 4 月 20 日，甲企业出售了这台设备，取得价款 120 万，增值税 19.2 万元。

甲企业总额法下会计处理：

1）2×10 年 3 月 1 日（原始凭证：银行收账通知）

借：银行存款　　　　　　　　　　　　　　　　　　　　3 000 000

　　贷：递延收益　　　　　　　　　　　　　　　　　　　3 000 000

2）2×10 年 4 月 26 日（原始凭证：①增值税专用发票 ②银行付款通知）

借：固定资产　　　　　　　　　　　　　　　　　　　　4 800 000

　　应交税费－应交增值税（进项税额）　　　　　　　　768 000

　　贷：银行存款　　　　　　　　　　　　　　　　　　　5 568 000

3）2×10 年 5 月至 2×18 年 4 月，每月折旧和分摊递延收益（原始凭证：①折旧费用计算表②递延收益分摊表）

借：制造费用　　　　　　　　　　　　　　　　　　　　40 000

　　贷：累计折旧　　　　　　　　　　　　　　　　　　　40 000

借：递延收益　　　　　　　　　　　　　　　　　　　　25 000

贷：其他收益		25 000

每月折旧＝4 800 000÷10÷12＝40 000

每月分摊递延收益＝3 000 000÷10÷12＝25 000

4）2×18 年 4 月 20 日出售设备（原始凭证：①固定资产处置表②银行收款通知③增值税专用发票④ 递延收益分摊表）

借：固定资产清理	960 000	
累计折旧	3 840 000	
贷：固定资产		4 800 000
借：银行存款	1 392 000	
贷：固定资产清理		1 200 000
应交税费－ 应交增值税（销项税额）		192 000
借：固定资产清理	240 000	
贷：资产处置损益－非流动资产处置损益		240 000

同时，对未摊完的政府补助，一次性摊完：

借：递延收益	600 000	
贷：营业外收入		600 000

如果采用净额法法进行核算，甲企业会计处理：

1）2×10 年 3 月 1 日（原始凭证：银行收账通知）

借：银行存款	3 000 000	
贷：递延收益		3 000 000

2）2×10 年 4 月 26 日（原始凭证：①增值税专用发票 ②银行付款通知）

借：固定资产	4 800 000	
应交税费－ 应交增值税（进项税额）	768 000	
贷：银行存款		5 568 000
借：递延收益	3 000 000	
贷：固定资产		3 000 000

3）2×10 年 5 月至 2×18 年 4 月，每月折旧和分摊递延收益（原始凭证：①折旧费用计算表②递延收益分摊表）

借：制造费用	15 000	
贷：累计折旧		15 000

每月折旧＝（4 800 000－3 000 000）÷10÷12＝15 000

4）2×18 年 4 月 20 日出售设备（原始凭证：①固定资产处置表②银行收款通知③增值税专用发票④ 递延收益分摊表）

借：固定资产清理	360 000	
累计折旧	1 440 000	
贷：固定资产		1 800 000
借：银行存款	1 392 000	
贷：固定资产清理		1 200 000
应交税费－ 应交增值税（销项税额）		192 000
借：固定资产清理	840 000	
贷：资产处置损益－非流动资产处置损益		840 000

（3）与收益相关的政府补助的核算。

①定义：与收益相关的政府补助是指企业取得的除了与资产相关的政府补助之外的政府补助。如税收的返还。这类补助通常应当在实际收到时按照实际到账金额确认和计量。

②处理政策：与收益相关的政府补助应当在其补偿的相关费用或损失发生的期间计入当期损益。即：

用于补偿企业以后期间的相关费用或损失的，在企业取得时确认为递延收益，在确认相关费用损失的期间计入当期损益或冲相关成本费用；

用于补偿企业已经发生的相关费用或损失的，在企业取得时直接计入当期损益或冲成本费用。

【案例 11-3-4】甲企业为购买储备粮于 2019 年 10 月从国家农业发展银行贷款 3 600 万元。同期银行贷款年利率为 6％。自 2019 年 10 月开始，财政部门按有关规定于每季度初，按甲企业的实际贷款额和贷款利率拨付给甲企业贴息资金（原始凭证：银行收款通知、递延收益分摊表）。

甲企业相关账务处理如下。

①2019 年 10 月，实际收到财政贴息时。

借：银行存款　　　　　　　　　　　　　　　　　　　　　540 000

　　贷：递延收益　　　　　　　　　　　　　　　　　　　　　540 000

财政贴息金额＝36 000 000×6％×3/12＝540 000（元）

②2018 年 10 月分摊财政贴息收入 18 万元。

借：递延收益　　　　　　　　　　　　　　　　　　　　　180 000

　　贷：财务费用　　　　　　　　　　　　　　　　　　　　　180 000

2019 年 11 月和 12 月的分录同上。

【案例 11-3-5】甲企业 2019 年 10 月遭受重大自然灾害，于 2019 年 11 月，收到政府补助资金 80 万用于弥补遭受重大自然灾害造成的损失。企业选择总额法进行核算。

企业收到时

借：银行存款　　　　　　　　　　　　　　　　　　　　　800 000

　　贷：营业外收入　　　　　　　　　　　　　　　　　　　　800 000

（二）营业外支出

1. 营业外支出概述

（1）定义：营业外支出是指企业发生的与本企业生产经营无直接关系的各项支出。

（2）内容：非流动资产报废毁损损失、债务重组损失、罚款支出、捐赠支出、非常损失、盘亏损失等。

2. 营业外支出账务处理

（1）"营业外支出"账户的知识点：①性质；②作用；③结构。

（2）核算。

发生时。

借：营业外支出

　　贷：有关科目

期末。

借：本年利润

　　贷：营业外支出

【案例 11-3-6】 2019 年 10 月，甲企业发生原材料意外灾害损失为 270 000 元，经批准转作营业外支出（原始凭证：财产物质清查报告表）。

借：营业外支出　　　　　　　　　　　　　　　　　270 000

　　贷：待处理财产损益　　　　　　　　　　　　　　　270 000

【案例 11-3-7】 2019 年 10 月，甲企业结转当期发生的营业外支出为 320 000 元。

借：本年利润　　　　　　　　　　　　　　　　　　320 000

　　贷：营业外支出　　　　　　　　　　　　　　　　　320 000

三、本年利润的核算

（一）本年利润形成

1. 结转本年利润的方法

（1）表结法。表结法是指各类损益类账户每月末只需结计本月发生额和累计余额，不结转到"本年利润"账户，只有在年终才将全年的累计余额结转到"本年利润"账户。

（2）账结法。账结法是指每月末均需编制转账凭证，将各损益类账户结转至"本年利润"账户。

2. 账户设置

"本年利润"账户的知识点：①性质；②作用；③结构。

3. 利润形成的账务处理

（1）期末，结转当期损益。

①结转各项收益。

借：主营业务收入

　　其他业务收入

　　投资收益

　　营业外收入

　　贷：本年利润

②转各项成本、费用。

借：本年利润

　　贷：主营业务成本

　　　　销售费用

　　　　税金及附加

　　　　管理费用

　　　　财务费用

　　　　资产减值损失

　　　　其他业务成本

　　　　营业外支出

　　　　所得税费用

（2）年度终了结转当年净利。

借：本年利润

　　贷：利润分配——未分配利润

如果为亏损，做反向分录。

【案例 11-3-8】甲公司 2019 年损益类账户的年末余额如下（该企业采用表结法年末一次结转损益）。

科目名称	结账前余额/元
主营业务收入	10 000 000（贷）
主营业务成本	8 000 000（借）
销售费用	7 000 000（借）
税金及附加	1 000 000（借）
管理费用	770 000（借）
财务费用	300 000（借）
资产减值损失	87 000（借）
其他业务收入	700 000（贷）
其他业务成本	400 000（借）
投资收益	600 000（贷）
其他收益	100 000（贷）
营业外收入	80 000（贷）
营业外支出	250 000（借）
所得税费用	330 000（借）

企业有关的会计分录如下。

（1）结转各项收益。

借：主营业务收入　　　　　　　　　　　　　　　　　　10 000 000

　　其他业务收入　　　　　　　　　　　　　　　　　　　700 000

　　投资收益　　　　　　　　　　　　　　　　　　　　　600 000

　　其他收益　　　　　　　　　　　　　　　　　　　　　100 000

　　营业外收入　　　　　　　　　　　　　　　　　　　　 80 000

　　贷：本年利润　　　　　　　　　　　　　　　　　　11 480 000

（2）转各项成本、费用。

借：本年利润　　　　　　　　　　　　　　　　　　　10 937 000

　　贷：主营业务成本　　　　　　　　　　　　　　　　8 000 000

　　　　销售费用　　　　　　　　　　　　　　　　　　 700 000

　　　　税金及附加　　　　　　　　　　　　　　　　　 100 000

　　　　管理费用　　　　　　　　　　　　　　　　　　 770 000

　　　　财务费用　　　　　　　　　　　　　　　　　　 300 000

　　　　资产减值损失　　　　　　　　　　　　　　　　　87 000

　　　　其他业务成本　　　　　　　　　　　　　　　　 400 000

　　　　营业外支出　　　　　　　　　　　　　　　　　 250 000

　　　　所得税费用　　　　　　　　　　　　　　　　　 330 000

（3）将"本年利润"科目余额转入"利润分配——未分配利润"科目。

借：本年利润　　　　　　　　　　　　　　　　　　　　 543 000

贷：利润分配——未分配利润　　　　　　　　　　　　　　　543 000

（二）本年利润分配

1. 利润分配的程序

（1）定义：利润分配是企业根据国家有关规定和投资者的决议，对企业净利润所进行的分配。

（2）企业可供分配的利润。

可供分配的利润＝本年净利润＋年初未分配利润＋其他转入

（3）利润分配的内容和程序。

①弥补亏损。企业以前年度亏损未弥补完，不能提取法定盈余公积和任意盈余公积。

②提取法定盈余公积。法定盈余公积按照本年实现净利润的一定比例提取，公司制企业按公司法规定按净利润的10％提取；非公司制企业法定盈余公积的提取比例可以超过净利润10％，企业提取的法定盈余公积累计额超过其注册资本的50％以上的，可以不再提取。

③提取任意盈余公积。公司制企业提取法定盈余公积后，经过股东大会决议，可以提取任意盈余公积，非公司制企业经批准，也可根据需要提取任意盈余公积。

④向投资者分配利润。企业在提取法定盈余公积和任意盈余公积前，不得向投资者分配利润。

⑤未分配利润。未分配利润是企业实现的净利润经过弥补亏损、提取盈余公积和向投资者分配利润后留于企业的历年结存的利润，通常留待以后年度向投资者进行分配。

2. 利润分配的核算

（1）"利润分配"账户的知识点：①性质；②作用；③结构；④明细户。

该账户分别按"提取法定盈余公积""提取任意盈余公积""应付现金股利""盈余公积补亏"和"未分配利润"等明细科目进行明细核算。

（2）利润分配的账务处理。

借：利润分配——提取法定盈余公积
　　　　　　——提取任意盈余公积
　　　　　　——应付现金股利
贷：盈余公积——法定盈余公积
　　　　　　——任意盈余公积
　　应付股利

【案例 11-3-9】乙股份有限公司的股本为 100 000 000 股，每股面值为 1 元。2019年结转"本年利润"之前"利润分配——未分配利润"账户贷方余额为 80 000 000 元，2019 年实现净利润为 50 000 000 元。经批 2019 年公司的利润分配方案为：按照 2018年实现净利润的 10％提取法定盈余公积，5％提取任意盈余公积，同时向股东按每股0.2 元派发现金股利（原始凭证：利润分配表）。

2019 年利润分配时，乙股份有限公司的会计处理为。

借：利润分配——提取法定盈余公积　　　　　　　　　　　5 000 000
　　　　　　——提取任意盈余公积　　　　　　　　　　　2 500 000
　　　　　　——应付现金股利　　　　　　　　　　　　20 000 000

贷：盈余公积——法定盈余公积　　　　　　　　　　　5 000 000

　　　　　——任意盈余公积　　　　　　　　　　　2 500 000

　　应付股利　　　　　　　　　　　　　　　　　20 000 000

附件：业务 11-3-9-1

表 11-3-1　利润分配计算表

2019 年 12 月 31 日　　　　　　　　　　　　　　　单位：元

利润分配项目	分配基数	分配比例	分配额
法定盈余公积	50 000 000	10％	5 000 000
任意盈余公积	50 000 000	5％	2 500 000
应付股利	100 000 000	0.2	20 000 000
合　计			27 500 000

会计主管：李强　　　　　　　制表：张进

（三）未分配利润

未分配利润是企业实现的净利润经过弥补亏损、提取盈余公积和向投资者分配利润后留存于企业的历年结存的利润，通常留待以后年度向投资者进行分配。

（1）度终了时，企业结转本年实现的净利润。

借：本年利润

　　贷：利润分配——未分配利润

（2）年末结转利润分配的明细户，形成未分配利润。

借：利润分配——未分配利润

　　贷：利润分配——提取法定盈余公积

　　　　　——提取任意盈余公积

　　　　　——应付现金股利

四、留存收益使用的核算

（一）概述

（1）定义：企业盈余公积和未分配利润，都属于企业从历年实现的利润中提取或留存于企业的内部积累，它来源于企业生产经营活动所实现的净利润，故称为留存收益。

（2）用途：

①盈余公积的用途一般有弥补亏损和转增资本及派送新股。

②未分配利润只用于弥补企业亏损。

（二）盈余公积使用的核算

1. 弥补亏损和转增资本

借：盈余公积——法定盈余公积

　　　　　——任意盈余公积

　　贷：利润分配——盈余公积补亏

实收资本

2. 用盈余公积派送新股的核算

借：盈余公积——法定盈余公积

　　　　　　——任意盈余公积

　　贷：股本

（三）未分配利润减少的核算

结转当年发生亏损处分录如下。

借：利润分配——未分配利润

　　贷：本年利润

实训练习

练习题 11-1　单项选择题

（一）要求：在每小题的 **4** 个备选答案中，选出 **1** 个正确答案，并将正确答案的序号填在题干后的括号内

（二）题目。

1. 企业应当在履行了合同中的履约义务，即在（　　）时确认收入
   A. 客户取得相关商品控制权　　　　B. 收到货款时
   C. 签订合同　　　　　　　　　　　D. 纳税义务形成

2. 企业取得合同发生的增量成本是指企业不取得合同就不会发生的成本，也就是企业发生的与合同直接相关，但又不是所签订合同的对象或内容本身所直接发生的费用。下列费用属于增量成本（　　）
   A. 销售佣金　　　　　　　　　　　B. 咨询费
   C. 销售部门经理支付的年度奖金　　D. 律师费

3. 下列内容不属于合同履约成本（　　）
   A. 企业承担的管理费用；
   B. 非正常消耗的直接材料直接人工和制造费用
   C. 与履约义务中已履行部分相关的支出
   D. 取得合同发生的增量成本

4. 企业在履约合同中的收入不包括（　　）
   A. 销售商品收入　　　　　　　　　B. 销售材料收入
   C. 对外出租资产收取的租金　　　　D. 销售服务

5. 企业按合同发出商品，合同约定客户只有在商品售出取得价款后才支付货款。企业发出商品时计入（　　）
   A. 库存商品　　　　　　　　　　　B. 发出商品
   C. 主营业务收入　　　　　　　　　D. 应收账款

6. 现金折扣是指债权人在销售商品后，为了尽早的收回货款，鼓励债务人在规定的期限内付款而向债务人提供的债务扣除。发生现金折扣，企业计入（　　）
   A. 财务费用　　　　　　　　　　　B. 销售费用

C. 冲销销售收入　　　　　　　　　　D. 冲银行存款

7. 下列项目中不应计入"营业外收入"科目的有（　　　）。

    A. 处理固定资产净收益　　　　　　　B. 转销的固定资产盘盈

    C. 罚款收入　　　　　　　　　　　　D. 政府补贴收入

8. 企业利润总额为 100 000 元，当期违反税法规定罚款支出 2 000 元，所得税税率为 25%，本期应纳所得税为（　　　）元。

    A. 25 000　　　　　B. 25 500　　　　　C. 32 340　　　　　D. 67 000

9. 下列税金中不通过"税金及附加"科目核算的有（　　　）。

    A. 消费税　　　　　　　　　　　　　B. 资源税

    C. 城市维护建设税　　　　　　　　　D. 增值税

10. 企业利润总额减所得税费用之后的余额，通常叫（　　　）。

    A. 净利润　　　　　　　　　　　　　B. 利得

    C. 营业利润　　　　　　　　　　　　D. 主营业务利润

11. 企业上年末未分配利润借方余额为 5 000 元（属 5 年以上亏损），本年利润总额为 100 000 元。所得税税率为 25%，本年按 10% 提取法定盈余公积应为（　　　）元。

    A. 7 000　　　　　B. 7 500　　　　　C. 10 000　　　　　D. 9 500

12. 企业因自然灾害所造成的生产用材料毁损，经有关部门批准后，应将扣除保险公司等的赔款和残料价值后的净损失计入（　　　）。

    A. 管理费用　　　　　　　　　　　　B. 其他业务成本

    C. 营业外支出　　　　　　　　　　　D. 生产成本

13. 专设的销售机构发生的业务招待费应计入（　　　）科目核算。

    A. 管理费用　　　　　　　　　　　　B. 销售费用

    C. 营业外支出　　　　　　　　　　　D. 其他业务成本

14. 甲企业 2019 年年初"利润分配——未分配利润"账户的贷方余额为 200 万元，本年度实现的净利润为 100 万元，分别按 10% 和 5% 提取法定盈余公积和任意盈余公积。假定不考虑其他因素，该企业 2019 年年末未分配利润的余额应为（　　　）万元。

    A. 205　　　　　B. 255　　　　　C. 270　　　　　D. 285

15. 2019 年 1 月 1 日甲企业所有者权益情况如下：实收资本为 200 万元，资本公积为 17 万元，盈余公积为 38 万元，未分配利润为 32 万元。则该企业 2019 年 1 月 1 日留存收益为（　　　）万元。

    A. 32　　　　　　　　　　　　　　　B. 38

    C. 70　　　　　　　　　　　　　　　D. 87

练习题 11-2　多项选择题

（一）要求：在每小题 4 个备选答案中选出 2～4 个正确答案，并将正确答案的序号填入题中的括号内。

（二）题目。

1. 企业应当在履行了合同中的履约义务，即在客户取得相关商品控制权时确认收入，取得商品控制权包括（　　　）要素：

A. 客户必须拥有现时权利，能够主导该商品的使用并从中获得几乎全部经济利益。

B. 户有能力主导该商品的使用，即客户在其活动中有权使用该商品，或者能够允许或阻止其他方使用该商品。

C. 客户能够获得商品几乎全部的经济利益。

D. 合同各方已批准该合同并承诺将履行各自义务。

2. 收入确认的前提条件有（　　　）以及企业因向客户转让商品而有权取得的对价很可能收回。

A. 合同各方已批准该合同并承诺将履行各自义务；

B. 该合同明确了合同各方与所转让商品相关的权利和义务；

C. 该合同有明确的与所转让商品相关的支付条款；

D. 该合同具有商业实质。

3. 收入确认和计量大致分为五步，依次为（　　　）及履行各单项履约义务时确认收入。

A. 识别与客户订立的合同

B. 识别合同中的单项履约义务

C. 确定交易价格

D. 将交易价格分摊至各单项履约义务

4. 客户有能力主导该商品的使用，是指（　　　）

A. 客户在其活动中有权使用该商品

B. 能够允许其他方使用该商品

C. 有权使用该商品但无权阻止其他方使用该商品

D. 能够阻止其他方使用该商品

5. 现金折扣是指债权人在销售商品后，为了尽早的收回货款，鼓励债务人在规定的期限内付款而向债务人提供的债务扣除。现金折扣一般表达方式为"折扣率/付款期限"，下列表达准确的有（　　　）

A. "2/10，1/20，N/30" 　　　　B. "2/15，N/30"

C. "1/10，2/20，N/30" 　　　　D. "2/10，1/20，3/30"，

6. 对在某一时段内履行履约义务确认收入，满足下列条件之一的，属于在某一时段内履行的履约义务（　　　）

A. 客户在企业履约的同时即取得并消耗企业履约所带来的经济利益。

B. 客户能够控制企业履约过程中在建的商品。

C. 企业履约过程中所产出的商品具有不可替代用途，且该企业在整个合同期间内有权收取全部款项。

D. 企业履约过程中所产出的商品具有不可替代用途，且该企业在整个合同期间内有权就累计至今已完成的履约部分收取款项

7. 企业在与客户之间建立合同关系过程中发生的成本主要有（　　　）

A. 合同取得成本 　　　　　　　B. 合同制造成本

C. 合同履约成本 　　　　　　　D. 合同机会成本

8. 下列费用属于管理费用核算的内容有（　　　）。

A. 咨询费 　　　　　　　　　　B. 诉讼费

C. 绿化费　　　　　　　　　　　　D. 广告费

9. 下列支出中，属于营业外支出的有（　　）。

A. 捐赠支出　　　　　　　　　　　B. 罚款支出

C. 固定资产盘亏　　　　　　　　　D. 非正常损失

10. 财务费用包括的具体项目有（　　）。

A. 财务部门经费　　　　　　　　　B. 利息净支出

C. 广告费　　　　　　　　　　　　D. 支付银行手续费

11. 企业期末应将（　　）科目的余额直接结转至"本年利润"科目。

A. "管理费用"　　　　　　　　　　B. "制造费用"

C. "所得税费用"　　　　　　　　　D. 信用减值损失

12. 下列内容，影响营业务利润的有（　　）。

A. 其他综合收益　　　　　　　　　B. 税金及附加

C. 主营业务成本　　　　　　　　　D. 其他收益

13. 下列内容属于营业外支出的有（　　）

A. 罚款支出　　　　　　　　　　　B. 出售固定资产净损失

C. 捐赠支出　　　　　　　　　　　D. 税收的滞纳金

14. 留存收益属于企业的所有者权益，包括（　　）。

A. 盈余公积　　　　　　　　　　　B. 未分配利润

C. 实收资本　　　　　　　　　　　D. 资本公积

15. 下列内容，属于其他业务收入的有（　　）。

A. 销售材料收入　　　　　　　　　B. 租金收入

C. 罚款收入　　　　　　　　　　　D. 销售产品收入

练习题 11-3　判断题

（一）要求：下列每小题说法中正确的在题干后的括号内写"√"，错误的在题干后的括号内写"×"。

（二）题目。

（　　）1. 企业在确认和计量收入时，应遵循的基本原则是确认收入的方式应当反映其向客户转让商品或提供服务的模式，收入的金额应当反映企业因转让商品或提供服务而预期有权收取的对价金额。

（　　）2. 收入的金额应当反映企业因转让商品或提供服务而预期有权收取的标价金额。

（　　）3. 取得相关商品控制权，是指客户能够主导该商品的使用并从中获得几乎全部经济利益。

（　　）4. 所谓客户，是指与企业订立合同以向该企业购买其日常活动产出的商品并支付对价的一方

（　　）5. 确认和计量任何一项合同收入应考虑全部的五个步骤

（　　）6. 履约义务是指合同中企业向客户转让可明确区分商品或服务的承诺

（　　）7. 企业销售商品涉及商业折扣的，应当按照折扣前的金额确认销售商品收入的金额，商品销售中发生的商业折扣，会计处理计入财务费用。

（　　）8. 企业应当考虑商品的性质，采用产出指标等确定恰当的履约进度。产出

指标包括实际测量的完工进度、评估已实现的结果、投入的材料数量、花费的人工等。

（　　）9. 对在某一时段内履行履约义务确认收入的核算，资产负债表日，企业按照合同的交易价格总额乘以履约进度扣除以前会计期间累计已确认的收入后的金额，确认当期收入。

（　　）10. 期间费用是企业日常活动中发生的不能计入特定对象的，应当在发生当期计入损益的费用。包括管理费用、财务费用、销售费用、信任减值损失等。

（　　）11. 企业以前年度亏损未弥补完时，不得向投资者分配利润，但可以提取法定盈余公积金。

（　　）12. 企业可供分配的利润是本年净利润、年初未分配利润、其他转入等组成的。

（　　）13. 未分配利润的数额等于企业当年实现的税后利润加未分配利润年初数。

（　　）14. 用当年实现的利润弥补去年发生的亏损，不需要编制会计分录。

（　　）15. 计入营业利润中的研发费用，是指企业在进行研究与开发过程中发生的费用化支出，以及计入管理费用自行开发无形资产的摊销。

实训题 11-1　某一时点履行履约义务确认收入（一）

（一）目的： 学生能熟练掌握一般销售业务的核算

（二）资料：

甲公司为增值税一般纳税人，2019 年 4 月发生下列销售业务

1.1）2 日，甲公司按照合同规定向乙公司销售 A 商品一批，开具的增值税专用发票上注明售价为 300 000 元，增值税税额为 39 000 元，甲公司收到乙公司开出的期限为 6 个月不带息银行承兑汇票一张，票面金额为 339 000 元。另甲公司以银行存款支付代垫运费，增值税专用发票上注明运输费 2 000 元，增值税税额为 180 元，所垫运费尚未收到；该批商品成本为 220 000 元，乙公司收到商品并验收入库。

2）6 日，甲公司收到代垫运费 2 180 存入银行.

3）7 日，甲公司根据协议向丙公司销售 B 商品一批，开具的增值税专用发票上注明售价为 100 000 元，增值税税额为 13 000 元，代垫运费 600 元，增值税 54 元，收到银行委托收款回单。该商品成本 65 000 元。

4）11 日，企业收到银行收账通知，7 日销售给丙公司 B 商品货款及代垫运费款全部收到入账。

5）12 号，企业收到银行收账通知，销售给丙单位 B 商品收到的三月前商业汇票到期，款 150 000 元，丙单位全部支付，存入银行。

6）14 日，甲公司与乙公司签订委托代销合同，甲公司委托乙公司销售 A 商品 1500 件，A 商品已经发出，每件商品成本为 200 元。合同约定乙公司应按每件 250 元对外销售，甲公司按不含增值税的销售价格的 10% 向乙公司支付手续费。在 A 商品对外销售之前，乙公司没有义务向甲公司支付货款，乙公司不承担包销责任，没有售出的 A 商品须退回给甲公司。同时，甲公司也有权要求收回 A 商品或将其销售给其他的客户。

7）至 30 日，收到乙公司代销清单，实际对外销售甲公司委托代销 A 商品 500 件，开出的增值税专用发票上注明的销售价款为 125 000 元，增值税税额为 16 250 元。

8）甲公司本月销售给乙公司一批原材料，开出的增值税专用发票上注明的售价为

30 000 元，增值税税额为 3 900 元，款项已由银行收妥，乙公司收到原材料并验收入库。该批原材料的实际成本为 24 000 元。

（三）要求：

对上述业务，作出相应的账务处理

解答：

1.（1）确认收入时：

（2）代垫运费时：

2.

3.（1）确认收入时：

4.

5.

6.

7.1）收代销清单时

8.（1）取得原材料销售收入

（2）结转已销原材料的实际成本：

实训题 11-2　某一时点履行履约义务确认收入（二）

（一）目的：掌握销售商品涉及商业折扣、现金折扣、销售退回收入的核算。

（二）资料。

甲公司为增值税一般纳税人，2019 年 3 月发生下列业务。

1.3 月 18 日向乙公司销售商品一批，价值为 1 000 000 元。根据合同规定，因大量

销售，甲公司给乙公司 10% 的商业折扣。企业开出增值税专用发票，注明价款为 900 000 元，增值税为 117 000 元，该批商品的成本为 600 000 元。

2. 为及早地收回货款，甲公司与乙公司约定的现金折扣条件为 "2/10，1/ 20，n/30"。乙公司在 2019 年 3 月 27 日支付货款（折扣不含增值税）。

3.2019 年 4 月 8 日，该批商品因质量问题，乙公司退回。甲公司当日支付退货款。现金折扣时未考虑增值税。

（三）要求：

1.2019 年 3 月 18 日销售商品时分录。

2.2019 年 3 月 27 日收到支付的货款。

3.2019 年 4 月 8 日乙公司退回。

解答：

1.2019 年 3 月 18 日向乙公司销售商品时：

2.2019 年 3 月 27 日收到支付的货款：

3.2019 年 4 月 8 日乙公司退回：

实训题 11-3　在某一时段内履行履约义务确认收入的核算（一）

（一）目的： 学生熟练掌握在某一时段内履行履约义务确认收入的核算

（二）资料：

甲公司于 2019 年 12 月 1 日，接受一项安装业务，安装期 3 个月，合同总收入 500 000 元。至 12 月底已预收安装费 350 000 元，实际发生安装费 180 000 元（均为人工费），估计还需发生安装费 120 000 元。甲公司按照实际发生成本占总成本的比例确定安装的履约进度，增值税率为 6%。

（三）要求：

作 2019 年上述业务的账务处理

解答：

---

1) 2019 年 12 月实际发生安装费

2) 2019 年预收劳务款

3) 2019 年 12 月末确认劳务收入并结转劳务成本：

实训题 11-4　在某一时段内履行履约义务确认收入的核算（二）

（一）目的：掌握合同收入、成本的核算

（二）资料：

甲公司为一家咨询公司，2019 年 10 月，通过竞标赢得一个新客户，为取得该客户的合同，甲公司聘请外部律师进行尽职调查支付相关费用 20 000 元，为投标而发生的差旅费 10 000 元，支付销售人员佣金 80 000 元。甲公司预计这些支出都能在未来收回。此外，甲公司根据其年度销售目标、整体盈利情况及个人业绩等，向销售部门经理支付年度奖金 22 000 元。该客户服务期为 3 年，每年末支付不含税咨询费 1 200 000 元，增值税率 6%。

解答：

1.（1）支付相关费用：

（2）每月确认服务收入，摊销销售佣金：

实训题 11-5　政府补助收入的核算

（一）目的：掌握政府补助收入的核算。

（二）资料。

甲企业 2019 年发生下列政府补助业务。

（1）2019 年 1 月 1 日，收到一笔用于补偿企业以后 5 年期间的因与治理环境相关的费用 100 万元。

（2）2019 年 6 月 10 日，收到一笔用于补偿企业已发生的贴息资金费用为 100 万元。

（3）2019 年 6 月 15 日，收到国家 2 000 万元的政府补助用于购买一台生产设备，6 月 20 日，企业用 2 400 万元购买了一台生产设备，增值税为 312 万元。假定该设备按 5 年、采用直线法计提折旧，无残值，设备预计使用年限为 5 年。分别用总额法和净额法对该项政府补助有关业务进行核算。

（4）2019 年 12 月收到增值税返还 150 万元。

（三）要求。

（1）根据上述资料，编制该企业 2019 年度与政府补助有关的会计分录。

（2）根据上述资料，编制 2019 年固定资产计提月折旧的会计分录（答案中的金额单位用万元表示）。

解答：

（1）2019 年 1 月 1 日收到时：

2019 年 1 月末分摊时：

（2）2019 年 6 月 10 日：

（3）总额法核算：

净额法核算：

（4）2019 年 12 月收到增值税返：

实训题 11-6　收入、费用、利润的核算

（一）目的：掌握收入、费用、利润的核算。

（二）资料。

（1）甲企业为一般纳税企业，增值税税率为 13%，所得税税率为 25%。

（2）甲企业 2019 年 12 月发生如下经济业务。

①销售给乙公司产品一批，增值税专用发票上的售价为 300 000 元，收到 B 公司交来面值为 904 000 元的银行汇票一张，销售成本为 200 000 元。

②报废旧设备一台，原值为 65 000 元，已提折旧为 60 000 元，支付清理费用为 1 000 元，增值税 60 元，取得残料变价收入为 2 000 元，增值税 260 元，有关款项已通过银行结算完毕，做固定资产报废清理的有关分录。

③乙公司来函提出本月购买的产品中，有售价 100 000 元，增值税 13 000 元，成本 65 000 元的 A 产品，质量不完全合格，要求退货。经查明，符合原合同约定，同意乙公司的要求，并办理相关手续，款已由银行支付；

④2019 年 12 月 1 日，与乙公司签订一项为期 3 个月的装修合同，装修服务适用增值税税率为 9%。合同约定装修价款为 500 000 元，增值税税额为 45 000 元，装修费用每月末按完工进度支付。2019 年 12 月 31 日，经专业测量师测量后，确定该项劳务的完工程度为 35%；乙公司按完工进度支付价款及相应的增值税款。截止 12 月 31 日，甲公司为完成该合同累计发生劳务成本 120 000 元（均为装修人员薪酬），估计还将发生劳务成本 180 000 元。

⑤用银行存款支付本月管理人员差旅费 32 000 元，广告费 20 000，增值税 1 200 元，银行利息费 3 000 元。

⑥本月销售材料 60 000 元，增值税 7 800 元，款未收。材料成本为 45 000 元。

⑦本月应交增值税 100 000，分别按应交增值税的 7% 和 3% 计提本月应交的城建税和教育费附加。

⑧分摊本月总额法下与资产有关的政府补助 4 000 元。

⑨企业违反税收规定被罚款 10 000 元。

（三）要求。

（1）编制资料（2）中有关经济业务的会计分录。

（2）计算 2019 年 12 月 A 企业利润表中以下项目的金额（要求列出计算过程）：①营业利润；②利润总额；③净利润。

解答：

（1）会计分录。

1）销售：

2）
（1）

（2）

（3）

（4）

3）
（1）

（2）

4）2019 年 12 月 31 日，甲公司账务处理：
（1）为完成该合同累计发生人工劳务成本

（2）确认劳务收入并结转劳务成本：

5）

6）

7）

8）

9）

2. 计算 2019 年 12 月份甲企业利润表中以下项目的金额（要求列出计算过程）：
1）营业利润：

2）利润总额：

3）净利润：

实训题 11-7　利润形成及分配的核算

（一）目的： 掌握利润形成及分配的核算。

（二）资料。

1. 甲股份有限公司 2019 年 11 月有关损益类账户如下，结转损益类账户，计算 11 月份利润。

"主营业务收入"贷方余额 10 100 000　　　"主营业务成本"借方余额 8 050 000

"销售费用"借方余额 6 000 000　　　　　"税金及附加"借方余额 1 000 000

"管理费用"借方余额 770 000　　　　　　"财务费用"借方余额 300 000

"信用减值损失"借方余额 87 000　　　　　"其他业务收入"贷方余额 700 000

"其他业务成本"借方余额 350 000　　　　"投资收益"贷方余额 600 000

"其他收益"贷方余额 100 000　　　　　　"营业外收入"贷方余额 80 000

"营业外支出"借方余额 250 000　　　　　"所得税费用"借方余额 330 000

2. 甲股份有限公司 2019 年实现净利润 10 000 000 元，年初"利润分配—未分配利润"账户借方余额为 2 000 000 元，经批准 2019 年公司的利润分配方案，按照实现净利润的 10％提取法定盈余公积；5％提取任意盈余公积；向股东分配现金股利 3 000 000 元 。

（三）要求。

1. 结转 11 月份损益类账户，计算利润指标

2. 结转 2019 年本年实现的净利润；进行 2019 年利润分配的核算；3）结转利润分配的明细户；计算 2019 年未分配利润。

解答：

1）2019 年 11 月结转损益

1）结转各项收益

（2）转各项成本、费用

当期利润：

2）2019 年年度终了，结转本年实现的净利润

2019 年利润分配时

2019 年末结转利润分配的明细户

计算 2019 年未分配利润

实训题 11-8　综合核算（不定项选择题）

（一）目的： 掌握利润综合核算。

（二）资料。

甲公司为一般纳税人，增值税税率 13%，所得税税率 25%，2019 年度，甲公司发生如下交易事项：

（1）2 月 25 日，购入乙公司股票 200 万股，作内交易性金融资产，该股票当日公允价值 2050 万元（含已宣告尚未发放现金股利 50 万元），另支付交易费用 5 万元，款项已用银行存款支付。

（2）3 月 6 日，将一台设备进行出售，原价 40 万元，已折旧 25 万元，固定资产减值准备 5 万元。实际出售价格为 20 万元，增值税税率为 9%，增值税税额为 1.8 万元，款项已存入银行。

（3）12 月 31 日，确认交易性金融资产公允价值增加 3 万元。

（4）除上述事项外，当年实现营业收入 15000 万元，期间费用 2000 万元，税金及附加 1000 万元，营业成本 7000 万元。

（5）年末，当年业务招待费 50 万元，福利费超标 30 万元，不考虑其他调整事项。公司董事会决定按税后利润 10% 提取法定盈余公积，不向投资者分配利洞。要求：

（三）根据上述资料，回答下列小题

1. 根据资料（1），会计处理正确的是（　　　）

A. 已宣告尚未发放现金股利 50 万元计入应收股利

B. 交易性金融资产增加 2050 万元

C. 投资收益增加 5 万

D. 交易性金融资声增加 2000 万元

2. 根据资料（2），会计处理正确的是（　　　）

A. 出售设备账面价值 15 万元

B. 资产处置损益增加 10 万

C. 出售设备账面价值 10 万元

D. 营业外收入增加 10 万元

3. 根据资料（3），会计处理正确的是（　　　）

A. 借：其他综合收益　　　　　　　　　　　　　　　　　3
　　　贷：投资收益　　　　　　　　　　　　　　　　　　　　3

B. 借：交易性金融资一产公允价值变动　　　　　　　　　3
　　　贷：公允价值变动损益　　　　　　　　　　　　　　　　3

C. 借：交易性金融资产—公允价值变动　　　　　　　　　3
　　　贷：其他综合收益　　　　　　　　　　　　　　　　　　3

D. 借：公允价值变动损益　　　　　　　　　　　　　　　3
　　　贷：投资收益　　　　　　　　　　　　　　　　　　　　3

4. 根据资料（1）至（4），2019 年度利润总额（　　　）万元。

A. 4988　　　　　　　　　　　　　　B. 5008

C. 5013　　　　　　　　　　　　　　D. 5023

5. 根据资料（1）至（5），会计处理正确的是（   ）

A. 当期应交所得税 1272 万元

B. 盈余公积增加 373.6 万元

C. 盈余公积增加 500.8 万元

D. 当期应交所得税 1252 万元

项目十二 财务报告

本项目知识结构图

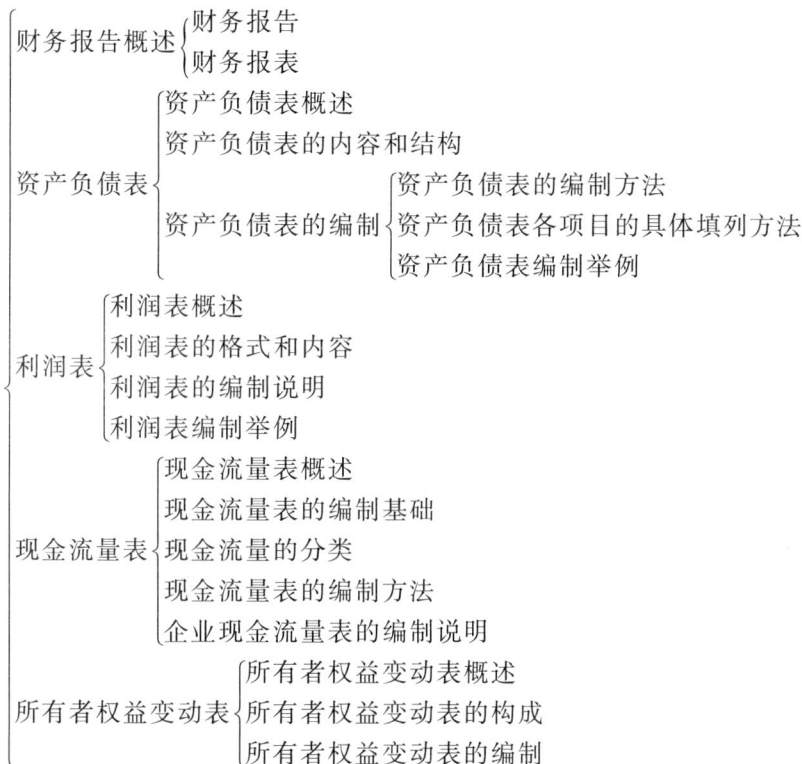

财务报告概述 {
 财务报告
 财务报表
}

资产负债表 {
 资产负债表概述
 资产负债表的内容和结构
 资产负债表的编制 {
  资产负债表的编制方法
  资产负债表各项目的具体填列方法
  资产负债表编制举例
 }
}

利润表 {
 利润表概述
 利润表的格式和内容
 利润表的编制说明
 利润表编制举例
}

现金流量表 {
 现金流量表概述
 现金流量表的编制基础
 现金流量的分类
 现金流量表的编制方法
 企业现金流量表的编制说明
}

所有者权益变动表 {
 所有者权益变动表概述
 所有者权益变动表的构成
 所有者权益变动表的编制
}

本项目重点、难点分析

任务一 财务报告认知

一、财务报告

1. 定义

财务报告是指企业对外提供的反映企业某一特定日期财务状况和某一会计期间经营成果、现金流量的书面文件。财务报告包括财务报表和其他应当在财务报告中披露的信息和资料。

2. 编制财务报告的目的

向财务报告的使用者提供企业财务状况、经营成果和现金流量等有关的会计信息，反映企业管理层受托责任的履行情况，为财务报告使用者做出决策提供依据。

3. 分类：分为年度、半年度、季度和月度财务报告

月度、季度和半年度财务报告属于中期财务报告，中期财务报告的内容至少应当包括资产负债表、利润表、现金流量表和报表附注。

二、财务报表

（一）财务报表的组成

（1）四表：资产负债表、利润表、现金流量表、所有者权益变动表及附注。

（2）附注：报表附注是为便于财务报表使用者理解财务报表的内容而对财务报表的编制基础、编制依据、编制原则和方法及主要项目等所做的解释。

（二）财务报表的种类

（1）按资金运动形态分类：可以分为静态报表和动态报表。

静态报表是指反映企业在某一日期终了时资金运动变化处于相对静止状态的报表，如资产负债表。

动态报表是反映企业在一时期内资金运动变化状况的报表，如利润表和现金流量表。

（2）按编报时间分类：按照财务报表的编报时间，财务报表可以分为月报、季报和年报。

（3）按编制单位分类：按照编制单位分为个别报表、合并报表和汇总报表。

（4）按服务对象分类：可以分为内部报表和外部报表。

（5）按行业性质分类：分为一般企业、商业银行、保险公司、证券公司等报表

任务二　资产负债表

一、资产负债表概述

（一）资产负债表概念

资产负债表是根据"资产＝负债＋所有者权益"这一会计等式为平衡原理，反映企业某一特定日期财务状况的报表。

（二）资产负债表的作用

（1）可以提供某一日期资产的总额及其结构的信息，表明企业拥有或控制的资源及其分布情况。

（2）可以提供某一日期的负债总额及其结构的信息，表明企业未来需要用多少资产或劳务清偿债务以及清偿时间。

（3）可以反映所有者所拥有的权益，据以判断资本保值、增值的情况以及对负债的保障程度。

（4）可以提供进行财务分析的基本资料，如将流动资产与流动负债进行比较，计算出流动比率；将速动资产与流动负债进行比较，计算出速动比率等，可以反映企业的变现能力、偿债能力和资金周转能力，从而有助于报表使用者做出经济决策。

二、资产负债表的内容和结构

（一）资产负债表的内容

（1）资产：按照流动性分为流动资产、非流动资产分类列示。

（2）负债：按照偿还时间一般分为流动负债和非流动负债列示。

（3）所有者权益：按照实收资本、资本公积、库存股、盈余公积和未分配利润分项列示。

（二）资产负债表的结构

资产负债表的格式主要有账户式和报告式两种。我国资产负债表采用账户式结构。

三、资产负债表的编制

（一）资产负债表项目的编制方法

1. "期末余额"栏填制

"期末余额"栏填制有以下几种填列方法：

1）根据总账账户余额填列

（1）根据各该总账账户余额直接填列。

如"短期借款"、"应交税费"等项目应分别根据"短期借款"、"应交税费"等各总账账户的期末余额填列；

（2）根据有关总分类账户的期末余额分析计算填列。

如"货币资金"，根据"库存现金"、"银行存款"、"其他货币资金"账户的期末余额的合计数填列。

2）根据明细账户余额计算填列。

①"应收账款"项目，根据"应收账款"和"预收账款"两个总分类账户所属的相关明细账户的期末借方余额合计数减去"坏账准备"账户中有关应收账款计提的坏账准备数额填列。

②"预收款项"项目，根据"预收账款"和"应收账款"两个总分类账户所属的相关明细账户的期末贷方余额合计数填列。

③"应付账款"项目，根据"应付账款"和"预付账款"两个总分类账户所属的相关明细账户的期末贷方余额合计数填列。

④"预付款项"项目，根据"预付账款"和"应付账款"两个总分类账户所属的相

关明细账户的期末借方余额合计数减去"坏账准备"账户中有关预付账款计提的坏账准备数额填列。

【案例12-2-1】甲公司2016年12月结账后的"在途物资"账户余额为48 000元，"原材料"账户余额为500 000元，"库存商品"账户余额为600 000元，"生产成本"账户余额为100 000元，"周转材料"账户借方余额为20 000元，"材料成本差异"贷方余额为10 000元，"存货跌价准备"贷方余额为8 000元，"工程物资"借方余额为150 000元。该公司2016年12月31日资产负债表中的"存货"项目金额如下。

"存货"项目金额＝48 000＋500 000＋600 000＋100 000＋20 000－10 000－8 000＝1 250 000（元）

三是"未分配利润"项目，根据"本年利润"和"利润分配"总账账户期末余额分析计算填列。

【案例12-2-2】甲公司2016年12月结账后有关应收、预收、应付、预付款余额如下。

①"应收账款"借方余额为400 000元，其中，A单位借方余额为460 000元，B单位贷方余额为60 000元；"坏账准备——应收账款"贷款余额为30 000元。

②"预收账款"贷方余额为30 000元，其中C单位贷方余额为35 000元，D单位借方余额为5 000元。

③"应付账款"贷方余额为80 000元，其中，E单位贷方余额为96 000元，F单位借方余额为16 000元。

④"预付账款"借方余额为40 000元，其中，G单位借方余额为60 000元，T单位贷方余额为20 000元。

⑤"应收票据"借方余额50 000

⑥"应付票据"贷方余额20 000

计算该公司2016年12月31日资产负债表中的"应收账款""预收账款""应付账款""预付账款"项目的金额，计算如下。

"应收账款"金额＝460 000＋5 000－30 000＝435 000（元）

"预收账款"金额＝35 000＋60 000＝95 000（元）

"应付账款"金额＝96 000＋20 000＝116 000（元）

"预付账款"金额＝60 000＋16 000＝76 000（元）

（3）根据总账账户和明细账账户余额分析计算填列。

①"长期借款"项目，根据"长期借款"总账账户余额扣除"长期借款"科目所属明细账账户中反映的将于一年内到期的长期借款部分分析计算填列。长期借款中于一年内到期的长期借款部分填列在流动负债下"一年内到期的非流动负债"项目中。

②"长期待摊费用"等项目，本项目应根据"长期待摊费用"账户的余额减去一年内摊销的数额后的金额填列。长期待摊费用中在一年内（含一年）摊销的部分，应在本表"一年内到期的非流动资产"项目填列。

【案例12-2-3】甲公司2016年12月结账后"长期借款"贷方余额为1 000 000元，其中包括以下三项。

①2014年6月1日工商银行借入3年期借款300 000元。

②2015年2月5日建设银行借入5年期借款500 000元。

③2016年7月1日光大银行借入3年期借款200 000元。

计算该公司 2016 年 12 月 31 日资产负债表中的"长期借款"项目的金额。

"长期借款"项目的金额＝1 000 000－300 000＝700 000（元）

（4）根据总账账户余额减去其备抵科目余额后的净额填列。

"应收账款""长期股权投资""固定资产""在建工程"等项目，应分别根据"应收票据""应收账款""长期股权投资""固定资产""在建工程"等账户的期末余额减"坏账准备""长期股权投资减值准备""累计折旧""固定资产减值准备""在建工程减值准备"等填列。

【案例 12-2-4】远东公司 2016 年 12 月结账后的"固定资产"账户余额为 800 000元，"累计折旧"账户余额为 240 000 元，"固定资产减值准备"贷方余额为 20 000 元。

该公司 2015 年 10 月 31 日资产负债表中的"固定资产"项目金额如下。

"固定资产"项目金额＝800 000－240 000－20 000＝540 000（元）

（5）报表中合计与总计项目填列。

资产总计＝流动资产合计＋非流动资产合计

负债总计＝流动负债合计＋非流动负债合计

负债和所有者权益总计＝负债合计＋所有者权益合计

2. "期初余额"栏内各项数字填制

"期初余额"栏内各项数字应根据上期末资产负债表的"期末余额"栏内所列数字填列。如果本年度资产负债表规定的各个项目的名称和内容与上年度不一致，则应对上期末资产负债表各项目的名称和数字按照本年度的规定进行调整，填入本表"期初余额"栏内。

（二）资产负债表"期末余额"各项目的具体填列说明

略　见练习

任务三　利润表

一、利润表概述

（1）定义：利润表又称损益表，是反映企业一定会计期间经营成果的会计报表。

（2）作用：

①通过利润表可以从总体上了解企业收入、成本和费用及利润（或亏损）的实现及构成情况。

②通过利润表提供不同时期的数字比较，可以分析企业的获利能力及利润的未来发展趋势，了解投资者投入资本的保值增值情况，为报表的使用者做出决策提供依据。

二、利润表的格式和内容

利润表的格式主要有多步式和单步式两种，我国企业的利润表一般采用多步式。

三、利润表的编制说明

（一）利润表各项目的填列方法

（1）以营业收入为基础，减去营业成本、税金及附加、销售费用、管理费用、研发费用、财务费用、加其他收益、加（减）投资收益、加（减）公允价值变动损益、减资产减值损失，信用减值损失，加（减）资产处置损益计算出营业利润；

（2）以营业利润的为基础，加上营业外收入，减去营业外支出得出利润总额；

（3）以利润总额的基础，减去所得税费用得出净利润。

（4）以净利润和其他综合收益税后的净额为基础计算出综合收益总额。

（5）以净利润为基础，计算出每股收益。

（二）利润表各项目的填列说明

（1）"营业收入"项目，反映企业经营主要业务和其他业务所确认的收入总额。本项根据"主营业务收入"和"其他业务收入"账户的发生额分析填列。

（2）"营业成本"项目，反映企业经营主要业务和其他业务发生的实际成本总额。本项根据"主营业务成本"和"其他业务成本"账户的发生额分析填列。

（3）"税金及附加"项目，反映企业经营业务应负担的消费税、城市维护建设税、资源税、土地增值税和教育费附加等。本项目应根据"税金及附加"账户发生额分析填列。

（4）"销售费用"项目，反映企业在销售商品过程中发生的包装费、广告费等费用，以及销售本企业商品而专设的销售机构的职工薪酬、业务费等经营费用。本项目应根据"销售费用"账户的发生额分析填列。

（5）"管理费用"项目，反映企业为组织和管理生产经营所发生的管理费用。本项目应根据"管理费用"账户的发生额分析填列。

（6）"研发费用"项目，反应企业研究与开发过程中的费用化支出以及计入管理费用的自行开发无形资产摊销。该项目根据"管理费用"下"研发费用"明细户发生额以及"管理费用"下"无形资产摊销"明细户的发生额填列。

（7）"财务费用"项目，反映企业筹集生产经营所需资金等而发生的筹资费用。本项目应根据"财务费用"账户的发生额分析填列。

（8）"资产减值损失"项目，反映企业各项资产发生的减值损失。本项目应根据"资产减值损失"账户的发生额分析填列。

（9）"信用减值损失"项目，反应企业计提的各项金融工具减值准备所形成的预期信用损失。该项目根据"信用减值损失"科目发生额分析填列。

（10）"其他收益"项目，反应收到的与企业日常活动相关的计入当期收益的政府补助。本项目应根据"其他收益"账户的发生额分析填列。

（11）"投资收益"项目，反映企业以各种方式对外投资所取得的收益。本项目应根据"投资收益"账户的发生额分析填列。如为投资损失，以"一"号填列。

（12）"公允价值变动收益"项目，反映企业交易性金融资产，以及采用公允价值模式计量的投资性房地产等公允价值变动形成的应计入当期损益的利得或损失。本项目应根据"公允价值变动损益"账户的发生额分析填列。如果为公允价值变动损失，以"一"号填列。

（13）"资产处置收益"项目，反应企业出售划分为持有待售的非流动资产（金融工具、长期股权投资、投资性房地产除外）或处置组（子公司业务除外）时确认的处置利得或损失。以及处置未划分为持有待售的固定资产、在建工程、生产性生物资产以及无形资产而产生的利得或损失。本项目根据"资产处置损益"科目发生额分析填列；如为处置损失，以"一"号填列。

（14）"营业利润"项目，反映企业实现的营业利润。如为亏损，以"一"号填列。

（15）"营业外收入"和"营业外支出"项目，反映企业发生的与生产经营无直接关系的各项收入和支出。这两个项目分别根据"营业外收入"和"营业外支出"账户的发生额分析填列。

（16）"利润总额"项目，反映企业实现的利润总额。如为亏损总额，以"一"号填列。

（17）"所得税费用"项目，反映企业根据所得税准则确认的应从当期利润总额中扣除的所得税费用。本项目应根据"所得税费用"账户的发生额分析填列。

（18）"净利润"项目，反映企业实现的净利润。如为净亏损，以"一"号填列。

（19）"其他综合收益税后净额"，反映企业未在损益中确认的各项利得和损失扣除所得税影响后的净额。本项目应根据"其他综合收益"账户发生额分析填列。

（20）"综合收益总额"，反映企业净利润和其他综合收益扣除所得税影响后的净额相加后的合计金额。

（21）"每股收益"项目，包括"基本每股收益"和"稀释每股收益"两指标。反应普通股或潜在普通股已公开交易的企业，以及正处在公开发行普通股或潜在普通股过程中的企业的每股收益。

四、利润表编制举例

略 见练习

任务四 现金流量表

一、现金流量表的概述

（一）现金流量表概念

（1）现金流量表，是反映企业在一定会计期间现金和现金等价物流入和流出的报表。

（2）现金，是指企业库存现金及可以随时用于支付的存款。

（3）现金等价物，是指企业持有的期限短（一般指从购买日起三个月内到期）、流动性强、易于转换为已知金额现金、价值变动风险很小的投资。

（二）现金流量表的作用

（1）从现金的流入和流出两个方面，反映企业在一定期间内的经营活动、投资活

动和筹资活动所产生的现金流量。

（2）说明企业一定期间内现金流入和流出的原因，反映企业的偿债能力，有助于分析企业未来获取现金的能力，分析企业投资和理财活动对经营成果和财务状况的影响。

二、现金流量表的编制基础

现金流量表是以现金为基础编制的。

这里的现金是广义的现金概念，包括现金及现金等价物。具体来讲，它由库存现金、银行存款、其他货币资金和现金等价物几个部分组成。

三、现金流量的分类

1. 经营活动

经营活动是指企业投资活动和筹资活动以外的所有交易和事项。对工商企业而言，经营活动主要包括销售商品、提供劳务、购买商品、支付职工薪酬、接受劳务、支付税费、收到的税费返还等。

2. 投资活动

投资活动是指企业长期资产的购建和不包括在现金等价物范围内的投资及其处置活动。投资活动，既包括实物资产投资，也包括金融资产投资。

3. 筹资活动

筹资活动是指导致企业资本及债务规模和构成发生变化的活动。筹资活动包括发行股票或接受投入资本、分派现金股利、取得和偿还银行借款、发行和偿还公司债券等。通常情况下，应付账款、应付票据等属于经营活动，不属于筹资活动。

四、现金流量表的结构及格式

（一）现金流量表的基本结构

现金流量表的基本结构由表首、正表和附注三个部分组成。

（1）表首，表首部分应表明企业的名称、现金流量的会计期间、金额单位和报表编号。

（2）正表，正表部分是现金流量表的主体部分，主要反映经营活动的现金流量、投资活动的现金流量、筹资活动的现金流量。

（3）附注，现金流量表附注包括现金流量表补充资料、取得或处置子公司及现金等价物等需要披露的信息。

（二）现金流量表的格式

一般企业现金流量表的内容与结构此处不再赘述。

五、现金流量表的编制方法

（一）直接法

直接法，是指按现金收入和现金支出的主要类别直接反映企业经营活动产生的现金流

量，如销售商品、提供劳务收到的现金；购买商品、接受劳务支付的现金等就是按现金收入和支出的类别直接反映的。在直接法下，一般是以利润表中的营业收入为起算点，调节与经营活动有关的项目的增减变动，然后计算出经营活动产生的现金流量。

（二）间接法

间接法，是指以净利润为起算点，调整不涉及现金的收入、费用、营业外收支等有关项目，剔除投资活动、筹资活动对现金流量的影响，据此计算出经营活动产生的现金流量。

按照会计准则规定企业应当采用直接法编报现金流量表，同时要求在附注中提供以净利润为基础调节得到经营活动现金流量的信息。

六、企业现金流量表的编制说明

（一）"经营活动产生的现金流量"有关项目的编制

在我国，企业经营活动产生的现金流量应采用直接法填列。

1. 销售商品、提供劳务收到的现金

本项目可以根据"库存现金""银行存款""应收票据""应收账款""预收账款""主营业务收入""其他业务收入"账户的记录分析填列。

【案例 12-4-1】甲企业 2018 年 12 月销售一批商品，开出的增值税专用发票上注明的销售价款为 2 800 000 元，增值税销项税额为 476 000 元，以银行存款收讫；应收票据期初余额为 270 000 元，期末余额为 60 000 元；应收账款期初余额为 1 000 000 元，期末余额为 400 000 元；年度内核销的坏账损失为 20 000 元。另外，本期因商品质量问题发生退货，支付银行存款 30 000 元，货款已通过银行转账支付。

本期销售商品、提供劳务收到的现金计算如下。

本期销售商品收到的现金　3 276 000

加：本期收到前期的应收票据　270 000—60 000＝210 000

本期收到前期的应收账款　1 000 000—400 000—20 000＝580 000

减：本期因销售退回支付的现金　30 000

本期销售商品、提供劳务收到的现金　4 036 000

2. 收到的税费返还

本项目可以根据"库存现金""银行存款""税金及附加""营业外收入"等账户的记录分析填列。

【案例 12-4-2】甲企业 2018 年 1 月出口商品一批，已缴纳增值税，按规定应退增值税为 8 500 元，12 月以转账方式收讫；本期收到退回的营业税款为 18 000 元、收到的教育费附加返还款为 33 000 元，款项已存入银行。

本期收到的税费返还计算如下。

本期收到的出口退增值税税额　8 500

加：收到的退营业税税额　18 000

收到的退教育费附加返还额　33 000

本期收到的税费返还　59 500

3. 收到的其他与经营活动有关的现金

本项目可以根据"库存现金""银行存款""管理费用""销售费用"等账户的记录分析填列。

4. 购买商品、接受劳务支付的现金

本项目可以根据"库存现金""银行存款""应付票据""应付账款""预付账款""主营业务成本""其他业务支出"以及存货类等账户的记录分析填列。

【案例12-4-3】甲公司2018年12月购买原材料，收到的增值税专用发票上注明的材料价款为150 000元，增值税进项税额为25 500元，款项已通过银行转账支付；本期支付前期赊购原材料发生的应付票据为100 000元；购买工程用物资为150 000元，货款已通过银行转账支付。

本期购买商品、接受劳务支付的现金计算如下。

本期购买原材料支付的价款　　　150 000

加：本期购买原材料支付的增值税进项税额　　25 500

　　　本期支付的应付票据　　100 000

本期购买商品、接受劳务支付的现金　　275 500

5. 支付给职工以及为职工支付的现金

本项目可以根据"库存现金""银行存款""应付职工薪酬"等账户的记录分析填列。

【案例12-4-4】甲企业2018年12月实际支付工资500 000元，其中经营人员工资300 000元，在建工程人员工资200 000元。

本期支付给职工以及为职工支付的现金为300 000元。

6. 支付的各项税费

本项目可以根据"应交税费""库存现金""银行存款"等账户分析填列。

【案例12-4-5】甲企业2018年12月向税务机关缴纳增值税为34 000元；本期发生的所得税为3 100 000元已全部缴纳；企业期初未交所得税为280 000元；期末未交所得税为120 000元。

本期支付的各项税费计算如下。

本期支付的增值税税额　　34 000

加：本期发生并缴纳的所得税税额　　3 100 000

　　前期发生本期缴纳的所得税税额　　280 000－120 000＝160 000

本期支付的各项税费　　3 294 000

7. 支付的其他与经营活动有关的现金

本项目可以根据有关账户的记录分析填列。

（二）投资活动产生的现金流量有关项目的编制

1. 收回投资收到的现金

本项目可以根据"交易性金融资产""持有至到期投资""可供出售金融资产""长期股权投资""投资性房地产""库存现金""银行存款"等账户的记录分析填列。

【案例12-4-6】2018年12月，甲企业出售某项长期股权投资，收回的全部投资金

额为 480 000 元；出售某项长期债权性投资，收回的全部投资金额为 410 000 元，其中，60 000 元是债券利息。

本期收回投资所收到的现金计算如下。

收回长期股权投资金额　480 000

加：收回长期债权性投资本金　410 000－60 000＝350 000

本期收回投资所收到的现金　830 000

2. 取得投资收益收到的现金

本项目可以根据"应收股利""应收利息""投资收益""库存现金""银行存款"等账户的记录分析填列。

【案例 12-4-7】 甲企业 2018 年年初长期股权投资余额为 2 000 000 元，其中 1 500 000 元投资于联营企业 A 企业，占其股本的 25％，采用权益法核算；另外 200 000 元和 300 000 元分别投资于 B 企业和 C 企业，各占接受投资企业总股本的 5％和 10％，采用成本法核算。当年 A 企业盈利为 2 000 000 元，分配现金股利为 800 000 元；B 企业亏损没有分配股利；C 企业盈利为 600 000 元，分配现金股利为 200 000 元。企业已如数收到现金股利。

本期取得投资收益收到的现金计算如下。

取得 A 企业实际分回的投资收益　800 000×25％＝200 000

加：取得 B 企业实际分回的投资收益　0

取得 C 企业实际分回的投资收益　200 000×10％＝20 000

本期取得投资收益收到的现金　220 000

3. 处置固定资产、无形资产和其他长期资产收回的现金净额

本项目可以根据"固定资产清理""库存现金""银行存款"等账户的记录分析填列。

【案例 12-4-8】 2018 年 12 月甲公司出售一台不需用设备，收到价款为 30 000 元，该设备原价为 40 000 元，已提折旧 15 000 元。支付该项设备拆卸费用为 200 元，运输费用为 80 元，设备已由购入单位运走。

本期处置固定资产、无形资产和其他长期资产所收回的现金净额计算如下。

本期出售固定资产收到的现金　30 000

减：支付出售固定资产的清理费用　280

本期处置固定资产、无形资产和其他长期资产所收回的现金净额　29 720

4. 处置子公司及其他营业单位收到的现金净额

本项目可以根据有关账户的记录分析填列。

5. 收到的其他与投资活动有关的现金

本项目可以根据有关账户的记录分析填列。

6. 购建固定资产、无形资产和其他长期资产支付的现金

本项目可以根据"固定资产""在建工程""工程物资""无形资产""库存现金""银行存款"等账户的记录分析填列。

【案例 12-4-9】 2018 年 12 月甲公司购入房屋一幢，价款为 1 850 000 元，通过银行转账 1 800 000 元，其他价款用公司产品抵偿。为在建厂房购进建筑材料一批，价值为

160 000 元，价款已通过银行转账支付。

本期购建固定资产、无形资产和其他长期资产支付的现金计算如下。

购买房屋支付的现金　　1 800 000

加：为在建工程购买材料支付的现金　　160 000

本期购建固定资产、无形资产和其他长期资产支付的现金　　1 960 000

7. 投资支付的现金

本项目可以根据"交易性金融资产""持有至到期投资""可供出售金融资产""投资性房地产""长期股权投资""库存现金""银行存款"等账户的记录分析填列。

【案例 12-4-10】 2018 年 12 月甲企业以银行存款 2 000 000 元投资于乙企业的股票。此外，购买中国光大银行发行的金融债券，面值总额为 200 000 元，票面利率为 8%，实际支付金额为 204 000 元。

本期投资所支付的现金计算如下。

投资于乙企业的现金总额　　2 000 000

投资于中国光大银行金融债券的现金总额　　204 000

本期投资所支付的现金　　2 204 000

8. 取得子公司及其他营业单位支付的现金净额

本项目可以根据"长期股权投资""库存现金""银行存款"等账户的记录分析填列。

9. 支付的其他与投资活动有关的现金

本项目可以根据"应收股利""应收利息""银行存款""库存现金"等账户的记录分析填列。

（三）筹资活动产生的现金流量有关项目的编制

1. 吸收投资收到的现金

本项目可以根据"实收资本（或股本）""资本公积""库存现金""银行存款"等账户的记录分析填列。

【案例 12-4-11】 2018 年 12 月甲企业对外公开募集股份 1 000 000 股，每股面值为 1 元，发行价每股为 1.1 元，代理发行的证券公司为其支付的各种费用，共计 15 000 元，另该企业为发行股票由企业直接支付的审计、咨询费等共计 5 800 元。此外，甲企业为建设一新项目，批准发行 2 000 000 元的长期债券。与证券公司签署的协议规定，该批长期债券委托证券公司代理发行，发行手续费为发行总额的 3.5%，宣传及印刷费由证券公司代为支付，并从发行总额中扣除。证券公司按面值发行，价款已全部收到，支付宣传及印刷费等各种费用为 11 420 元。按协议券公司已将发行款划至企业在银行的存款账户上。

本期吸收投资收到的现金计算如下。

发行股票取得的现金　　1 085 000

其中，发行总额　　1 000 000×1.1＝1 100 000

　　　　减：发行费用　　15 000

发行债券取得的现金　　1 918 580

其中，发行总额　　2 000 000

减：发行手续费　　　2 000 000×3.5％＝70 000

证券公司代付的各种费用　　11 420

本期吸收投资收到的现金　　3 003 580

企业为发行股票由企业直接支付的审计、咨询费等共计 5 800 元，应在"支付的其他与筹资活动有关的现金"项目中反映。

2. 借款收到的现金

本项目可以根据"短期借款""长期借款""库存现金""银行存款"等账户的记录分析填列。

3. 收到的其他与筹资活动有关的现金

本项目可根据有关账户的记录分析填列。

4. 偿还债务所支付的现金

本项目可以根据"短期借款""长期借款""交易性金融负债""应付债券""库存现金""银行存款"等账户的记录分析填列。

5. 分配股利、利润或偿付利息支付的现金

本项目可以根据"应付股利""应付利息""利润分配""财务费用""在建工程""制造费用""研发支出""库存现金""银行存款"等账户的记录分析填列。

【**案例 12-4-12**】2018 年 12 月甲企业期初应付现金股利为 21 000 元，本期宣布并发放现金股利为 50 000 元，期末应付现金股利为 12 000 元。

本期分配股利、利润或偿付利息所支付的现金计算如下。

本期宣布并发放的现金股利　　50 000

加：本期支付的前期应付股利　　21 000－12 000＝9 000

本期分配股利、利润或偿付利息支付的现金　　59 000

6. 支付的其他与筹资活动有关的现金

本项目可以根据"管理费用""长期应付款""银行存款""库存现金"等账户的记录分析填列。

（四）汇率变动对现金的影响

汇率变动对现金的影响，指企业外币现金流量及境外子公司的现金流量折算成记账本位币时，所采用的是现金流量发生日的汇率或即期汇率近似的汇率，而现金流量表"现金及现金等价物净增加额"项目中外币现金净增加额是按资产负债表日的即期汇率折算的。这两者之间的差额即为汇率变动对现金的影响。

在编制现金流量表时，对当期发生的外币业务，也可不必逐笔计算汇率变动对现金的影响，可以通过现金流量表补充资料中"现金及现金等价物净增加额"，项目数额与现金流量表中"经营活动产生的现金流量净额""投资活动产生的现金流量净额""筹资活动产生的现金流量净额"三项目之和比较，其差额即为"汇率变动对现金的影响额"。

（五）现金流量表补充资料

1. 将净利润调节为经营活动现金流量

现金流量表采用直接法反映经营活动产生的现金流量，同时，企业还应采用间接

法反映经营活动产生的现金流量。

在我国，现金流量表补充资料应采用间接法反映经营活动产生的现金流量情况，以对现金流量表中采用直接法反映的经营活动现金流量进行核对和补充说明。

采用间接法列报经营活动产生的现金流量时，需要对四大类项目进行调整：①实际没有支付现金的费用（加）；②实际没有收到现金的收益（减）；③不属于经营活动的损益（加或减）；④经营性应收应付项目的增减变动（加或减）。

2. 不涉及现金收支的重大投资和筹资活动

我国企业现金流量表补充资料中列示的不涉及现金收支的重大投资和筹资活动项目主要有以下几项。

（1）债务转为资本，反映企业本期转为资本的债务金额。

（2）一年内到期的可转换公司债券，反映企业一年内到期的可转换公司债券的本息。

（3）融资租入固定资产，反映企业本期融资租入固定资产的最低租赁付款额扣除应分期计入利息费用的未确认融资费用后的净额。

3. 现金及现金等价物净变动情况

该项目的金额应与现金流量表"现金及现金等价物净增加额"项目的金额核对相符。

任务五　所有者权益变动表

一、所有者权益变动表概述

（1）定义：所有者权益变动表，又称股东权益变动表，是反映构成所有者权益的各组成部分的增减变动情况的报表。

（2）作用：所有者权益变动表在一定程度上体现企业综合收益的特点，除反映直接计入所有者权益的利得和损失外，还包括所有者权益增减变动的重要信息，让报表使用者准确理解使用者权益变动的根源。

二、所有者权益变动表的构成

（1）当期损益。

（2）直接计入所有者权益的利得和损失。

（3）与所有者的资本交易导致的所有者权益的变动等。

根据我国《企业会计准则第30号——财务报表列报》的相关规定，所有者权益变动表至少应当单独列示反映下列信息的项目。

①净利润。

②直接计入所有者权益的利得和损失项目及其总额。

③会计政策变更和差错更正的累积影响金额。

④所有者投入资本和向所有者分配利润等。

⑤按照规定提取的盈余公积。

⑥实收资本（或股本）、资本公积、盈余公积、未分配利润的期初和期末余额及其调节情况。

三、所有者权益变动表的编制

所有者权益变动表各项目应当根据当期净利润、直接计入所有者权益的利得和损失项目、所有者投入资本和向所有者分配利润、提取盈余公积等情况分析填列。

在所有者权益变动表中，直接计入当期损益的利得和损失应包含在净利润中。直接计入所有者权益的利得和损失主要包括可供出售金融资产公允价值变动净额、现金流量套期工具公允价值变动余额一系列项目反映。

实训练习

练习题 12-1　单项选择题

（一）要求：将正确答案填入下列各题括号处。

（二）题目。

1. 企业对外报送的报表不包括（　　）。

　　A. 资产负债表　　　B. 利润表　　　　C. 现金流量表　　　D. 成本表

2. "货币资金"项目的填制依据不包括（　　）。

　　A. 库存现金　　　　B. 银行存款　　　C. 其他货币资金　　D. 有价证券

3. 企业购建固定资产属于（　　）。

　　A. 经营活动　　　　　　　　　　　　B. 投资活动

　　C. 筹资活动　　　　　　　　　　　　D. 经营活动或投资活动

4. 下列内容不属于资产负债表项目的是（　　）。

　　A. 交易性金融资产　　　　　　　　　B. 应付债券

　　C. 主营业务成本　　　　　　　　　　D. 实收资本

5. 我国资产负债表采用的格式是（　　）。

　　A. 账户式　　　　　B. 报告式　　　　C. 单步式　　　　　D. 多步式

6. 在填制"应收账款"项目时与之无关的项目是（　　）。

　　A. 应收账款　　　　　　　　　　　　B. 预收账款

　　C. 预付账款　　　　　　　　　　　　D. 坏账准备

7. 某小企业本月利润表中的主营业务收入为 40 000 元，主营业务成本为 30 000 元，其他业务收入为 1 500 元，其他业务成本为 1 000 元，管理费用为 3 000 元，财务费用为 600 元，营业外支出 1 000 元，则营业利润应为（　　）元。

　　A. 5 900　　　　　B. 10 000　　　　C. 6 400　　　　　D. 6 900

8. 会计报表按资金运动形态划分，可分为（　　）。

　　A. 静态报表和动态报表　　　　　　　B. 年报、月报和季报

　　C. 本企业报表和合并报表　　　　　　D. 工业企业报表和商业企业报表

9. 资产负债表中"未分配利润"项目，应根据（　　）科目的期末余额计算填列。

　　A. 应付利润　　　　　　　　　　　　B. 利润分配

C. 本年利润　　　　　　　　　　　　D. 本年利润和利润分配

10. 根据总账科目和明细科目余额分析计算填列（　　　）的项目。

A. 长期借款　　　　　　　　　　　　B. 应付利润

C. 固定资产　　　　　　　　　　　　D. 交易性金融资产

11. 根据总账科目余额直接填列的项目有（　　　）。

A. 应收账款　　　B. 交易性金融资产　　　C. 固定资产　　　　D. 存货

12. 净利润是在利润总额的基础上，减去（　　　）得出。

A. 营业外支出　　　　　　　　　　　B. 期间费用

C. 所得税费用　　　　　　　　　　　D. 税金及附加

13. 企业在一定期间产生的现金流量分为三类，下列内容不属于现金流量内容的有（　　　）。

A. 经营活动现金流量　　　　　　　　B. 投资活动现金流量

C. 筹资活动现金流量　　　　　　　　D. 理财活动现金流量

14. 处置固定资产、无形资产和其他长期资产收回的现金净额，属于（　　　）。

A. 经营活动现金流量　　　　　　　　B. 投资活动现金流量

C. 筹资活动现金流量　　　　　　　　D. 理财活动现金流量

15. 下列内容不属于所有者权益变动表内容的是（　　　）。

A. 当期损益

B. 直接计入所有者权益的利得和损失

C. 与所有者的资本交易导致的所有者权益的变动

D. 筹资活动产生的现金流量

练习题 12-2　多项选择题

（一）要求：将正确答案填入下列各题括号处。

（二）题目。

1. 编制财务报告的目的是（　　　）。

A. 向财务报告的使用者提供企业财务状况

B. 向财务报告的使用者提供企业经营成果

C. 向财务报告的使用者提供企业现金流量等有关的会计信息

D. 反映企业管理层受托责任的履行情况，为财务报告使用者做出决策提供依据。

2. 中期财务报告的内容至少应当包括（　　　）。

A. 资产负债表　　　　　　　　　　　B. 利润表

C. 现金流量表　　　　　　　　　　　D. 所有者权益变动表

3. 甲公司 2019 年 12 月结账后的"本年利润"账户贷方余额为 500 000 元，"利润分配"账户借方余额为 50 000 元，该公司 2019 年 12 月 31 日资产负债表中的"未分配利润"项目金额不正确的是（　　　）元。

A. 450 000　　　B. 550 000　　　C. −450 000　　　D. −50 000

4. 填制资产负债表"存货"项目的主要依据有（　　　）。

A. 原材料　　　　　　　　　　　　　B. 生产成本

C. 材料成本差异　　　　　　　　　　D. 存货跌价准备

5. "交易性金融资产"项目，反映企业为交易目的而持有的（　　）。

    A. 债券投资　　　　B. 股票投资　　　　C. 库存现金　　　　D. 银行存款

6. 下列税种应在"税金及附加"项目中填列（　　）。

    A. 增值税　　　　　B. 印花税　　　　　C. 消费税　　　　　D. 资源税

7. 下列活动中属于投资活动的有（　　）。

    A. 购买股票　　　　B. 购买设备　　　　C. 购买材料　　　　D. 取得贷款

8. 利润表中的营业利润与（　　）因素有关的。

    A. 营业收入　　　　　　　　　　　　　B. 营业成本

    C. 资产减值损失　　　　　　　　　　　D. 所得税费用

9. 财务报告包括（　　）。

    A. 财务报表

    B. 其他应当在财务报告中披露的信息和资料

    C. 资产负债表

    D. 利润表

10. 一套完整的财务报表至少应当包括（　　）以及附注。

    A. 资产负债表　　　　　　　　　　　B. 利润表

    C. 现金流量表　　　　　　　　　　　D. 所有者权益变动表

11. 动态报表是反映企业在一时期内资金运动变化状况的报表，如（　　）。

    A. 资产负债表　　　　　　　　　　　B. 现金流量表

    C. 所有者权益变动表　　　　　　　　D. 利润表

12. 根据明细科目余额计算填列的项目包括（　　）等。

    A. 应付账款　　　　B. 预付账款　　　　C. 应收账款　　　　D. 预收账款

13. 根据总账科目余额减去其备抵科目余额后的净额填列的项目（　　）。

    A. 应收票据　　　　B. 长期股权投资　　C. 固定资产　　　　D. 无形资产

14. 利润总额的计算与下列哪些因素有关（　　）。

    A. 所得税费用　　　B. 期间费用　　　　C. 公允价值变动损益　D. 营业收入

15. 下列内容属于筹资活动的现金流量（　　）。

    A. 取得子公司支付的现金净额　　　　B. 吸收投资收到的现金

    C. 取得借款收到的现金　　　　　　　D. 收到其他与筹资活动有关的现金

练习题 12-3　判断题

（一）要求： 在括号处将正确答案打√，错误的答案打×。

（二）题目。

（　　）1. 财务报告是指企业对外提供的反映企业某一特定日期财务状况和某一会计期间经营成果、现金流量的书面文件，即财务报表。

（　　）2. 资产负债表是反映企业一定时期内资产、负债、所有者权益变化过程的报表，属于静态报表。

（　　）3. 我国资产负债表要求采用账户式结构。

（　　）4. 中期是指短于一个完整的会计年度的报告期，即月度、季度、半年度。中期财务报告的内容至少应当包括资产负债表、利润表、现金流量表和报表附注。

（　　）5. "开发支出"项目，反映企业开发无形资产过程中发生的满足资本化条

件，但至期末开发仍未结束，未能形成无形资产的支出，应根据"研发支出"所属"费用化支出"明细账户的期末余额填列。

（　　）6. 利润表又称损益表，是反映企业一定会计期间经营成果的会计报表。我国企业利润表要求采用单步式。

（　　）7. "长期借款"项目应根据"长期借款"总账账户余额扣除"长期借款"科目所属明细账账户中反映的将于一年内到期的长期借款部分分析计算填列。

（　　）8. "其他综合收益税后净额"反映企业未在损益中确认的各项利得和损失扣除所得税影响后的净额。

（　　）9. 购建固定资产、无形资产和其他长期资产支付的现金是属于经营活动产生的现金流量。

（　　）10. 现金流量表中的现金包括现金及现金等价物。具体来讲，它由库存现金、银行存款、其他货币资金和现金等价物几个部分组成。

（　　）11. "收回投资收到的现金"反映企业出售、转让或到期收回除现金等价物以外的交易性金融资产、持有至到期投资、可供出售金融资产、长期股权投资、投资性房地产而收到的现金。

（　　）12. "综合收益总额"反映企业净利润和其他综合收益扣除所得税影响后的净额相加后的合计金额。

（　　）13. 分配股利、利润或偿付利息支付的现金，反映企业实际支付的现金股利、支付给其他投资单位的利润或用现金支付的借款利息、债券利息等，属于投资活动产生的现金流量。

（　　）14. 所有者权益变动表各项目应当根据当期净利润、直接计入所有者权益的利得和损失项目、所有者投入资本和向所有者分配利润、提取盈余公积等情况分析填列。

（　　）15. "未分配利润"项目反映企业尚未分配的利润。本项目应根据"本年利润"账户和"利润分配"账户的余额分析计算填列。未弥补的亏损，在本项目内以"—"号填列。

实训题 12-1　资产负债表（1）

（一）目的： 掌握资产负债表有关项目的编制。

（二）资料。

2019 年年末，甲公司有关账户期末余额资料如下（单位：元）。

（1）"原材料"借方余额 80 000，"库存商品"借方余额 220 000，"委托加工物资"借方余额 50 000， "材料成本差异"借方余额 40 000， "存货跌价准备"贷方余额 5 000。

（2）"应收账款"借方余额 300 000，其中，01 号单位借方余额 360 000，02 号单位贷方余额 60 000；"坏账准备——应收账款"贷方余额 15 000。

（3）"预收账款"贷方余额 20 000，其中，03 号单位贷方余额 24 000 元，04 号单位借方余额 4 000。

（4）"应付账款"贷方余额 60 000，其中，05 号单位贷方余额 86 000，06 号单位借方余额 26 000。

（5）"预付账款"借方余额 50 000，其中，07 号单位借方余额 60 000，08 号单位贷方余额 10 000。

（6）"长期借款"贷方余额 400 000，其中，建设银行 300 000（借款期 2017.3.1—2020.3.1），商业银行借款 100000（借款期 2016.8.4—2019.8.4）。

（7）"本年利润"贷方余额 620 000，"利润分配"借方余额 320 000。

（8）"固定资产"借方余额 500 000，"累计折旧"贷方余额 150 000，"固定资产减值准备"贷方余额 50 000。

（9）"应付职工薪酬"借方余额 14 000。

（10）"库存现金"借方余额 3000，"银行存款"借方余额 260000，"其他货币资金"借方余额 20000。

（三）要求。

计算资产负债表中下列指标。

解答：

（1）"存货"：

（2）"应收账款"：

（3）"预收账款"：

（4）"应付账款"：

（5）"预付账款"：

（6）"长期借款"：

（7）"未分配利润"：

（8）"固定资产"：

（9）"应付职工薪酬"：

（10）"货币资金"：

实训题 12-2　资产负债表（2）

（一）目的：掌握资产负债表有关项目的编制。

（二）资料。

甲公司为增值税一般纳税人，2019 年 11 月 30 日的科目余额如表 1 所示。

表 1　甲公司 2018 年 11 月 30 日的科目余额　　　　　　　　单位：元

科目名称	借方余额	贷方余额	科目名称	借方余额	贷方余额
银行存款	54 000		短期借款		35 000
应收账款	40 000		应付账款		20 000
坏账准备——应收账款		160	预收账款		51 200
预付账款	7 000		应交税费	2 500	
原材料	20 000		应付利息		7 840
库存商品	90 000		实收资本		240 000
交易性金融资产	55 000		资本公积		18 000
长期待摊费用	600		盈余公积		11 000
固定资产	128 000		利润分配		9 900
累计折旧		26 000	本年利润		20 000
在建工程	42 000				
合计	436 600	26 160	合计	2 500	412 940

注："应付利息"账户余额 7840 元为预提的短期借款利息。

甲公司 12 月有关资料如下。

（1）本月销售商品共计售价为 50 000 元，增值税税额为 6 500 元，款项尚未收到。商品成本为 42 000 元（不考虑城市维护建设税和教育费附加）。

（2）收回以前年度已核销的坏账为 140 元。

（3）向承包商支付工程进度款为 13 000 元。

（4）计提本月固定资产折旧为 2 500 元，摊销长期待摊费用为 300 元，均计入管理费用。另用银行存款支付其他管理费用为 4 000 元。

（5）本月支付已预提的短期借款利息为 7 840 元。

（6）用银行存款偿还短期借款为 11 000 元。

（7）发生财务费用 566 元，均以银行存款支付。

（8）年末按应收账款余额的 4‰ 计提坏账准备。

（9）用银行存款交纳增值税 600 元，所得税 200 元。

（10）出售交易性金融资产，出售时账面价值为 15 000 元（其中，成本 14 000 元，公允价值变动为 1 000 元），售价 16 000 元。

（三）要求。

（1）根据上述资料编制甲公司 12 月有关业务的账务处理。

（2）假定"应收账款""预付账款"明细账户余额都在借方，"应付账款""预收账款"明细账户余额都在贷方。计算甲公司 12 月 31 日资产负债表中 8 个项目的金额：①货币资金；②应收账款；③存货；④长期待摊费用；⑤交易性金融资产；⑥在建工程；⑦应付利息；⑧应交税费。

解答：

（1）12 月账务处理。

①

②

③

④

⑤

⑥

⑦

⑧

⑨

⑩

（2）甲公司 12 月 31 日资产负债表中各项目的金额如下。

①货币资金：

②应收账款：

③存货：

④长期待摊费用：

⑤交易性金融资产：

⑥在建工程：

⑦应付利息：

⑧应交税费：

实训题 12-3　资产负债表（3）

（一）目的：掌握资产负债表的编制。

（二）资料。

甲企业 2019 年 12 月 31 日的有关资料如下。

（1）总账户余额表，如表 2 所示。

表 2　总账户余额表　　　　　　　　　　　　　　　　　　　单位：元

会计科目	借方余额	贷方余额
库存现金	10 000	
银行存款	57 000	

会计科目	借方余额	贷方余额
应收票据	60 000	
应收账款	80 000	
预付账款		30 000
坏账准备——应收账款		5 000
原材料	70 000	
周转材料	10 000	
发出商品	90 000	
材料成本差异		55 000
库存商品	100 000	
固定资产	800 000	
累计折旧		300 000
在建工程	40 000	
无形资产	162 000	
累计摊销		10 000
短期借款		10 000
应付账款		70 000
预收账款		10 000
应付职工薪酬	4 000	
应交税费		13 000
长期借款		80 000
实收资本		500 000
盈余公积		20 000
未分配利润		200 000

（2）债权债务明细账户余额。

应收账款明细资料如下。   应收账款——A 公司   借方余额 100 000 元

   应收账款——B 公司   贷方余额 20 000 元

预付账款明细资料如下。   预付账款——C 公司   借方余额 20 000 元

   预付账款——D 公司   贷方余额 50 000 元

应付账款明细资料如下。   应付账款——E 公司   贷方余额 100 000 元

   应付账款——F 公司   借方余额 30 000 元

预收账款明细资料如下。   预收账款——G 公司   贷方余额 40 000 元

   预收账款——H 公司   借方余额 30 000 元

（3）长期借款共两笔，均为一次到期还本付息，金额及期限如下。

①从工商银行借入 30 000 元（本息和），期限从 2017 年 6 月 1 日至 2020 年 6 月

1日。

②从建设银行借入 50 000 元（本息和），期限从 2018 年 8 月 1 日至 2021 年 8 月 1 日。

（三）要求。

根据以上资料编制资产负债表，如表 3 所示。

解答：

表 3 资产负债表

编制单位：甲公司　　　　　　　　2019 年 12 月 31 日　　　　　　　　单位：元

资产项目	金　额	负债和所有者权益	金　额
流动资产		流动负债	
货币资金		短期借款	
应收账款		应付账款	
预付账款		预收账款	
存货		应付职工薪酬	
流动资产合计		应交税费	
非流动资产		一年内到期的非流动负债	
固定资产		流动负债合计	
在建工程		非流动负债	
无形资产		长期借款	
非流动资产合计		非流动负债合计	
		所有者权益	
		实收资本	
		盈余公积	
		未分配利润	
		所有者权益合计	
资产总计		负债及所有者权益总计	

实训题 12-4 利润表编制

（一）目的：掌握利润表有关项目的编制。

（二）资料。

甲公司属于工业企业，为增值税一般纳税人，适用 13％的增值税税率，售价中不含增值税。商品销售时，同时结转成本。本年利润采用表结法结转，利润表如表 4 所示。

表 4 利润表

2019 年 11 月 30 日　　　　　　　　单位：万元

科目名称	借方余额	科目名称	贷方余额
主营业务成本	1 000	主营业务收入	1 750
税金及附加	14.5	其他业务收入	50
其他业务成本	30	投资收益	40
销售费用	40	公允价值变动损益	30
管理费用	250	其他收益	10

科目名称	借方余额	科目名称	贷方余额
财务费用	20	营业外收入	30
资产减值损失	80	资产处置损益	4
营业外支出	17		

2019 年 12 月甲公司发生如下经济业务。

（1）本月销售商品一批，增值税专用发票上注明的售价为 200 万元，增值税税额为 34 万元，款项尚未收到。该批商品的实际成本为 120 万元。

（2）本月发生应付职工薪酬为 150 万元，其中生产工人工资为 100 万元，车间管理人员工资为 10 万元，厂部管理人员工资为 25 万元，销售人员工资为 15 万元。

（3）本月收到增值税返还为 50 万元。

（4）本月摊销自用无形资产成本为 20 万元。

（5）本月主营业务应交城市维护建设税为 5 万元、教育费附加为 0.5 万元。

（6）12 月 31 日，某项交易性金融资产公允价值上升为 2 万元。

（7）12 月 31 日，计提坏账准备为 5 万元，计提存货跌价准备为 10 万元。

（8）12 月 31 日分摊总额法下本月与资产有关的政府补助 10 万元

（9）该公司适用的所得税税率为 25%。假定 2019 年应纳税所得额为 400 万元。2019 年递延所得税资产年初余额为 10 万元，年末余额为 20 万元；递延所得税负债年初余额为 8 万元，年末余额为 13 万元。企业按年确定所得税费用，计提所得税。

（三）要求。

1. 编制甲公司 2019 年 12 月相关业务的会计分录。

2. 编制甲公司 2019 年度利润表。（"应交税费"科目要求写出明细科目，答案中的金额单位用万元表示）

解答：

（1）分录：

①

②

③

④

⑤

⑥

⑦

⑧

（2）填利润表，如表 5 所示。

表 5　利　润　表

编制单位：甲公司　　　　　　　　　　2019 年度　　　　　　　　　　单位：万元

科　目	本期金额
一、营业收入	
减：营业成本	
税金及附加	
销售费用	
管理费用	
研发费用	
财务费用	
其中：利息费用	
利息收入	
资产减值损失	
信任减值损失	
加：其他收益	
投资收益（损失以"—"号填列）	
其中：对联营企业和合营企业的投资收益	
公允价值变动收益（损失以"—"号填列）	
资产处置收益（损失以"—"号填列）	
二、营业利润（亏损以"—"号填列）	
加：营业外收入	
减：营业外支出	
三、利润总额（亏损总额以"—"号填列）	
减：所得税费用	
四、净利润（净亏损以"—"号填列）	
五、其他综合收益的税后净额	
（一）以后不能重分类进损益的其他综合收益	
1. 重新计量设定受益计划净负债或净资产的变动	
2. 权益法下在被投资单位不能重分类进损益的其他综合收益中享有的份额	
……	
（二）以后将重分类进损益的其他综合收益	
1. 权益法下在被投资单位以后将重分类进损益的其他综合收益中享有的份额	
2. 以公允价值计量且变动计入其他综合收益的金融资产公允价值变动	
……	
六、综合收益总额	
七、每股收益	
（一）基本每股收益	
（二）稀释每股收益	

法定代表人　　　　会计主管　　　　制表　　　　报出日期：　　　年　　月　　日

实训题 12-5　现金流量表（1）

（一）目的：掌握现金流量表有关项目的编制。

（二）资料。

甲公司 2019 年有关资料如下。

（1）本年销售商品本年收到现金为 1000 万元，以前年度销售商品本年收到的现金 200 万元，本年预收款项为 100 万元，本年销售本年退回商品支付现金为 80 万元，以前年度销售本年退回商品支付的现金为 60 万元。

（2）本年购买商品支付的现金为 700 万元，本年支付以前年度购买商品的未付款项为 80 万元和本年预付款项为 70 万元，本年发生的购货退回收到的现金为 40 万元。

（3）本年分配的生产经营人员的职工薪酬为 200 万元，"应付职工薪酬"年初余额和年末余额分别为 20 万元和 10 万元，假定应付职工薪酬本期减少数均为本年支付的现金。

（4）本年利润表中的所得税费用为 50 万元（均为当期应交所得税产生的所得税费用），"应交税费——应交所得税"科目年初数为 4 万元，年末数为 2 万元。假定不考虑其他税费。

（三）要求。

（1）计算销售商品收到现金。

（2）计算购买商品支付现金。

（3）计算支付给职工以及为职工支付的现金。

（4）计算支付的各项税费。

解答：

（1）销售商品收到现金：
（2）购买商品支付现金：
（3）支付给职工以及为职工支付的现金：
（4）支付的各项税费：

实训题 12-6　现金流量表（2）

（一）目的：掌握现金流量表有关项目的编制。

（二）资料。

甲公司编制 2019 年度现金流量表的有关资料如下。

（1）甲公司 2019 年度资产负债表和利润表如表 6 和如表 7 所示。

表 6　资产负债表

编制单位：甲公司　　　　　　　　　2019 年 12 月 31 日　　　　　　　　　单位：元

资　　产	期末余额	年初余额	负债和股东权益	期末余额	年初余额
流动资产：			流动负债：		
货币资金	55 500	73 500	应付票据	0	120 000
交易性金融资产	18 000	20 000	应付账款	16 840	49 500
应收账款	39 000	54 000	应交税费	76 160	0
存货	165 000	80 000	一年内到期的长期负债	0	70 000
流动资产合计	277 500	227 500	流动负债合计	93 000	239 500
非流动资产：			长期负债：		
固定资产	480 500	235 000	应付债券	225 000	10 000
长期待摊费用	4 000	7 000	长期负债合计	225 000	10 000
非流动资产合计	484 500	242 000	负债合计	318 000	249 500
			股东权益：		
			股本	240 000	190 000
			未分配利润	204 000	30 000
			股东权益合计	444 000	220 000
资产总计	762 000	469 500	负债和股东权益总计	762 000	469 500

表 7　利润表

编制单位：甲公司　　　　　　　　　2019 年 12 月 31 日　　　　　　　　　单位：元

项　　目	本年累计数
一、营业收入	738 000
减：营业成本	360 000
销售费用	61 000
财务费用	10 000
投资收益（损失以"—"号填列）	3 000
二、营业利润（亏损以"—"填列）	310 000
加：营业外收入	3 000
减：营业外支出	10 000
三、利润总额（亏损总额以"—"号填列）	303 000
减：所得税费用	102 000
四、净利润（净亏损以"—"号填列）	201 000
五、每股净收益（略）	

（2）其他有关资料如下。

①本年度支付现金股利 27000 元。

②主营业务成本为 360 000 元中，包括工资费用为 165 000 元。管理费用为 61 000 元，包括折旧费用为 21 500 元，长期待摊费用摊销为 3 000 元，支付其他费用为 36 500 元。

③本年度出售固定资产一台，原价为 71 500 元，已提折旧为 5 000 元，处置价格为 58 000 元，处置款以银行存款收到。

④本年度购入生产经营用固定资产，买价为 250 000 元、增值税额为 42 500 元，购入时发生运杂费为 24 500 元，上述款项均以银行存款支付。

⑤本年度购入交易性股票投资，支付价款 13 000 元。

⑥本年度出售交易性金融资产收到现金为 18 000 元，其中与交易性金融资产一起收回的投资收益为 3 000 元。

⑦本年度偿付应付公司债券为 70 000 元（含利息 1 000 元）；新发行债券为 205 000 元，已如数收到现金。"应付债券"报表项目期初、期末余额中分别含有应计利息 1 000 元、11 000 元。

⑧本年度发生火灾造成存货损失为 10 000 元，已计入营业外支出。

⑨本年度预付保险费为 5 000 元。

⑩本年度发行新股为 50 000 元，已收到现金。

⑪财务费用为 10 000 元系债券利息。

⑫期初、期末存货均为外购原材料。

⑬应交税费本年度借方发生额中 49 300 元为购货发生的增值税进项税额，102 000 元为缴纳的企业所得税；贷方发生额中 125 460 元为销售发生的增值税销项税额，102 000 元为计提的企业所得税。

假定甲公司没有现金等价物，应收账款全部为应收销货款，应付账款全部为应付购货款。

（三）要求。

根据上述资料编制甲公司的现金流量表，如表 8 所示。

表 8 现金流量表

编制单位：　　　　　　　　　年　月　日　　　　　　　　　单位：元

项　目	金　额
一、经营活动产生的现金流量	
销售商品、提供劳务收到的现金	
收到的税费返还	
收到其他与经营活动有关的现金	
经营活动现金流入小计	
购买商品、接受劳务支付的现金	
支付给职工以及为职工支付的现金	
支付的各项税费	
支付其他与经营活动有关的现金	
经营活动现金流出小计	

项　目	金　额
经营活动产生的现金流量净额	
二、投资活动产生的现金流量	
收回投资收到的现金	
取得投资收益收到的现金	
处置固定资产、无形资产和其他长期资产收回的现金净额	
处置子公司及其他营业单位收到的现金净额	
收到其他与投资活动有关的现金	
投资活动现金流入小计	
购建固定资产、无形资产和其他长期资产支付的现金	
投资支付的现金	
取得子公司及其他营业单位支付的现金净额	
支付其他与投资活动有关的现金	
投资活动现金流出小计	
投资活动产生的现金流量净额	
三、筹资活动产生的现金流量	
吸收投资收到的现金	
取得借款收到的现金	
收到其他与筹资活动有关的现金	
筹资活动现金流入小计	
偿还债务所支付的现金	
分配股利、利润和偿付利息支付的现金	
支付其他与筹资活动有关的现金	
筹资活动现金流出小计	
筹资活动产生的现金流量净额	
四、汇率变动对现金及现金等价物的影响	
五、现金及现金等价物净增加额	
加：期初现金及现金等价物余额	
六、期末现金及现金等价物余额	

附　录

2018 年初级会计职称《初级会计实务》真题及参考答案

一、单项选择题（本类题共 24 小题，每小题 1.5 分，共 36 分。每小题备选答案中，只有一个符合题意的正确答案。多选、错选、不选均不得分。请使用计算机鼠标在计算机答题界面上单击试题答案备选选项前的按钮"○"作答。）

1. 下列各项中，不通过"应交税费"核算的是（　　）
   A. 应交城建税
   B. 应交增值税
   C. 应交房产税
   D. 应交耕地占用税
   【答案】D

2. 下列应通过"应收票据"核算的（　　）
   A. 销售商品收到的商业汇票
   B. 提供劳务收到的银行本票
   C. 转账收到的支票
   D. 销售商品收到的银行汇票
   【答案】A

3. 下列各项中，不影响可比产品成本降低的因素是（　　）
   A. 产品实际单位成本变动
   B. 产品累计实际总成本变动
   C. 产品计划单位成本变动
   D. 产品产量变动
   【答案】C

4. 甲公司为增值税一般纳税人，适用一般计税方法，2016 年 5 月 1 日取得并在会计制度上按固定资产核算的下列不动产中，其进项税额不适用分 2 年抵扣的是（　　）
   A. 接受投资入股的不动产
   B. 直接购买的不动产
   C. 融资租入的不动产
   D. 接受捐赠的不动产
   【答案】C

5. 为给儿子上大学准备资金，王先生连续 10 年于每年年初存入银行 10 000 元。若银行存款年利率为 2%，则王先生在第 10 年年末能一次取出本利和多少钱（　　）已知（F/A，2%，10）＝10.950。
   A. 111 690
   B. 109 500
   C. 102 000
   D. 100 000
   【答案】A

【解析】根据公式 FA＝A（F/A，i，n）（1＋i）＝10 000 ＊（F/A，2％，10）＊（1＋2％）＝10 000＊10.950＊1.02＝111 690（元）。

6. 某企业拟建立一项基金计划，每年初投入 10 万元，若利率为 10％，5 年后该项基金本利和将为（　　）元。

A.671 561　　　　　　　　　　　B.564 100

C.871 600　　　　　　　　　　　D.610 500

【答案】A

7. 2017 年 12 月 31 日，某企业"应付账款——甲企业"明细科目贷方余额 40 000 元，"应付账款——乙企业"明细科目借方余额 10 000 元，"预付账款——丙企业"明细科目借余额 30 000 元，"预付账款——丁企业"明细科目贷方余额 6 000 元。不考虑其他因素，该企业 2017 年 12 月 31 日资产负债表"应付账款"项目期末余额为（　　）元

A.36 000　　　　　　　　　　　B.40 000

C.30 000　　　　　　　　　　　D.46 000

【答案】D

8. 企业出租固定资产，应收而未收到的租金应计入（　　）科目借方。

A. 其他业务收入　　　　　　　　B. 固定资产清理

C. 应收账款　　　　　　　　　　D. 其他应收款

【答案】D

【解析】本题考查其他应收款的范围。

9. 下列各项中，应计入其他应付款的是（　　）

A. 应缴纳的教育费附加　　　　　B. 根据法院判决应支付的合同违约金

C. 应付由企业负担的职工社会保险费　D. 代扣代缴的职工个人所得税

【答案】B

【解析】本题考查其他应付款的范围。

10. 2015 年 12 月，某企业购入一台设备，初始入账价值为 400 万元设备于当月交付使用，预计使用寿命为 5 年，预计净残值为 4 万元；采用年数总和法计提折旧。不考虑其他因素，2017 年该设备应计提的折旧额为（　　）万元。

A.132　　　　　　　　　　　　B.160

C.105. 6　　　　　　　　　　　D.96

【答案】C

【解析】本题考查年数总和法的计算。

11. 某企业年初坏账准备科目货方余额为 20 万元；本年收回上年已确认为坏账的应收账款 5 万元；经减值测试并确定坏账准备科目年末货方余额应为 30 万元不考虑其他因素，该企业年末应计提的坏账准备为（　　）万元。

A.30　　　　　　　　　　　　B.10

C.5　　　　　　　　　　　　　D.15

【答案】C

【解析】本题考查坏账准备的计提原理。

12. 下列各项中，制造业企业应计入其他业务成本的是（　　）。

A. 公益性捐赠支出　　　　　　　B. 经营性出租固定资产的折旧费

　　　　C. 存货盘亏净损失　　　　　　　　D. 台风造成的财产净损失

【答案】B

【解析】本题考查其他业务成本的范围。

13. 某纺织业企业为增值税一般纳税人，适用的增值税税率为17%。该企业以其生产的服装作为福利发放给100名生产车间管理人员，每人一套。每套服装不含税售价为350元，成本为280元。不考虑其他因素，下列各项中该企业关于非货币性福利的会计处理结果正确的是（　　）

　　　　A. 确认增值税销项税额4 760元　　　B. 确认管理费用40 950元

　　　　C. 确认主营业务收入40 950元　　　D. 确认应付职工薪酬40 950元

【答案】D 本题考查应付职工薪酬的非货币性福利。

14. 2017年7月，某制造业企业转让一项专利权开具增值税专用发票上注明的价款为100万元、增值税税额为6万元，全部款项已存入银行。该专利权成本为200万元，已摊销150万元。不考虑其他因素该企业转让专利权对利润总额的影响金额为（　　）万元。

　　　　A. 50　　　　　　　　　　　　　　B. −100

　　　　C. −94　　　　　　　　　　　　　D. 56

【答案】A 本题考查无形资产的处置

15. 某企业向客户收取了一笔服务费后承诺在后续两年内为其提供相应的技术咨询服务。不考虑其他因素，下列各项中，该企业收取服务费时应计入的会计科目是（　　）

　　　　A. 其他业务收入　　　　　　　　　B. 其他应收款

　　　　C. 预收账款　　　　　　　　　　　D. 主营业务收入

【答案】C 本题考查预收账款的范围。

16. 2018年1月1日，A公司购入B上市公司（以下简称B公司）发行的公司债券，支付价款110万元（其中包含已到付息期，但尚未领取的债券利息10万元），另支付交易费用3万元取得的增值税专用发票上主明的增值税税额为0.18万元。A公司将其划分为交易性金融资产进行管理和核算。该债券面值为100万元，票面利率为10%。每年年初支付利息一次。不考虑其他因素，A公司取得该交易性金融资产的初始入账价值为（　　）万元。

　　　　A. 110　　　　　　　　　　　　　B. 100

　　　　C. 103　　　　　　　　　　　　　D. 113

【答案】A 本题考查交易性金融资产的入账。

17. 下列各项中，资产负债表日企业计算确认所持有交易性金融资产的公允价值低于账面余额的金额应借记的会计科目是（　　）

　　　　A. 营业外支出　　　　　　　　　　B. 投资收益

　　　　C. 公允价值变动损益　　　　　　　D. 其他业务成本

【答案】C

18. 2016年12月15日，某企业购入一台不需要安装的设备并投入使用。该设备入账价格为200万元，预计使用年限为5年，预计净残值率为1%，采用年数总和法计提折旧。不考虑其他因素，该设备2017年度应计提的折旧额为（　　）万

A. 5. 28 　　　　　　　　　　　　B. 66. 67

C. 66 　　　　　　　　　　　　　　D. 80

【答案】C 本题考核"年数总和法"知识点

19. 下列各项中，引起企业营业收入发生增减变动的是（　　）。

　　A. 转销无法支付的应付账款 　　　B. 接受固定资产捐赠

　　C. 取得受托代销商品手续费收入 　　D. 取得保险公司的灾害损失赔款

【答案】C 本题考核"营业业收入"知识点。

20. 下列各项中，属于事业收入的是（　　）。

　　A. 接受捐赠收入 　　　　　　　　　B. 存货盘盈收入

　　C. 开展专业业务活动取得的收入 　　D. 银行存款利息收入

【答案】C 本题考核事业收入知识点

21. 下列各项中，应列入一般企业利润表"营业收入"项目的是（　　）

　　A. 处置专利技术净收益 　　　　　　B. 经营租赁租金收入

　　C. 接受捐赠利得 　　　　　　　　　D. 债券投资利息收入

【答案】B 选项A、C计入营业外收入；选项D计入投资收益。

22. 某企业采用托收承付结算方式销售商品，增值税专用发票上注明的价款为500万元，增值税税额为85万元，代购货方垫付包装费2万元、运输费3万元（含增值税），已办妥托收手续。不考虑其他因素，该企业应确认的应收账款的金额为（　　）万元。

　　A. 585 　　　　　　　　　　　　　B. 505

　　C. 590 　　　　　　　　　　　　　D. 587

【答案】C 该企业应确认的应收账款的金额＝500＋85＋2＋3＝590（万元）

23. 某商品流通企业库存商品采用毛利率法核算。2017年5月初，W类库存商品成本总额为25万元，本月购进商品成本为180万元，本月销售收入为250万元，W类商品上期毛利率为20%。不考虑其他因素，该类商品月末库存成本总额为（　　）万元。

　　A. 55 　　　　　　　　　　　　　B. 200

　　C. 105 　　　　　　　　　　　　　D. 152. 5

【答案】C 知识点毛利率法

24. 下列各项中，出纳人员根据会计凭证登记现金日记账正确的做法是（　　）

　　A. 根据库存现金收付业务凭证逐笔、序时登记

　　B. 根据现金收付款凭证金额相抵的差额登记

　　C. 将现金收款凭证汇总后再登记

　　D. 将现金付款凭证汇总后再登记

【答案】A

二、多项选择题（本类题共12小题，每小题2分，共24分。每小题备选答案中，有两个或两个以上符合题意的正确答案。多选、少选、错选、不选均不得分。请使用计算机鼠标在计算机答题界面上单击试题答案备选项前的按钮"□"作答）

1. 以下属于所有者权益类科目的（　　）

　　A. 实收资本 　　　　　　　　　　　B. 盈余公积

　　C. 其他综合收益 　　　　　　　　　D. 延递收益

【答案】ABC

2. 下列有关政府会计的说法正确的是（　　　）

    A. 包含预算会计和财务会计　　　　　　B. 财务会计实行权责发生制

    C. 编制决算报表和财务报表　　　　　　D. 政府会计实行收付实现制

【答案】ABC

3. 企业应通过应付职工薪酬核算（　　）

    A. 支付给职工生活困难补助　　　　　　B. 支付为企业高管免费住房房租

    C. 为职工缴纳的养老保险　　　　　　　D. 为职工支付业务培训费

【答案】ABC

4. 在资产负债表中根据期末余额减去备抵科目填列（　　　　）

    A. 长期股权投资　　　　　　　　　　　B. 在建工程

    C. 货币资金　　　　　　　　　　　　　D. 无形资产

【答案】ABD

5. 以下固定资产不应计提折旧的有（　　　）

    A. 改扩建的固定资产　　　　　　　　　B. 日常修理的固定资产

    C. 经营租入的设备　　　　　　　　　　D. 融资租出的设备

【答案】ACD

6. 以下属于政府会计主体中资产的有（　　　）

    A. 长期投资　　　　　　　　　　　　　B. 在建工程

    C. 自然资源资产　　　　　　　　　　　D. 保障性住房

【答案】ABCD

7. 政府会计信息质量要求（　　　）

    A. 可靠性　　　　　　　　　　　　　　B. 全面性

    C. 重要性　　　　　　　　　　　　　　D. 相关性

【答案】ABD

8. 根据会计法律制度的规定，下列各项中，属于会计核算内容的有（　　　）

    A. 资本、基金的增减　　　　　　　　　B. 财务成果的计算和处理

    C. 款项和有价证券的收付　　　　　　　D. 债权债务的发生和结算

【答案】ABCD

9. 会计编制虚报报告，没有犯罪，不得从事会计工作几年，下列答案错误的有
（　　　）

    A. 2　　　　　　　　　　　　　　　　B. 3

    C. 4　　　　　　　　　　　　　　　　D. 5

【答案】ABC

10. 某公司期初的所有者权益为：股本 5 000 万元（面值为 1 元），资本公积 1 000 万元
（其中股本溢价 800 万元），盈余公积 500 万元。未分配利润 600 万元．本期经董事
会批准以每股 7 元的价格回购本公司股票 200 万股并按期注销。下列各项中，该公
司回购并注销股票的相关科目会计处理，结果正确的有（　　　）。

    A. 注销时，借记资本公积——股本溢价科目 800 万元

    B. 注销时，借记盈余公积科目 400 万元

    C. 回购时，借记库存股科目 1 400 万元

D. 注销时，借记股本科目 1 400 万元

【答案】ABC

11. 下列各项中应通过固定资产清理科目核算的有（　　）。

　　A. 固定资产出售的账面价值　　　　B. 固定资产盘亏的账面价值

　　C. 固定资产毁损净损失　　　　　　D. 固定资产更新改造支出

【答案】AC

12. 下列各项中属于原始凭证应具备的基本内容的有（　　）

　　A. 记账符号　　　　　　　　　　　B. 交易或事项的内容

　　C. 经办人员签名或盖章　　　　　　D. 填制凭证的日期

【答案】BCD

三、判断题（本类题共 10 小题，每小题 1 分，共 10 分。请判断每小题的表述是否正确。每小题答题正确的得 1 分，答题错误的扣 0.5 分，不答题的不得分也不得分也不扣分，本类题最低得分为零分。请使用计算机鼠标在计算机答题界面上单击试题答案备选项前的按钮"○"作答。）

1. 委托加工应税消费品，收回之后用于连续生产应税消费品的，不需要再缴消费税。（　　）

2. 应收账款附有现金折扣条件的，企业应按照扣除现金折扣后的总额入账。（　　）

3. 企业销售商品确认收入后，因商品质量问题发生的销售折让，应计入财务费用。（　　）

4. 销售商品过程中代垫的运杂费应计入其他应收款（　　）

5. 所有者权益变动表中本年年末未分配利润的金额与资产负债表中年末的未分配利润的金额一样（　　）

6. 利润总额是是以营业利润为基础，减去营业外收入，加上营业外支出的金额（　　）

7. 应收账款发生的坏账损失可以用直接转销法（　　）

8. 商品流通企业管理费用不多的，可不设置管理费用科目，其核算内容并入销售费用科目核算（　　）

9. 资本公积项目在满足一定的条件时可以重新分类确认为损益成为企业利润的一部分。（　　）

10. 在公允价值下，政府负债应按照市场参与者在计量日发生的有序交易中，转移负债所需支付的价格计量（　　）

【答案】1—5　×××× √　　6—10　×× √ √ √

四、不定项选择题（本类题共 15 分，每小题 2 分，共 30 分。每小题备选答案中，有一个或一个以上符合题意的正确答案，每小题全部选对得满分，少选得相应分值，多选、错选、不选均不得分。请使用计算机鼠标在计算机答题界面上单击试题答案备选项前的按钮"□"作答。）

（一）某企业只生产 H 产品，完工产品与在产品成本按定额比例法进行分配，其中直接材料成本按照材料定额消耗量比例分配，直接人工成本和制造费用按照定额工时比例分配。2017 年 11 月初在产品成本为：直接材料 35 000 元，直接人工 10 000 元，制造费用 12 000 元，原材料在生产开始时一次性投入。2017 年 11 月份发生与 H 产品

相关的业务材料如下：

有关 H 产品的定额消耗资料如表一所示：

表 1：H 产品的定额资料

	数量（件）	材料定额（千克/件）	工时定额（小时/件）
完工产品	400	200	100
月末在产品	50	200	60

10 日，领用原材料 100 000 元，其中，生产产品耗用 55 000 元，生产车间管理部门耗用 10 000 元，行政管理部门耗用 20 000 元，专设销售机构耗用 15 000 元。

30 日，分配当月职工薪酬 80 000 元，其中：生产工人薪酬为 37 300 元，车间管理人员的工资为 20 000 元，行政管理人员的薪酬为 22 700 元，另外生产车间发生折旧费、水电费 14 760 元。

30 日，将全部合格的 400 件完工 H 产品验收入库。

要求：根据上述资料，不考虑其他因素，分析回答下列小题。

1. 根据资料（1），下列各项中，该企业产品定额消耗的计算结果正确的是（   ）。

　　A. 完工产品直接人工定额工时为 40 000 小时。

　　B. 完工产品直接材料定额消耗量为 80 000 千克。

　　C. 在产品直接材料定额耗用量为 10 000 千克。

　　D. 在产品直接人工定额工时为 3 000 小时。

【答案】ABCD

2. 根据材料（2），下列各项中，该企业领用原材料相关科目的会计处理结果正确的是（   ）。

　　A. 借记"管理费用"科目 30 000 元。

　　B. 借记"管理费用"科目 20 000 元。

　　C. 借记"销售费用"科目 15 000 元。

　　D. 贷记"原材料"科目 100 000 元。

【答案】BCD

3. 根据期初资料和资料（1）至（2），下列各项中，该企业完工产品应负担的直接材料成本是（   ）元。

　　A. 10 000　　　　　　　　　　　　B. 80 000

　　C. 90 000　　　　　　　　　　　　D. 45 000

【答案】B

（二）甲企业为增值税一般纳税人，其生产的 M 产品适用的增值税税率为 17%，2017 年 12 月 1 日，该企业"应收账款"所属明细科目的借方余额合计为 300 万元，"坏账准备——应收账款"科目的贷方余额为 20 万元，企业确认收入的同时结转销售成本，12 月份该企业发生经济业务如下：

（1）8 日，向乙企业销售 M 产品 100 件，每件产品单价为 2.5 万元（不含增值税），成本为 2 万元；由于是成批销售，甲企业给予乙企业 10% 的商业折扣，并开具了增值税专用发票，至本月末款项尚未收到，该项销售符合收入确认条件。

（2）20 日，丙企业因产品质量问题退回 M 产品 10 件，该产品为上月采用现销方式售出并已确认收入，其单价为 2.5 万元（不含增值税），成本为 2 万元。甲企业已向丙企业开具了增值税红字发票，并签发了一张面值为 29.25 万元、期限为 1 个月的银行承兑汇票，退回的产品已入科。

（3）31 日，年终清查财产时，发现 2013 年入账的应收账款 3 万元无法收回，确认为坏账。

（4）31 日，对应收账款进行减值测试后，确定"坏账准备－应收账款"科目贷方余额为 33 万元。

要求：

根据上述资料，不考虑其他因素，分析回答下列小题（答案中的金额单位用万元表示）

1. 根据资料（1），下列各项中，甲企业销售 M 产品给乙企业的相关业务会计处理结果正确的是（　　）

　　A. 贷记"应交税费－应交增值税（销项税额）"金额 42.5 万元

　　B. 借记"应收账款"金额 263.25 万元

　　C. 借记"主营业务成本"科目 200 万元

　　D. 贷记"主营业务收入"科目 250 万元

【答案】ABCD

2. 根据资料（2），下列各项中，甲企业销售退回会计处理结果正确的是（　　）

　　A. 银行存款减少 29.25 万元

　　B. 库存商品增加 20 万元

　　C. 应交税费减少 4.25 万元

　　D. 主营业务收入减少 25 万元

【答案】BCD

3. 根据资料（3），下列各项中，甲企业确认坏账损失相关科目的会计处理结果正确的是（　　）

　　A. 借记"资产减值损失"科目 3 万元

　　B. 借记"管理费用"科目 3 万元

　　C. 借记"坏账准备"科目 3 万元

　　D. 贷记"应收账款"科目 3 万元

【答案】CD

4. 根据期初资料和资料（3）和（4），下列各项中，甲企业年末计提坏账准备的会计处理正确的是（　　）

　　A. 借：坏账准备　　　　　　　　　　　　　　16
　　　　贷：应收账款　　　　　　　　　　　　　　　　16

　　B. 借：坏账准备　　　　　　　　　　　　　　33
　　　　贷：资产减值损失　　　　　　　　　　　　　　33

　　C. 借：资产减值损失　　　　　　　　　　　　16
　　　　贷：坏账准备　　　　　　　　　　　　　　　　16

　　D. 借：资产减值损失　　　　　　　　　　　　33
　　　　贷：坏账准备　　　　　　　　　　　　　　　　33

【答案】C

5、根据期初资料和资料（1）至（4），甲企业年末资产负债表"应收账款"项目的期末余额是（ ）万元。

A. 527.25   B. 267

C. 300   D. 560.25

【答案】A

（三）甲企业为增值税一般纳税人，适用的增值税税率为 17％。原材料按际成本核算，发出材料采用先进先出法计价。2017 年 12 月结存材料成本总额为 160 000 元，数量为 200 千克，单位成本为 800 元，甲企业 12 月份发生的有关经济业务如下

（1）1 日，购入 W 材料 500 千克，增值税专用发票上注明的价为 420 000 元，增值税税额为 71 400 元，另支付该批材料的运费 4 500 元，增值税税额 495 元，已取得增值税专用发票，上述款项均以银行存款转账付讫，材料未运抵企业

（2）5 日，收到 1 日购入的 W 材料。验收入库 490 千克，短缺的 10 千克为运输途中合理损耗。以银行存款支付入库的选整理费 1 800 元

（3）10 日，领用 W 材料 350 千克，用于产品生产 试题来源 233 题库

（4）15 日，发出 W 材料 50 千克，委托乙企业加工成 M 半成品，以银行存款支付加工费 2 000 元、增值税 340 元，已取得增专用发票。

（5）30 日，为满足丙企业需要，将库存 W 材料 50 千克出售给丙企业开具增值税专用发票上注明的价为 45 000 元，值税税 7 650 元，全部款项已存入银行。

要求：根据上述资料，假定取得的增税专用发票均已经税务机关认证，不考虑其他因要，分析回答下列小题：

1. 根据资料（1）和（2），该批原材料入库成本是（ ）元

A. 496 395   B. 426 300

C. 491 400   D. 424 500

【答案】B

2. 根据资科（1）和（2），该批入材料的实际单位成本是（ ）元

A. 849   B. 870

C. 866.33   D. 852.6

【答案】B

3. 根据资料（3）和（4），下列各项中，关于企业相关会计处理正确的是（   ）

A. 产品生产领用的材料成本应计入生产成本

B. 委托加工支付的加工费应计入制造费用

C. 委托加工支付的增值税应计入税金及附加

D. 委托加工发出 W 材料成本应计入委托加工物资

【答案】AD

（四）甲公司为增值税一般纳税人，按月编制财务报表，假定相关业务取得的增值税专用发票均通过认证。甲公司 2017 年发生的无形资产相关业务如下：

（1）甲公司继续研发一项生产用新兴技术。该技术的"研发支出——资本化支出"明细科目年初额为 70 万元。本年度 1－6 月份该技术研发支出共计 330 万元，其中，不符合资本化条件的支出为 130 万元。7 月 15 日，该技术研发完成，申请取得专利权（以下称为 E 专利权），发生符合资本化条件支出 30 万元，发生不符合资本化条件支出

20 万元，并于当月投入产品生产。本年发生各种研发支出取得的增值税专用发票上注明增值税税额为 44.2 万元。依相关法律规定 E 专利权的有效使用年限为 10 年，采用年限平均法摊销。

（2）12 月 31 日，由于市场发生不利变化，E 专利权存在可能发生减值的迹象，预计其可收回金额为 185 万元。

（3）12 月 31 日，根据协议约定，甲公司收到乙公司支付的 F 非专利技术使用权当年使用费收入，开具的增值税专用发票上注明的价款为 10 万元，增值税税额为 0.6 万元，款项存入银行。本年 F 专利技术应计提的摊销额为 6 万元。

要求：

根据上述资料，不考虑其他因素，分析回答下列小题。

1. 根据资料（1），下列各项中，2017 年甲公司 E 专利权摊销的会计处理结果正确的是（　　）

　　A.“累计摊销”科目贷方增加 12.5 万元

　　B.“制造费用”科目借方增加 12.5 万元

　　C.“累计摊销”科目贷方增加 15 万元

　　D.“制造费用”科目借方增加 15 万元

【答案】C

2. 根据资料（1）和（2），2017 年年末，甲公司对 E 专利权应计提的无形资产减值准备的金额是（　　）万元

　　A. 141.99　　　　　　　　　　　　B. 102.5

　　C. 242.5　　　　　　　　　　　　 D. 100

【答案】D

3. 根据资料（3），下列各项中，甲公司转让 F 非专利技术使用权的会计处理结果正确的是（　　）

　　A. 其他业务收入增加 10 万元

　　B. 累计摊销增加 6 万元

　　C. 其他业务收入增加 10.6 万元

　　D. 其他业务成本增加 6 万元

【答案】ABD

4. 根据资料（1）至（3），下列各项中，甲公司无形资产相关业务对其 2017 年度利润表相关项目的金额影响表述正确的是（　　）

　　A.“管理费用”增加 150 万元

　　B.“利润总额”减少 246 万元

　　C.“资产减值损失”增加 100 万元

　　D.“营业收入”增加 10 万元

【答案】CD

答案仅供参考

2019 年初级会计职称《初级会计实务》
真题及参考答案

一、单项选择题

1. 某人每年年末存入银行 10 万元，假定年利率为 6％，期数为 10 年，已知（f/p，6％，10）＝0.5584，（P/f，6％，10）＝1.7908，（P/A，6％，10）＝7.3601，（F/A，6％，10）＝13.181，则相当于现在一次性存入（   ）万元。

    A. 5.584   B. 17.908

    C. 13.181   D. 73.601

参考答案： D

参考解析： 考察知识点——货币时间价值中的年金现值计算＝10 ＊ 年金现值系数＝10 ＊ 7.3601＝73.601

2. 下列各项中，事业单位预算会计按规定提取专用结余应借记的会计科目是（   ）

    A. 非财政拨款结余   B. 非财政拨款结余分配

    C. 非财政拨款结转   D. 财政拨款结转

参考答案： B

参考解析： 专用结余是指事业单位按照规定从非财政拨款结余中提取的具有专门用途的资金。但按照提取金额，应该借记"非财政拨款结余分配"，贷记"专用结余"。

3. 下列各项中，企业确认当期销售部门使用车辆应交纳的车船税，应借记的会计科目是（   ）

    A. 税金及附加   B. 其他业务成本

    C. 管理费用   D. 销售费用

参考答案： A

4. 某企业 2019 年 1 月 1 日短期经营租入管理用办公设备一批，月租金为 2000 元（含增值税），每季度末一次性支付本季度租金，不考虑其他因素。该企业 1 月 31 日计提租入设备租金时相关会计科目处理正确的是（   ）

    A. 贷记"预收账款"科目 2000 元   B. 贷记"应付账款"科目 2000 元

    C. 贷记"预付账款"科目 2000 元   D. 贷记"其他应付款"科目 2000 元

参考答案： D

参考解析： 考察知识点——其他应付款的核算内容。其他应付款是指企业除应付票据、应付票据、预收账款、应付职工薪酬、应交税费、应付利息、应付股份等经营活动以外的其他各项应付、暂收的款项，如应付经营租赁固定资产租金、租入包装物租金等。

5. 下列各项中，导致企业当期营业利润减少的是（   ）

    A. 租出非专利技术的摊销额   B. 对外公益性捐赠的商品成本

    C. 支付的税收滞纳金   D. 自然灾害导致生产线报废净损失

参考答案： A

参考解析： B 选项的会计分录为：借记"营业外支出———捐赠支出，贷记"库存

商品"和"应交税费——应交增值税（销项税额）"，不影响损益；C 选项计入"营业外支出"，D 选项计入"营业外支出"，都是影响利润总额，而不影响营业利润。A 选项计入"其他业务成本"，影响营业利润。

6.【单选题】下列各项中，影响企业利润表"利润总额"项目的是（　　）

A. 收到投资者超过注册资本份额的出资　B. 向投资者分配的现金股利

C. 向灾区捐款发生的支出　　　　　　　D. 确认的所得税费用

参考答案：C

参考解析：考察知识点：利润表的填列——营业利润、利润总额和净利润的计算公式。A 选项计入"资本公积——股本溢价（资本溢价）"；B 选项分配现金股利借方为"利润分配"，贷方为"应付股利"；D 选项影响净利润，但不影响利润总额

7.【单选题】某企业现金盘点时发现库存现金短款 351 元，经核准需由出纳员赔偿 200 元，其余短款无法查明原因，关于现金短款相关会计科目处理正确的是（　　）

A. 借记"财务费用"科目 151 元　　　　B. 借记"其他应付款"科目 200 元

C. 借记"管理费用"科目 151 元　　　　D. 借记"营业外支出"科目 151 元

参考答案：C

参考解析：考察知识点：货币资金——库存现金——库存现金的盘点。现金的盘亏，可得赔偿的部分计入"其他应收款"，所以 B 选项错误；无法查明原因的部分，经批准后计入"管理费用"，所以 C 选项正确。

8. 某企业 2018 年发生短期借款利息 120 万元，享受购货现金折扣 10 万元，取得银行存款利息收入 30 万元，2018 年该企业列入利润表"财务费用"项目的本期金额应为（　　）万元。

A. 80　　　　　　　　　　　　　　　B. 100

C. 90　　　　　　　　　　　　　　　D. 150

参考答案：A

参考解析：考察知识点：利润表的填列——财务费用的填列要求。现金折扣和利息收入和借款利息的发生方向相反，计算公式为＝120－10－30＝80 万元。

9. 某公司自行研发非专利技术共发生支出 460 万元，其中研究阶段发生支出 160 万元，开发阶段发生支出 300 万元，符合资本化条件的支出为 180 万元，不考虑其他因素，该研发活动应计入当期损益的金额为（　　）万元。

A. 340　　　　　　　　　　　　　　　B. 160

C. 280　　　　　　　　　　　　　　　D. 180

参考答案：C

参考解析：考察知识点——自行研究开发无形资产。其中研究阶段的支出全部费用化，开发阶段符合条件的资本化。费用化的部分计入"研发支出——费用化支出"，期末结转至"管理费用"，影响当期损益。所以本题影响损益的金额为＝160＋（300－180）＝280 万元。

10. 甲公司购入乙公司股票并划分为交易性金融资产，共支付价款 3600000 元（其中包含已宣告但尚未发放的现金股利 100000 元），另支付相关交易费用 10000 元，取得并经税务机关认证的增值税专用发票上注明的增值税税额为 600 元。不考虑其他因素，甲公司取得乙公司股票时应借记"交易性金融资产"科目的金融为（　　）元。

A. 3610000　　　　　　　　　B. 3510000

C. 3600000　　　　　　　　　D. 3500000

参考答案：D

参考解析：考察知识点：交易性金融资产——取得交易性金融资产的账务处理。发生的税费计入"应交税费——应交增值税（进项税额）"；发生的交易费用计入"投资收益"的借方；包含的已宣告但尚未发放的现金股利100000元计入"应收股利"的借方，均不影响交易性金融资产的入账价值，所以取得时的金额＝3600000－100000＝3500000

11. 某上市公司经股东大会批准以现金回购并注销本公司股票1000万股，每股1元，回购价款每股为1.5元，该公司注销股份时"资本公积—股本溢价"科目余额为2000万元，"盈余公积"科目余额为1000万元，不考虑其他因素，该公司注销股份的会计科目处理正确的是（　　）。

A. 借记"资本公积—股本溢价"科目500万元

B. 借记"股本"科目1500万元

C. 借记"盈余公积"科目500万元

D. 借记"库存股"科目1000万元

【答案】A

【解析】回购1000万股股票，每股1元，价款1.5元/股，因此应当注销掉1000万股的股本，回购价款超过股本的金额500万元应当冲销原来的资本公积，所以借记"资本公积—股本溢价"科目500万元。

12. 下列各项中，属于事业单位资产的是（　　）

A. 财政补助结余　　　　　　　B. 非财政补助结余

C. 财政应返还额度　　　　　　D. 应缴财政专户款

参考答案：C

参考解析：考察知识点：政府会计——会计核算的要素区分。D选项属于负债业务；A、B是权益类科目。

13. 下列各项中，对企业会计核算资料的真实性、合法性和合理性进行审查的会计职能是（　　）。

A. 参与经济决策职能　　　　　B. 评价经营业绩职能

C. 监督职能　　　　　　　　　D. 核算职能

【答案】C

【解析】考察知识点：会计概述——会计职能（核算和监督）。会计的监督职能，是对特定主体经营活动和相关会计核算的真实性、合法性和合理性进行审查。故本题答案为C。

14. 2018年12月31日，某公司下列会计科目余额为，"固定资产"科目借方余额1000万元。"累计折旧"科目贷方余额400万元，"固定资产减值准备"科目贷方余额80万元，"固定资产清理"科目借方科目余额20万元。2018年12月31日，该公司资产负债表中"固定资产"项目期末余额应列报的金额为（　　）

A. 620　　　　　　　　　　　　B. 540

C. 600　　　　　　　　　　　　D. 520

【答案】B

【解析】考查知识点：财务报表—资产负债表的填列。资产负债表上，固定资产应

根据"固定资产"科目的期末余额，减去"累计折旧""固定资产减值准备"科目的期末余额后的金额，以及"固定资产清理"科目的期末余额填列，即＝1000－400－80＋20＝540万元。

15. 某事业单位年末按规定结转某项目财政拨款结余资金 50 000 元，下列各项中，会计处理正确的是（　　）。

    A. 借：财政拨款结转 50 000 贷：其他结余 50 000

    B. 借：财政拨款结转 50 000 贷：非财政拨款结余 50 000

    C. 借：财政拨款结转 50 000 贷：专用结余 50 000

    D. 借：财政拨款结转 50 000 贷：财政拨款结余 50 000

【答案】D

【解析】考察知识点：政府会计——财政拨款结余。年末，单位对财政拨款结转各明细项目执行情况进行分析后，按照有关规定将符合财政拨款结余性质的项目余额转入财政拨款结余，借记"财政拨款结转——累计结转"，贷记"财政拨款结余——结转转入"科目。

16. 下列各项中，年终结转后"利润分配——未分配利润"科目借方余额反映的是（　　）。

    A. 本年发生的净亏损　　　　　　B. 本年实现的净利润

    C. 历年累积未弥补的亏损　　　　D. 历年累积未分配的利润

【答案】C

【解析】考察知识点：所有者权益——利润分配。利润分配属于所有者权益类，借方余额表示亏损，所以 B、D 项错误。年末结转后，如果余额在借方，表示累积未弥补的亏损。

17. 某公司 2018 年计算的当年应交所得税为 100 万元，递延所得税负债年初为 30 万元，年末未 35 万元，递延所得税资产年初数为 20 万元，年末数为 18 万元，不考虑其他因素，该公司 2018 年应确认的所得税费用为（　　）万元

    A. 103　　　　　　　　　　　　B. 97

    C. 107　　　　　　　　　　　　D. 127

【答案】C

【解析】考察知识点：收入、利润和费用——所得税费用的账务处理。所得税费用＝当期应交所得税＋递延所得税＝100＋［（35－30）－（18－20）］＝107

18. 下列各项中，增值税一般纳税人当期发生（增值税专用发票已经税务机关认证）准予以后期间抵扣的进项税额，应记入的会计科目是（　　）。

    A. 应交税费—待转销项税额　　　B. 应交税费—未交增值税

    C. 应交税费—待抵扣进项税额　　D. 应交税费—应交增值

【答案】C

【解析】考察知识点：负债——应交税费。增值税一般纳税人当期发生（增值税专用发票已经税务机关认证）准予以后期间抵扣的进项税额，应记入的会计科目是应交税费——待抵扣进项税额。故本题答案为C。

19. 下列各项中，年终结转后"利润分配一未分配利润"科目借方余额反映的是（　　）。

    A. 历年累积未弥补的亏损　　　　B. 本年发生的净亏损

    C. 历年累积未分配的利润　　　　D. 本年实现的净利润

参考答案：A

二、多项选择题

1. 下列各项中，关于制造业企业预提短期借款利息的会计科目处理正确的有（　　）。

A. 货记"应付账款"科目　　　　　　B. 借记"制造费用"科目

C. 贷记"应付利息"科目　　　　　　D. 借记"财务费用"科目

参考答案：CD

参考解析：考察知识点；负债——短期借款的账务处理。企业预提短期借款利息时，借记"财务费用"，贷记"应付利息"。

2. 下列各项中，企业应计入"应付职工薪酬"科目贷方的是（　　）

A. 发放职工工资

B. 确认因解除与职工劳动关系应给予的补偿

C. 支付职工的培训费

D. 缴存职工基本养老保险费

【答案】BD

【解析】考察知识点：负债——应付职工薪酬。A 选项，计提时是计入"应付职工薪酬"科目贷方，但实际发放时，借记"应付职工薪酬"，贷记"银行存款"等科目；同理可得 C 选项，也是支付时，而不是计提时。

3. 某公司年初"利润分配—未分配利润"科目贷方余额为 700000 元，本年实现净利润 5000000 元，本年提取法定盈余公积 500000 元，宣告分配现金股利 2000000 元，不考虑其他因素，该公司当年结转本年利润及其分配的会计处理正确的有（　　）。

A. 结转"利润分配"科目所属明细科目余额时：

借：利润分配—未分配利润　　　　　　　　　2500000

　　贷：利润分配—提取法定盈余公积　　　　　　　500000

　　　　　　—应付现金股利　　　　　　　　　　2000000

B. 结转本年实现的净利润时：

借：利润分配—未分配利润　　　　　　　　　5000000

　　货：本年利润　　　　　　　　　　　　　　　5000000

C. 结转本年实现的净利润时：

借：本年利润　　　　　　　　　　　　　　　5 000 000

　　贷：利润分配—未分配科润　　　　　　　　　5 000 000

D. 结转"利润分配"科目所属明细科目余额时：

借：利润分配—提取法定盈余公积 500000

　　　　　　—应付现金股利 2000000

　　贷：利润分配—未分配利润 2500000

【答案】AC

【解析】考察知识点：收入、费用和利润——本年利润的账务处理。

4. 下列各项中，企业应当在所有者权益变动表中单独列示反映的信息有（　　）。

A. 向所有者（或股东）分配利润　　B. 所有者投入资本

C. 提取的盈余公积　　　　　　　　D. 综合收益总额

【答案】ABCD

【解析】根据准则规定：企业至少应当单独列示反映下列信息的项目：（1）综合收益总额；（2）会计政策变更和前期差错更正的累计影响金额；（3）所有者投资资本和向所有者分配利润等（4）提取的盈余公积；（5）所有者权益各组成部分的期初和期末余额及调节情况。

5. 下列各项中，企业摊销管理用的无形资产应记入的会计科目有（　　）。

　　A. 管理费用　　　　　　　　　　　B. 累计摊销

　　C. 其他业务成本　　　　　　　　　D. 制造费用

【答案】AB

【解析】管理用的无形资产摊销会计处理为：

借：管理费用

　　贷：累计摊销

6. 下列各项中，关于政府综合财务报告的表述正确的有（　　）。

　　A. 数据来源于预算会计核算结果

　　B. 年度预算执行情况是其反映的对象

　　C. 编制基础为权责发生制

　　D. 编制主体是各级政府财政部门、各部门、各单位

【答案】CD

【解析】AB 反映的是政府决算报告，A 选项数据来源于财务会计核算结果，B 选项年度财务执行情况是其反映的对象。

7. 下列各项中，企业应计入销售费用的有（　　）

　　A. 已售商品的成本

　　B. 预计产品质量保证损失

　　C. 随同商品销售不单独计价的包装物成本

　　D. 销售过程中代客户垫付的运输费

【答案】BC

8. 下列各项中，属于企业流动负债的有（　　）

　　A. 收取客户的购货订金　　　　　　B. 本期从银行借入的三年期借款

　　C. 赊购材料应支付的货款　　　　　D. 销售应税消费品应交纳的消费税

【答案】ACD

9. 下列各项中，应列入利润表"资产处置收益"项目的有（　　）

　　A. 出售生产设备取得的收益　　　　B. 出售包装物取得的收入

　　C. 出售原材料取得的收入　　　　　D. 出售专利权取得的收益

参考答案：AD

三、判断题

1. 企业生产车间多次使用一张限额领料单，该凭证为累计原始凭证。

【答案】（对）

【解析】累计凭证是指一定时期内多次已录发生的同类型经纪业务的原始凭证。其特点是在一张凭正上可以连续登记相同性贡的经济业务，随时结出累计数及结余数，并按照费用限额进行费用控制。而限额领料单刚好是对特定部门，车间在一定时期内的领用额进行控制的单据，

2. 企业收到退回银行汇票，多余款项应计入其他货币资金的借方。

【答案】（错）

289

【解析】收到银行汇票多余款的会计分录：

借：银行存款

　　贷：其他货币资金——银行汇票

　　　　多余款项应计入其他货币资金的贷方。

3. 股东确认分配的股票股利应该通过应付股利科目核算。

【答案】（错）

【解析】企业宣告向股东发放股票股利时，不做账务处理，待实际发放时，

4. 借贷记账法的记账规则"有借必有贷，借贷必相等"是余额试算平衡的直接依据。（　　）

【答案】错误

5. 事业单位对以名义金额计量的固定资产不计提折旧。（　　）

【答案】正确

6. 变动成本法下的产品成本只包括生产过程中消耗的变动生产成本，不包括固定生产成本。（　　）

【答案】正确

7. 企业根据股东大会或类似机构审议批准的利润分配方案中确认分配的股票股利，应通过"应付股利"科目核算。（　　）

【答案】错误

8. 企业转销无法支付的应付账款时，应按其账面余额冲减管理费用。

【答案】错误

9. 某企业赊销商品时知晓客户财务困难，不能确定能否收回货款，为了维持与客户的长期合作关系仍将商品发出并开具销售发票，对于该赊销，不需要进行相关的会计处理

【答案】错误

10. 如果不存在未达账项，银行存款日记账账面余额与银行对账单余额之间有差额，说明企业与银行双方或其中一方存在记账错误．（　　）

【答案】正确

11. 企业原材料采用计划成本计价，购入原材料无论是否入库，其实际成本都应通过"材料采购"科目核算。（　　）

【答案】正确

四、不定项选择题

材料一：

甲公司为增值税一般纳税人，其主营业务为生产并销售 M 产品，M 产品的售价中不包含增值税，确认销售收入的同时结转销售成本。该公司 2018 年适用的 增值税税率为 16%，第四季度发生经济业务如下：

1）10 月 10 日，向乙公司销售 M 产品 200 件并开具增值税专用发票，每件产品的售价为 110 元，实际成本为 70 元。M 产品已发出并符合收入确认条件。此外，现金折扣条件为 2/10，1/20，N/30，计算现金折扣不考虑增值税。10 月 24 日，乙公司付清了扣除现金折扣后的剩余款项。

2）10 月 16 日，委托丙公司销售 M 产品 400 件，每件成本为 70 元，合同约定丙公司 应按每件 110 元的价格对外销售，甲公司按售价的 10%支付手续费。10 月 31 日，收到 丙公司开具的代销清单和已经税务机关认证的增值税专用发票，丙公司实际对外

销售 M 产品 200 件，应收代销手续费 2200 元，增值税 132 元，全部款项尚未结算。

3）11 月 29 日，向丁公司销售 M 产品 1000 件并开具增值税专用发票，每件产品的售价为 110 元，实际成本为 70 元，由于是成批销售，甲公司给予丁公司 10％ 的商业折扣，M 产品于当日发出，符合销售收入确认条件，全部款项至月末尚未收到。

1）根据资料（1），下列各项中，关于甲公司和乙公司销售 M 产品相关会计科目理解正确的是（　　）

A. 10 月 24 日，借记"财务费用"科目 220 元

B. 10 月 24 日，借记"银行存款"科目 25520 元

C. 10 月 10 日，贷记"库存商品"科目 14000

D. 10 月 10 日，贷记"主营业务收入"科目 22000 元

（1）**参考答案**：ACD

参考解析：考察的知识点：收入——现金折扣的处理方式。10 号卖出，24 日收到货款，满足 1/20 的现金折扣条件，且题目说"计算现金折扣不考虑增值税"，所以财务费用的金额为 ＝200＊110＊0.01＝220 元，A 选项对；收入 ＝200＊110＝22000 元，D 选项对；成本 ＝200＊70＝14000 元，贷记"库存商品"，借记"主营业务成本"，所以 C 选项对；B 选项：因为存在财务费用，所以银行存款 ＝25520－220＝25300 元。

2）根据资料（2），下列选项中，甲公司委托丙公司代销 M 产品会计处理正确的是（　　）

A. 10 月 31 日收到丙公司代销清单时：

借：销售费用	2 200
应交税费—应交增值税（进项税额）	132
贷：应收账款	2332

B. 10 月 16 日，向丙公司发出 M 产品时：

借：应收账款	51040
贷：主营业务收入	44000
应交税费—应交增值税（销项税额）	7040

C. 10 月 31 日，收到丙公司代销清单时，

| 借：主营业务成本 | 14000 |
| 　　贷：委托代销商品 | 14000 |

D. 10 月 16 日，向丙公司发出 M 产品时，

| 借：委托代销商品 | 44000 |
| 　　贷：库存商品 | 44000 |

（2）**参考答案**：AC

参考解析：考察知识点：收入——支付手续费方式委托代销商品的账务处理。A 选项：收到代销清单时，应就代销手续费进行处理，从 6％ 的税率；B 选项：因为是支付手续费的委托代销形式，商品的风险并没有转移，甲公司不能确认收入；C 选项：以实际销售的数量结转成本 ＝70＊200＝14000 元；D 选项：发出商品时，应该以成本价计价，而非售价，所以借记金额应该为 ＝400＊70＝28000 元。

材料二：

某企业生产销售甲乙两种产品、均采用品种法核算产品成本。2018 年 12 月初开始投产甲乙产品，当月发生相关经济业务如下：

（1）本月投产甲产品 600 件、乙产品 500 件，共同耗用 M 材料 9000 千克，每千克

50 元。M 材料在生产开始时一次性投入，材料费用按材料定额消耗量比例分配，甲乙产品材料消耗定额分别为 10 千克、6 千克。

（2）本月生产工人薪酬为 180000 元、厂部管理人员薪酬为 30000 元、车间管理人员薪酬为 60000 元。企业按生产工时比例在甲乙产品之间分配职工薪酬和制造费用，甲产品耗用生产工时 9000 小时、乙产品耗用生产工时 6000 小时。

（3）本月甲产品完工 400 件，月末在产品 200 件，在产品完工程度为 50%。甲产品生产成本按约当产量比例法在完工产品和在产品之间分配。

（4）本月乙产品 500 件全部完工，验收时发现 5 件产品需要修复后才能入库，额外发生修复费用 1400 元，其中：直接材料 400 元，直接人工 800 元，制造费用 200 元。企业发生的返修费用通过"废品损失"科目核算。

要求：

根据上述材料，不考虑其他因素，分析回答下列小题。

（答案中的金额单位用元表示，保留小数点后两位数）

1）根据资料（1），下列各项中，关于甲、乙产品材料费用分配正确的是（　　）。

A. 甲产品应负担材料费用 300000 元

B. 乙产品材料定额消耗量为 3000 千克

C. 乙产品应负担材料费用 150000 元

D. 甲产品材料定额消耗量为 6000 千克

参考答案： ABCD

参考解析： 甲产品的材料定额消耗量＝600 * 10＝6000

乙产品的材料定额消耗量＝500 * 6＝3000

分配率＝9000/（6000＋3000）＝1

甲产品分配负担的材料费用＝6000 * 1 * 50＝300000

乙产品分配负担的材料费用＝3000 * 1 * 50＝150000

2）根据资料（2），甲、乙产品应负担的职工薪酬和制造费用的计算结果正确的是（　　）。

A. 乙产品应负担的职工薪酬为 96000 元

B. 甲产品应负担的制造费用为 54000 元

C. 甲产品应负担的职工薪酬为 108000 元

D. 乙产品应负担的制造费用为 24000 元

参考答案： CD

参考解析： 甲、乙产品应负担的职工薪酬的计算基础是生产工人薪酬为 180000 元；制造费用的基础是车间管理人员薪酬为 60000 元；而厂部管理人员薪酬为 30000 元属于管理费用。

职工薪酬计算如下：甲产品＝180000 * （9000/15000）＝108000

乙产品＝180000 * （6000/15000）＝72000

制造费用计算如下：甲产品＝60000 * （9000/15000）＝36000

乙产品＝60000 * （6000/15000）＝24000

其中 15000＝9000＋6000（两种产品的工时和）

3）根据资料（1）至（3），下列各项中，关于甲产品完工入库会计处理结果表述正确的是（　　）。

A. 记入"库存商品——甲产品"科目借方 315200 元

B. "生产成本——甲产品"科目借方余额为128800元

C. 记入"库存商品——甲产品"科目借方355200元

D. "生产成本——甲产品"科目借方余额为88800元

参考答案： AB

参考解析： 甲产品月末直接人工和制造费用的约当产量＝400＋200＊50％＝500

甲产品月末材料的约当产量＝400＋200＝600

甲产品在产品负担的直接人工和制造费用的分配率＝（108000＋36000）/500＝288

甲产品材料的分配率＝300000/600＝500

完工产品成本＝400＊500＋400＊288＝315200

在产品成本＝200＊500＋100＊288＝128800

4) 根据资料（4），下列各项中，关于乙产品修复费用的会计处理正确的是（   ）。

A. 借：生产成本——乙产品　　　　　　　　　　　　　　　　1400

　　　贷：废品损失——乙产品　　　　　　　　　　　　　　　　　1400

B. 借：管理费用　　　　　　　　　　　　　　　　　　　　　1400

　　　贷：废品损失——乙产品　　　　　　　　　　　　　　　　　1400

C. 借：废品损失——乙产品　　　　　　　　　　　　　　　　1400

　　　　贷：生产成本——乙产品　　　　　　　　　　　　　　　　　1400

D. 借：废品损失——乙产品　　　　　　　　　　　　　　　　1400

　　　贷：原材料　　　　　　　　　　　　　　　　　　　　　　　400

　　　　　应付职工薪酬　　　　　　　　　　　　　　　　　　　　800

　　　　　制造费用　　　　　　　　　　　　　　　　　　　　　　200

参考答案： AD

参考解析： 在结转可修复废品成本时：D 在结转不可修复废品成本时：C（但题干均为可修复废品成本）结转废品损失时：A（因为影响的是产品生产，而非管理费用）

材料三：

甲公司为增值税一般纳税人，存货按实际成本进行日常核算，2018年12月初"应收账款"科目借方余额800000元，（各明细科目无贷方余额），"应收票据"科目借方余额3000000元，"坏账准备——应收账款"科目贷方余额80000元。

2018年12月甲公司发生如下经济业务

（1）10日，采用委托收款方式向乙公司销售一批商品，发出的上面满足收入确认条件，开具的增值税专用发票上注明价款为500000元，增值税税额为80000元，用银行存款为乙公司垫付运费40000元，增值税4000元，上述全部款项至月末尚未收到。

（2）18日，购入一批原材料，取得并经税务机关认证的增值税专用发票上注明的价款为260000元，增值税税额为41600元，材料验收入库，甲公司背书转让面值3000000元，不带息银行承兑汇票结算购料款，不足部分以银行存款补付。

（3）25日，因丙公司破产，应收丙公司账款400000元不能收回，经批准确认为坏账并予以核销。

（4）31日，经评估计算，甲公司"坏账准备——应收账款"科目应保持的贷方余额为102400元。

要求：根据上述材料，不考虑其他因素，分析回答下列小题。

1）根据资料1、下列各项中，甲公司销售商品确认的应收账款（　　　）

A. 624000　　　　　　　　　　　　　　B. 620000

C. 540000　　　　　　　　　　　　　　D. 580000

参考答案：A

参考解析： 考察知识点：应收账款的初始计量金额。应该包括运杂费，相应的会计分录为：

借：应收账款——乙公司　　　　　　　　　　　　　　　624000

　　贷：主营业务收入　　　　　　　　　　　　　　　　　500000

　　　　应交税费——应交增值税（销项税）　　　　　　　 84000

　　　　银行存款　　　　　　　　　　　　　　　　　　　 40000

2）根据资料2，下列各项中，甲公司采购材料相关会计科目处理正确的是（　　　）

A. 贷记银行存款 1600 元　　　　　　　B. 贷记应收票据 300000 元

C. 贷记应收票据 301600 元　　　　　　D. 借原材料 260000 元

参考答案：ABD

参考解析：

借：原材料　　　　　　　　　　　　　　　　　　　　　260000

　　应交税费——应交增值税（进项税）　　　　　　　　　 41600

　　　贷：应收票据　　　　　　　　　　　　　　　　　　300000

　　　　　银行存款　　　　　　　　　　　　　　　　　　　1600

3）根据资料3，下列各项中，甲公司核销坏账的会计处理正确的是（　　　）

A. 借：信用减值损失—计提的坏账准备　　　　　　　　　400000

　　　贷：应收账款——丙公司　　　　　　　　　　　　　400000

B. 借：坏账准备——应收账款　　　　　　　　　　　　　400000

　　　贷：信用减值损失——计提的坏账准备　　　　　　　400000

C. 借：信用减值损失——计提的坏账准备　　　　　　　　400000

　　　贷：坏账准备——应收账款　　　　　　　　　　　　400000

D. 借：坏账准备——应收账款　　　　　　　　　　　　　400000

　　　贷：应收账款——丙公司　　　　　　　　　　　　　400000

参考答案：D

参考解析： 考察的知识点；应收账款——坏账准备的账务处理。A 选项为直击转销法，但会计准则不允许采用直接转销法。

4）根据期初资料，资料1－4，下列各项中，甲公司12月末坏账准备会计处理正确的是（　　　）

A. 计提坏账准备前，"坏账准备——应收账款"科目为贷方余额 80000 元

B. 本年末应计提坏账准备金额 422400 元

C. 计提坏账准备前，"坏账准备——应收账款"科目为借方余额 320000 元

D. 本年末应计提坏账准备的金额为 102400 元。

参考答案：BC

参考解析： 考察的知识点；应收账款——坏账准备的账务处理。坏账准备是应有余额，所以 D 选项不正确。可以借助丁字账，计算当期的坏账准备。当期应计提坏账准备＝400000－80000＋102400 元；在计提坏账准备前，"坏账准备——应收账款"科目借方余额＝400000－80000＝320000 元。

5）根据期初资料、资料（1）至（4），下对各项中，12月31日甲公司资产负债表"应收票据""应收账款"项目期末余额应列示的金额是（　　）元。

A. 1324000

B. 921600

C. 462400

D. 297600

参考答案：B

参考解析：

资产负债表中应收票据应收账款期末余额应列示的金额

＝300000－300000＋800000＋624000－400000－102400＝921600（万元）。